| 개정증보 |

지리는 어떻게
세상을 움직이는가?

| 개정증보 |

지리는 ◉어떻게
세상을 움직이는가?

발행일	2022년 2월 10일 개정증보판 1쇄 발행
	2024년 9월 01일 개정증보판 3쇄 발행
지은이	옥성일
발행인	방득일
편 집	박현주, 강정화
디자인	강수경
마케팅	김지훈

발행처	맘에드림
주 소	서울시 도봉구 노해로 379 대성빌딩 902호
전 화	02-2269-0425
팩 스	02-2269-0426
e-mail	momdreampub@naver.com

ISBN 979-11-89404-59-8 44300
ISBN 979-11-89404-03-1 44080(세트)

개정증보

지리는  어떻게
세상을 움직이는가?

그레이트 리셋, 지리와 세계 패권 이야기

옥 성 일 지음

맘에 드림

세계화를 넘어 새로운 시대로,
지정학은 왜 중요한가?

예측을 초월한 위기일수록 세상은 급변합니다. 세계는 코로나19 대유행의 충격으로 경제와 사회가 대규모로 개편되는 그레이트 리셋(Great Reset) 상황을 맞고 있습니다. 하나로 연결된 세계에서는 한 지역에서 일어난 사건이 세계 곳곳에 영향을 미칩니다. 그런데 코로나19처럼 국제적인 위기는 힘없는 국가와 사회적 약자에게 더 치명적이죠. 우리는 국내뿐만 아니라 국제간 이동이 막히고 공급이 부족하면 어떤 일이 일어나는지 지켜보았습니다. 한편 미국처럼 힘 있는 나라들은 리쇼어링(Reshoring), 즉 자국으로 핵심 생산시설을 불러들이고, 동맹국과 연결된 공급망을 갖춰가고 있습니다. 바야흐로 세계화를 넘어 자국의 이익에 집중하며 각자 살길을 찾는 새로운 시대가 열렸습니다.

미국은 동맹국들을 엮어 블록을 형성해가며, 군사력과 경제력을 키우는 중국을 견제하고 있습니다. 중국은 거대한 나라로 미국의 지원을 받아 세계적인 공업국가로 성장했죠. 지금은 14억 인구와 경제성장을 바탕으로 미국 못지않은 소비국가이며, 우리나라를 포함해 여러 국가에 가장 중요한 수출상대국입니다. 공산당 중심으로 국가주도형 성장을 하면서 엄청난 보조금과 지원을 쏟아부어 첨단산업까지 키웠지만, 이제 고도성장이 꺾이고 중진국이 겪는 어려운 시기를 지나고 있죠. 또 성장에 필요한 에너지 자원과 식량을 상당 부분 수입에 의존하고 있고, 러시아를 제외하면 동맹이라고 부를 만한 강대국도 없다 보니 만약 미국이 계속 견제한다면 중국의 미래도 불투명합니다. 중국은 내부 결속을 다지기 위해 사상교육을 강화하고 기업에 대한 공산당 지배력을 높이고 있죠.

유럽은 미국의 도움으로 세계대전으로 무너진 경제를 일으키고 EU를 결성했습니다. 그러나 경제위기와 난민 문제 등으로 분열되면서 영국이 EU를 탈퇴하고 말았죠. EU의 양축인 독일과 프랑스는 유럽의 분열을 막고 미국, 중국, 러시아 관계에서 균형을 유지하고 싶어 합니다. 하지만 미국은 이전보다 미국 우선주의를 내세우고, 중요한 수출국인 중국도 자립의 길로 나아가고 있죠. 또 중동은 아프가니스탄에서도 미군이 철수하면서 격동의 시기를 보내고 있습니다.

한편 이번 개정증보판에서는 독자들이 원했던 일본에 관한 새로운 장을 추가했습니다. 일본은 비교적 빨리 근대화에 성공하면서 팽창을 거듭했지만, 한 번 패망한 적이 있는 나라입니다. 일본의 의도와 전략은 우리나라의 운명과도 맞닿아 있으므로, 무시하기보다는 잘 관찰하면서 협력과 견제가 필요한 이웃입니다.

지금은 지정학적 이해관계에 따라 정치와 경제가 좌우되는 대변환의 시기입니다. 우리나라는 반도라는 지리적 특수성으로 인해 대륙과 해양 세력이 서로 부딪힐 때면 우리의 뜻과 무관하게 큰 시련을 겪기도 했죠. 하지만 오히려 지금은 이러한 특성을 강점으로 살려 우리만의 경쟁력을 키울 수도 있습니다. 이 책을 읽으며 앞으로 우리가 어떤 길로 나아가면 좋을지 생각하고, 지리의 한계를 극복할 방안에 관해서도 고민해보았으면 합니다. 그럼 이제 변화하는 세계 속으로 함께 여행을 떠나 봅시다.

옥성일

지리, 세상을 바라보는 새로운 눈을 뜨게 하다!

최근에는 지리와 역사, 정치·경제를 연결 지어서 미래를 전망하는 서적들이 많이 나오고 있습니다. 중국의 성장, 에너지혁명 등 변화의 흐름이 거세기 때문인 것으로 보입니다.

지리가 한 나라의 운명을 전적으로 결정하는 것은 아닙니다. 하지만 지속적으로 영향을 미치는 매우 중요한 요인이죠. 우리나라는 해양 세력과 대륙 세력이 부딪치는 위치에 있습니다. 중국과 러시아로 대표되는 대륙 세력과 일본과 미국이라는 강력한 해양 세력은 우리의 역사와 밀접한 관계를 맺어왔습니다.

거대한 세력이 만나는 국가에서는 때론 비극이 일어나기도 하지만, 반대로 패권국의 지원을 받아 성장하기도 합니다. 2차 세계대전 이후 전범국인 독일과 일본의 성장을 미국이 지원한 것도 소련의 세력 팽창을 견제해야 했기 때문입니다. 우리나라가 분단되고 전쟁의 폐허 속에서 놀라운 경제성장을 이룬 것도 지리적 위치와 깊은 관계가 있습니다.

소련이 사라진 후 세계 최강국가로 군림해온 미국은 이제 새로운 국제질서를 만들어가고 있습니다. 현재의 미국은 일본과 '인도-태평양 전략'으로 강력한 경쟁자인 중국을 견제하려고 합니다. 우리가 어떤 선택을 해야 할지 고민해보고, 세계 패권국가들은 어떻게 성장하고 전략을 구상하는지 알아보는 것은 큰 의미가 있다고 생각합니다.

 이 책에서는 세계를 움직이는 다섯 지역을 다루고 있습니다. 세계를 하나로 연결한 유럽, 세계 최강의 패권국가인 미국, 미국에 도전하며 세력을 키워가고 있는 중국, 유라시아제국인 러시아, 이슬람 세력의 중심이자 석유 문명을 지탱해온 중동입니다. 아쉽게도 지면상 자세히 다루지 못한 일본*이나 인도 같은 지역은 다음 기회를 기약해봅니다.

 현재 우리나라는 세계 10위권의 경제력과 7위의 군사력을 가진 만만치 않은 국가입니다. 하지만 주변에 너무나 강한 세력들이 많습니다. 미래를 대비하기 위해 청소년 여러분이 국제 이슈에 관심을 기울이고, 지리와 정치, 경제를 이해하는 것은 매우 중요합니다.

 이 책이 세상을 바라보는 새로운 시각을 열어주는 데 도움이 되기를 바랍니다. 아울러 국제사회를 이해하는 데 조금이나마 도움이 되었으면 하는 바람입니다.

옥성일

....
* 일본에 관한 장은 이번 개정증보판에 추가되었다.

차례

CHAPTER 01

유럽의 통합과 분열

뭉칠까 도로 흩어질까?
안갯속 유럽연합

CHAPTER 03

중국의 세계 패권 도전

왕좌의 게임,
중국과 미국의 진검승부

CHAPTER 04

가깝고도 먼 나라 일본

부활을 꿈꾸는
해양강국 일본

유라시아 제국의
부활을 꿈꾸는 러시아

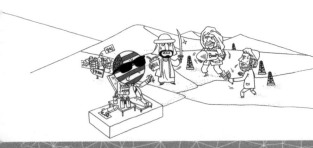

신에너지 시대, 복잡해진 중동의 이해관계

처음 유럽 여행을 하는 사람들은 차나 기차로 국경을 넘을 때 깜짝 놀라곤 하죠. 감시도 없고 여권을 확인하지도 않으니까요. 삼면이 바다이고, 북쪽이 휴전선으로 가로막혀 있는 우리에게는 꽤 낯선 경험입니다. 물론 요즘에는 난민과 전염병 문제 등으로 인해서 유럽 내에서도 자유로운 이동에 약간의 제약이 생겼죠. 하지만 유럽의 국경은 점차 희미해지고 있습니다. 유럽국가들은 자유롭게 왕래할 수 있는 셍겐조약을 맺어서 자본과 노동력의 이동이 대체로 쉽죠. 한 예로 외국인 용병 선수의 인원 제한이 사라져서, 돈 많은 축구 구단은 세계 최고의 선수들을 얼마든지 영입해서 팀을 꾸릴 수 있습니다. 젊은이들은 유럽 어디에서든 다양한 언어와 문화를 체험하고, 대학 졸업 후에는 유럽 여러 나라에서 직장을 구할 수도 있습니다.

한때 유럽은 세계 곳곳을 식민지로 거느렸습니다. 지금은 통합과 분열의 혼돈 속에서 새로운 길을 찾고 있죠. 이 장에서는 유럽의 과거와 현재를 재조명해보려 합니다. 지금부터 함께 유럽 속으로 들어가 볼까요?

CHAPTER 01

유럽의 통합과 분열

뭉칠까 도로 흩어질까?
안갯속 유럽연합

통합과 분열의 카오스,
유럽과 유럽연합

유럽의 많은 나라들은 유럽연합(EU)에
속해 있습니다. 유럽연합(이하 EU)은 유럽의 일원으로 인정받는 것
이므로 많은 나라들이 가입을 원했죠. 국가 재정위기에 몰렸던 그
리스는 가입조건을 맞추려고 국가 회계까지 조작했으니까요.

그런데 EU는 물론 세계를 당황스럽게 한 일대 사건이 벌어집니
다. EU 정식 출범 이래 첫 탈퇴 회원국이 나온 거죠. 비록 영국 내
에서도 찬반논란이 뜨거웠지만, 2016년 6월 국민투표로 브렉시트
(Brexit)[1]를 결정했습니다. 이후 영국과 EU는 브렉시트 협상을 이어
오다가 결국 2021년에 완전히 분리되었죠. 여러분은 유럽에 EU가
원래 존재했던 것처럼 느낄지도 모르지만, EU가 만들어지기까지는
유럽 각국의 이해관계가 깊이 얽혀 있습니다.

....
1. 영국(Britain)과 탈퇴(Exit)의 합성어로 영국의 유럽연합(EU) 탈퇴를 의미한다.

유럽의 여러나라와 EU 회원국

유럽통합을 통해 유럽의 평화와 번영을 꾀하던 유럽연합이 브렉시트 후 흔들리고 있다.
2021년 기준으로 EU 회원국은 27개국이다.

유럽연합은
어떻게 만들어졌나?

EU는 유럽의 정치적·경제적 통합을 실현하려
고 1994년 1월부터 사용된 유럽공동체(EC)의 새로운 이름입니다.
유럽공동체는 프랑스, 독일, 이탈리아, 벨기에, 룩셈브루크, 네덜란
드로 시작했고 영국, 덴마크, 그리스, 스페인, 핀란드, 스웨덴 등이
이후에 들어왔죠. 1991년 소련[2] 붕괴 후, 그 지배를 받던 동유럽국
가들까지 가입했습니다. 과거 유고연방이던 발칸반도의 크로아티
아와 슬로베니아도 회원이 되었고, 주변국들도 가입을 준비하고 있
죠. 영국이 나가면서 27개 회원국이 남았습니다(2021년 기준).

프랑스와 독일의 오랜 힘겨루기와 유럽연합의 탄생

EU를 대표하는 두 나라는 프랑스와 독일입니다. 사실 두 나라는 꽤
오랫동안 악연을 이어왔죠. 프랑스는 서남쪽이 피레네산맥으로 막
혀 있고, 북유럽평원 서쪽에 자리한 서유럽 최대의 농업국가이며,
전통적으로 인구가 많은 강대국입니다. 다만 지리적으로 탁 트인 북
유럽평원은 침략에 취약해 프랑스는 독일 등 중부유럽의 힘이 커지
지 않도록 분열시켜왔습니다. 실제로 통일된 독일은 주변을 침략하
고 전쟁을 일삼았죠. 그래서 2차 세계대전 이후 독일이 철강과 석탄

....
2. 소비에트연방(Soviet Union). 1922~1991년까지 유라시아대륙의 여러 사회주의공화국으로
　구성된 최초의 사회주의 연방국가.

산업을 독립적으로 성장시킬 수 없게 조치가 필요했습니다. 왜냐하면 두 산업은 무기 생산의 핵심이니까요. 이에 파리조약으로 프랑스와 독일을 중심으로 1952년 유럽석탄철강공동체(ECSC)가 출범했는데, 이것이 바로 유럽통합의 시초입니다. 이후 유럽경제공동체(EEC)와 유럽공동체(EC)를 거쳐 현재의 유럽연합(EU)로 성장했죠.

오늘날 EU를 대표하는 국가는 프랑스이며, 실제 영향력 면에서는 독일이 핵심국가입니다. 두 나라의 교류와 협력을 보여주는 대표적인 사례는 1992년부터 합작 운영 중인 공영방송 아르테(Arte) TV죠. 독일과 프랑스의 교류를 넘어 유럽통합을 목표로 수준 높은 다큐와 뉴스 등을 방송하고 있습니다. 아울러 이 두 나라는 뼈아픈 전쟁의 역사를 되풀이하지 않기 위해 '독일 프랑스 공동 역사교과서'를 출간하기도 했죠.

2차 세계대전이 바꿔놓은 세계의 판도

2차 세계대전 후 세계는 미국과 소련의 양강구도로 재편됩니다. 미국은 유럽과 동맹을 맺고 대규모 경제원조로 파괴된 유럽을 일으키며 국제사회에서 영향력을 키웠습니다. 군사적으로는 북대서양조약기구(NATO)를 맺어 소련의 위협에서 회원국을 지켜주었죠.

미국은 전 세계를 대상으로 브레튼우즈 체제[3]를 만들어 세계 경제의 절반을 차지하는 거대한 미국 시장을 개방하며 미국 중심의

....
3. 국제 무역에서 사용되는 기준통화를 영국 파운드화에서 미국 달러로 바꾸고, 미국이 국제통화기금(IMF)과 국제부흥은행(IBRD) 설립을 주도했다.

세계 경제를 싹 틔웁니다. 이에 유럽은 과거처럼 식민지와 시장을 찾아 헤매거나 서로 전쟁을 벌이는 대신 경제개발에 힘을 모았죠. 섬과 반도에 위치한 나라들도 행여 나폴레옹이나 히틀러 같은 세력이 또다시 등장해 주변국을 위협할지 모른다는 걱정에서 벗어나게 되었습니다. 1991년 소련이 붕괴하며 냉전이 끝나자 동유럽국가들도 EU에 가입합니다. 그 결과 유럽에 값싼 노동력이 유입되었고, 1억 명 이상의 소비자가 새롭게 등장하죠. 프랑스와 독일은 과거에 비해 세력이 약해진 러시아와의 사이에 동유럽이라는 중간지대가 생기며 전쟁의 공포에서 벗어납니다.

유럽연합의 범위는 어디까지?

지도상 유럽대륙에 속한 나라들은 다 EU일까요? 그건 아닙니다. 유라시아대륙에 걸쳐 있는 러시아, 터키는 EU 회원국이 아니고, 노르웨이나 스위스처럼 가입을 거부한 경우도 있죠. 노르웨이는 유전과 북극해 어업과 관련해서 자율권이 침해될까 걱정하여 국민투표로 가입을 거부했습니다. 스위스는 중립국의 전통이 강하죠. 하지만 두 나라는 사실상 유럽국가로 인정됩니다. 역사적으로도 그렇고 경제적으로 EU와 활발히 교류하고 있으며, 셍겐조약⁴에도 가입해 국경 통과가 자유롭죠.

터키는 왜 유럽연합에 가입하지 못하고 있을까?

유럽의 남서쪽 끝자락에 위치한 터키는 유럽으로 보기에 참 애매한 나라입니다. 터키는 오스만제국 해체 후 사라질 위기에서 투르크 민족의 지도자 케말 파샤의 지도 아래 1923년 공화국이 되었습니다. 이후 유럽에 편입하려고 부단히 애써왔죠. 행정체제와 법을 유럽식으로 개혁하고 이슬람에서 정치를 분리하여 이슬람국가임에도 여성의 사회활동이 자유로운 세속국가입니다.

터키는 1996년 EU와 관세동맹을 맺었습니다. EU 준회원국으로 정치 · 경제적 기준을 충족하면 가입이 가능한 상태인데, 이 기준에는 민주화, 인권, EU 법령과 조화 등이 있죠. 하지만 현실적으로 터키의 EU 가입은 어려워 보입니다. 우선 기독교문명권인 유럽과 달리 터키는 이슬람국가입니다. 지리적으로도 비잔틴제국의 수도였던 콘스탄티노플(현재 이스탄불)을 비롯해 국토의 단 3%만이 유럽에 속해 있습니다. 그럼에도 이 지역은 벨기에와 거의 비슷한 면적이며, 이스탄불 인구만 해도 그리스보다 많습니다. EU는 인구에 비례해 투표권을 행사하므로 독일과 거의 비슷한 8,000만이 넘는 터키가 회원국이 되는 것을 꺼리는 분위기입니다. 또 다른 이유도 있습니다. 만약 터키가 EU 회원국이 된다면 대규모 이민자가 유럽으로 넘어올 거라는 점도 EU의 입장에서는 매우 부담스러운 고민거리입니다.

....
4. 유럽 각국이 국경을 개방한 조약이다. 1985년 독일, 프랑스, 벨기에, 네덜란드, 룩셈부르크 등 5개국을 시작으로 현재 26개국이 가입되어 있다.

유럽연합의
심상치 않은 균열조짐

유럽은 문화적으로도 세력을 확장해 나가고 있습니다. 세계 최고의 축구대회로 꼽히는 '유로 챔피언스 리그'에 터키와 이스라엘, 러시아도 함께 경기를 하고 있죠. '유로 비전 송 콘테스트'는 매년 유럽에서 국가 대항전으로 치러지며, 우승국이 다음해 대회를 개최합니다. 2015년부터는 호주도 경연에 참가하고 있죠.

하지만 견고해 보이던 EU도 최근 여러 가지로 균열이 생기고 있습니다. 특히 앞서 말한 영국의 브렉시트는 EU 국가들에게 큰 파문을 일으켰죠. 게다가 난민 문제와 더불어, 2008년 금융위기 이후 재정위기에 빠진 남부유럽 여러 국가들의 사정도 그리 좋지 않습니다. 심지어 EU의 핵심인 프랑스와 독일에서도 극우파가 힘을 키워가고 있어서 유럽의 균열조짐은 심상치 않습니다.

유로화가 야기한 경제 불균형

유로화를 쓰기 전에는 유럽도 각국의 국경을 지날 때마다 환전을 해야 했죠. 지금은 19개국이 유로화를 사용합니다.[5] 냉전 후 경제개발에 힘쓰며 자신감을 회복한 유럽은 경제통일을 꿈꾸는데, 1992년부터 유로화를 사용하기 위해 노력해왔죠. 다만 각국의 은

----

5. 영국과 북유럽(덴마크, 노르웨이, 스웨덴), 아이슬란드, 동유럽 여러 국가, 스위스 등은 자국 화폐를 사용하고 있다.

행은 따로 운영되었습니다.

어느 나라든 경제가 성장하면 화폐가치가 상승하고, 반대의 경우는 하락합니다. 유로화로 통일한 후 경제 격차가 큰 남부유럽에서 문제가 발생하는데, 그리스의 재정위기가 대표적이죠. 그리스의 드라크마화는 유로화로 바뀌며 화폐가치가 기존보다 상승하게 됩니다. 반면 독일의 마르크화는 유럽의 주축 화폐였지만, 상대적으로 낮은 가치의 유로화로 바뀌었죠. 급작스레 화폐가치가 상승하며 부유해진 그리스는 우수한 독일제품을 저렴하게 살 수 있게 되자 마구 수입했고, 그로 인해 국내 산업기반이 무너졌습니다. 만약 그리스가 자국의 통화를 사용하고 있었다면, 경제위기에서 국내 통화가치를 떨어뜨려 수입을 줄이고 수출품의 가격을 낮췄을 것입니다. 그리고 상대적으로 저렴한 비용으로 관광이 가능해질 테니 달러나 유로를 쓰는 외국인 관광객이 몰려 관광 수입도 늘어났겠죠. 하지만 유로화 통일 후 그리스처럼 경쟁력이 낮은 나라의 정부가 경제 회복을 위해 쓸 수 있는 방법이라곤 금리조절뿐이었죠.

난민, 유럽을 뒤흔들다

우리나라도 지난 2018년 내전을 피해 제주도에 비자 없이 들어온 예맨 난민을 계기로 난민 수용에 대한 찬반논의가 뜨거웠습니다. 유럽이 난민 문제로 열병을 앓는 주된 이유는 분쟁지역인 중동과 정치적으로 불안한 아프리카와 지리적으로 가깝기 때문이죠. 대다수의 난민들은 시리아, 이라크, 아프가니스탄에서 전쟁을 피해 온

사람들입니다. 또 내전 상태는 아니지만 경제 수준이 높은 서유럽으로 일자리를 찾아온 이란이나 파키스탄 불법 이민자도 상당수죠. 아프리카에서도 내전과 경제파탄으로 인해 고국을 떠난 이들이 많고, 유럽에서 새로운 기회를 잡고 싶어 합니다. 그들에게 유럽은 기회의 땅, 희망의 땅인 셈이죠.

EU는 난민이 최초로 도착한 나라에서 그들을 수용하는 것을 기본 원칙으로 합니다. 그러나 북부아프리카 튀니지, 리비아에서 이탈리아의 시칠리아와 남부지역으로 난민이 밀려들자 이탈리아는 난민을 거부하고 EU 국가들에게 고통 분담을 주장했죠. 게다가 난민 거부와 북부의 독립을 외치는 극우정당이 국민들의 지지를 받아 집권하기에 이릅니다. 시리아 내전과 아프가니스탄 내전 등으로 계속 밀려드는 난민들은 같은 이슬람국가인 터키를 가득 채웠습니다. 경제난에 허덕이는 그리스는 밀려오는 난민을 관리하는 것조차 버거운 형편입니다. 게다가 그리스로 넘어온 난민 대부분은 헝가리를 통과해 독일에 정착하기를 원하고 있습니다.

2017년, 독일의 메르켈 총리는 시리아 난민들의 조건 없는 수용을 결정합니다. 그런데 당초 예상했던 80만을 넘어 100만 이상의 엄청난 난민이 독일로 밀려들었죠. 독일은 2차 세계대전 후 경제성장에 필요한 노동력을 해결하기 위해 1차 세계대전의 동맹인 터키계 이슬람 이민자를 많이 받아들인 전례가 있었기 때문에 어느 정도 자신감이 있었습니다. 더구나 이민자들이 인구노령화로 인한 독일의 노동력 부족을 해결하는 데 도움이 될 거란 기대도 있었죠. 하지만 독일도 급증한 난민에 대한 주택과 생활 지원에 한계를 드러내고 맙니다.

이슬람 난민의 사회통합 문제도 만만치 않습니다. 특히 프랑스, 벨기에, 독일 등에서 이어진 테러로 인해 여론은 계속 악화되었죠. 난민의 적극 수용을 주장한 프랑스와 독일 정부는 자국 내에서 발생한 테러로 궁지에 몰렸습니다. 난민 틈에 IS요원이 섞여 있다는 사실이 알려지며, 극우정당은 난민에 대한 반감을 부추겨 지지자들을 끌어모았죠. 결국 독일 정부는 난민자격이 없는 사람을 본국으로 돌려보내는 정책으로 일단 한 발 물러섭니다.

난민들에게 헝가리는 주요 거점입니다. 왜냐하면 헝가리는 EU에 속하지 않는 세르비아와 붙어 있고, 지리적으로 서유럽으로 향하는 첫 길목이니까요. 셍겐조약으로 헝가리로만 들어서면 독일, 프랑스, 영국까지 쉽게 이동할 수 있습니다. 헝가리는 국경을 단단히 틀어막고 있지만, 역부족입니다. EU에서 난민 할당 방안을 내놓기도 했지만, 대부분의 난민들이 독일과 서유럽국가를 원하는 터라 현실적으로 해결이 쉽지 않은 상황입니다. 동유럽국가들도 서유럽에서 일하는 자국민들의 일자리가 행여 난민들로 인해 위협받을까 봐 난민 수용을 반대하는 입장이죠.

2021년에는 벨라루스에서 폴란드로 넘어가려는 난민 문제가 발생했습니다. 벨라루스가 중동으로 오가는 저가항공편을 늘여서 난민을 받아들인 다음, EU 회원국인 옆 나라 폴란드로 보내려고 한 거죠. 폴란드는 당연히 반발했고, 벨라루스를 돕는 러시아와 EU 사

이에도 갈등이 있었습니다.[6]

　한때 서방국가들은 인도주의적 관점에서 난민 수용에 호의적인 입장이었지만, 끊이지 않는 중동의 내전과 엄청나게 몰려드는 난민들을 더 이상 감당하기 어려워지자 점점 강경 입장으로 돌아서고 있습니다. 아예 국경장벽을 세워야 한다는 주장마저 들려오고 있죠.

　중동과 아프리카의 정치적 불안정이 해결되지 않는 한 난민의 행렬은 앞으로도 계속 이어질 것입니다. 셍겐조약 이전처럼 국경검문소에서 여권심사를 부활하자는 주장도 점점 강해지는 추세입니다. 하지만 셍겐조약이 사라지지는 않을 것입니다. 국경폐쇄는 EU가 해체되는 길이기 때문이죠. 다만 코로나19 대유행의 영향도 있고, 앞으로는 국경 출입이 예전처럼 자유롭기는 어려울 것으로 보입니다. 유럽에 반난민과 반이슬람의 물결이 점차 거세지면서 견고해 보였던 유럽통합의 미래는 크게 흔들리고 있습니다.

---

6. 동맹관계인 러시아와 벨라루스는 2021년 9월 연합국가(Union State) 창설을 위한 28개 프로그램에 합의한 바 있다.

바다를 누비며 세계를
정복한 유럽의 흥망성쇠

세계의 중심은 유럽이고, 유럽이 세계사의 주인공이라고 생각하는 사람들이 꽤 많습니다. 아마도 근대철학과 산업혁명이 현재 우리의 삶에도 큰 영향을 끼치고 있기 때문일 것입니다. 유럽인들은 5대양 6대주라 부르는 대륙과 해양의 이름을 정하고, 지구에 경도를 그어 표준시간을 결정했죠. 또 유럽은 근대적인 지리학이 생겨나고 발달한 곳입니다.

우리나라는 스스로를 극동이라고 부르는데, 이런 구분도 유럽을 기준으로 한 사고입니다. 유럽 가까이 있는 아시아를 근동, 약간 떨어진 곳은 중동, 동쪽 멀리 있는 곳을 극동이라고 하니까요. 카리브해의 섬들을 인도로 착각해서 서인도제도라 부르고, 오스트레일리아와 아메리카대륙의 이름을 정한 것 또한 유럽인입니다. 세계는 유럽인이 정한 지역구분을 따르고 있죠. 이 모든 것은 한때 유럽인들이 전 세계를 누비며 정밀한 지도를 그리고, 서로 자기 땅이라고 주장하며 세계를 하나로 묶었기 때문입니다.

오늘날 우리는 서구, 즉 유럽과 미국의 제도를 받아들이고 그들의 문화를 즐기고 있습니다. 또 유럽이 어떻게 세계사의 주역으로 등장했는지 탐구해왔죠. 몽골제국이 말과 화살을 이용해 대륙을 달리며 정복해 나갔다면, 유럽은 빠른 배와 대포를 이용해 강력한 해양 세력을 키워 바다를 누비며 세계를 장악해갔습니다.

지중해를 둘러싼 치열한 세력다툼

유럽을 동서로 가로지르는 피레네와 알프스 등 험준한 산맥의 남쪽은 남부유럽입니다. 남부유럽은 지형적으로 굴곡이 심하고 강이 발달하지 않아 농사에 불리합니다. 여름에 뜨겁고 건조한 지중해성 기후가 나타나죠. 말발굽모양의 카르파티아산맥 아래로 루마니아, 불가리아, 세르비아, 그리스 등이 자리한 발칸반도가 있습니다. 이곳은 예로부터 유럽과 아시아가 서로 패권을 다퉈온 곳이다 보니 민족과 종교가 다양하고, 교역이 이루어질 만한 강이 없어서 지역을 통합 발전시키기 어려웠습니다.

알프스산맥 남쪽으로는 이탈리아반도가 지중해를 향해 장화모양으로 툭 튀어나와 있습니다. 알프스산맥의 만년설이 녹은 물이 흘러 이탈리아 북부로 포강(Po River)이 흐르죠. 이 강을 낀 넓은 평야는 곡창지대이며, 상류의 밀라노와 하구의 베네치아 같이 유명 도시들은 지중해무역으로 크게 번영했습니다. 지금도 북부이탈리아는 공업과 금융이 발달해 소득 수준이 높습니다. 북부 사람들은 가난한 남부를 자기들 세금으로 먹여 살린다는 불만 때문에 상당수가 북부의 독립을 외치는 극우정당을 지지하고 있죠.

지중해 해양제국, 고대 그리스

과거 유럽은 육지로 둘러싸인 지중해를 중심으로 교류했습니다. 일찍부터 페니키아인들은 활발한 해상무역활동을 벌였는데, 해적의 공격을 자주 받다 보니 장거리 항해 시 선박에 군인들을 태우고 다녔죠. 이 해군의 역할이 점점 커지며 바다를 통해 적국을 침공하는 데 필요한 병력과 군수물자의 수송까지 맡게 됩니다.

기원전 5세기경 페르시아는 말과 전차를 이용해 강 유역의 곡창지대를 점령하고 주변 사막과 초원, 바다를 넘어 대제국을 건설하죠. 페르시아는 지중해무역으로 성장하던 그리스와 충돌하게 됩니다. 고대 그리스는 국토의 80%가 산지여서 한 나라로 통합되지 못한 채 수많은 도시국가(폴리스)연합체를 이루고 있었죠. 건조하고 평야가 좁아 인구 1만 명이 넘으면 물이 부족해서 젊은이들과 지도자로 탐험대를 꾸려 새로운 폴리스를 개척해야 했습니다. 기원전 7세기경부터 소아시아를 비롯한 에게해 연안 일대로 진출해 새로운 도시국가를 세운 결과 지중해와 이탈리아반도 남부, 에게해, 흑해 주변 등에 수많은 폴리스가 연결되었죠. 그리스는 식민활동과 무역활동을 활발하게 벌였는데, 이때 페르시아와 그리스가 충돌합니다.

페르시아와의 전쟁에서 승리한 아테네는 그리스 세계의 지배권을 잡고 한동안 번영을 누렸습니다. 그러나 다른 도시국가들을 속국처럼 다뤄 불만을 키우게 되죠. 결국 그리스는 아테네와 스파르타의 두 편으로 갈라져 펠로폰네소스전쟁(기원전 431~기원전 404년)을 치르는데, 초기에는 튼튼한 성을 쌓은 아테네가 우세했으나, 좁은 성안에 인구가 밀집하자 전염병이 퍼져 지도자인 페리클레스마저 죽고 결국 전쟁에서 패하고 맙니다. 전쟁 후 폴리스의 힘도 약해졌습니다. 이후 스파르타가 잠시 주도권을 잡지만, 그리스 중부의 테베가 힘을 키워 스파르타와의 전쟁에서 승리하죠. 분쟁이 이어지면서 그리스는 쇠퇴하고 알렉산더제국과 로마에 차례로 흡수되며 그리스문화가 세계로 퍼져 나갑니다.

모든 길은 로마로 통한다

이탈리아반도를 통일한 로마는 3차에 걸친 포에니전쟁을 치루며 카르타고를 멸망시킵니다. 지중해무역을 장악했던 해양 세력 카르타고는 페니키아인이 아프리카 북부에 식민지로 개척한 곳입니다. 카르타고는 독립한 후 오늘날 스페인 지역부터 지중해 여러 섬과 북부아프리카 등 무역의 요지를 차지했습니다.

로마는 1차 포에니전쟁으로 해상권을 장악했지만, 알프스를 넘어 기습한 한니발 장군에게 10년 넘게 연달아 패했죠. 로마는 스키피오를 보내 스페인 지역과 북부아프리카에 있는 카르타고를 역습

했습니다. 한니발 군대는 기원전 202년 결국 패합니다. 로마는 카르타고의 배를 불태우고 엄청난 배상금을 요구했지만 부유했던 카르타고는 10여년 후 부활하죠. 로마는 다시 3차 전쟁을 일으켜 카르타고를 17일간 불태웠고, 살아남은 5만여 명을 노예로 삼는 등 철저히 짓밟았습니다. 결국 카르타고는 로마의 속주가 되었죠.

지중해를 휘젓던 또 다른 세력은 다름 아닌 해적이었습니다. 터키 남부연안은 '킬리키아'라고 불렀는데, 작은 섬과 만이 발달해 해적들이 이곳을 거점으로 수많은 도시를 정복하고 로마를 위협했죠. 심지어 로마의 황제 카이사르도 젊은 시절 포로로 잡히기도 했습니다. 해적들은 식민지에서 로마로 들어오는 수송선을 약탈했는데, 기원전 67년 로마의 폼페이우스가 이끄는 대함선이 해적을 소탕한 후 그들을 내륙으로 보내 정착시켰죠.

이후 로마는 북부아프리카와 이집트, 소아시아(지금의 터키), 그리스, 갈리아(지금의 프랑스) 등 지중해를 둘러싼 해상제국을 건설하면서 번영을 누립니다. "모든 길은 로마로 통한다."는 말처럼, 로마가 건설한 도로망은 마치 그물처럼 퍼져서 군대와 상품을 멀리멀리 보내며 제국을 통치했습니다. 독일의 남서부까지 길을 뚫고, 곳곳에 도시를 건설하면서 무역로가 뚫렸죠.

로마의 분열과 이슬람 세력의 지중해 장악

로마는 392년 기독교를 국교로 공인하여 제국을 하나로 묶으려 했습니다. 하지만 중앙정부의 힘이 미치기 어려울 만큼 너무나 광대해진 영토를 제대로 통치하기란 어려운 일이었습니다. 결국 4세기 말에 동로마와 서로마로 분열되었습니다. 이 시기에 기마민족인 훈 족이 서쪽으로 이동하자 훈족에 밀려 흑해 북부의 동고트족이 서쪽 으로 이동합니다. 연쇄적으로 게르만의 여러 민족도 유럽으로 이동 하게 되었죠. 로마의 치안을 담당하던 게르만족의 반란으로 로마는 476년 멸망했지만, 혼란에 빠진 유럽에서 교황과 기독교의 영향력 은 더욱 커졌습니다.

서로마가 멸망한 후에 또다시 해적이 들끓었습니다. 이 시기에 악명을 떨친 대표적인 해적이 반달족입니다. 이들은 400년경 헝가 리 평원에서 밀려나 프랑스, 스페인을 거쳐 바다 넘어 북부아프리 카에 정착하죠. 이들은 시칠리아와 로마를 철저하게 약탈했는데, '반달리즘'이란 말이 파괴자의 대명사가 된 것도 바로 이 때문입니 다. 서로마 멸망 후 홀로 남은 동로마제국(비잔틴제국)은 반달왕국 이 쇠약해졌을 때 대함대를 이끌고 공격해 534년 승리하며, 다시 지중해를 손에 넣고 잠시나마 옛 로마의 모습을 되찾습니다. 하지 만 이후 수백 년간 동로마제국도 사산조 페르시아와 기나긴 전쟁을 이어가며 영토를 잃고 약화됩니다.

주변 제국이 약화된 때를 틈타 이슬람 세력이 등장했습니다. 이 들은 610년부터 성장해 20년 만에 부족단위로 흩어져 있던 아라비 아반도를 장악합니다. 이후 비잔티움제국과 페르시아제국의 부유 한 도시들을 공격한 이슬람은 지중해의 거점항구를 장악한 후 키프 로스 섬을 점령하며 지중해를 지배하게 됩니다.

유럽 북부에서 탄생한 해적 세력, 바이킹

북쪽 스칸디나비아반도에는 빙하의 침식으로 생긴 좁고 내륙 깊이 파고들어간 피오르드만이 있습니다. 그리고 빙하에 깎여 험준한 스칸디나비아산맥이 자리하고 있죠. 이곳 북유럽에 노르웨이, 스웨덴, 핀란드가 있습니다. 좁은 발트해를 사이에 두고 남쪽으로는 덴마크가 마주하고 있죠. 이 지역은 지리적으로 농업 발달이 힘들어 주민들은 주로 어업과 무역에 종사했습니다. 중세에는 유럽의 해안과 강을 따라 해적질을 했던 바이킹족의 고향이기도 합니다. 지중해에서 이슬람 해적이 약탈을 일삼던 8세기 말부터 11세기 초까지 북부유럽에서는 스칸디나비아반도의 북방 게르만계인 바이킹이 세력을 떨칩니다.

차갑고 척박한 지역인 스웨덴, 노르웨이, 덴마크 등에서 인구가 증가하자 쓸 만한 영토를 차지하려는 부족 간 싸움이 잦았죠. 힘을 기른 바이킹은 점차 외부로 뻗어 나가 아이슬란드, 그린란드, 북아메리카 북부까지 정착하고, 러시아의 키예프, 영국과 프랑스, 지중해까지 배를 타고 침입합니다. 이들의 항해술은 당대 최고였고, 거대한 덩치의 바이킹족이 휘두르는 도끼는 갑옷과 투구도 부숴버릴 만큼 위협적이라 유럽은 바이킹의 공포에 휩싸였습니다. 그렇다고 이들이 약탈만 한 건 아닙니다. 상업활동도 활발히 했죠. 여러 지역에서 상인으로 활약한 바이킹이 침략한 바닷길은 지중해와 발트해를 잇는 주요 교역로가 되었습니다.

당시 이탈리아 남부는 도시국가와 비잔틴제국령 사이에 전쟁이 잦았습니다. 지중해로 건너가 이탈리아 남부에서 활약한 바이킹들이 시칠리아왕국을 이루기도 했죠. 11~12세기는 농업생산량 증가로 인구가 늘고 상업도시가 발달했습니다. 베네치아, 제노바, 피사, 아말피 등 이탈리아 항구도시들은 해상운송의 안전을 위해 해적의 근거지인 코르시카와 사르데냐 섬을 정복합니다.

이슬람과 기독교 세력의 맞대결

1095년 교황 우르바누스 2세가 예루살렘 성지 탈환을 호소하며 이교도와 싸우다가 죽으면 모든 죄를 사할 것이라고 선포합니다. 십자군전쟁이 시작된 거죠. 제노바, 피사, 베네치아 등 이탈리아 도시들은 200년간 십자군의 해상수송과 동방무역을 담당하며 이슬람, 비잔틴제국과 함께 거대 세력으로 성장했습니다. 금융과 회계, 보험업이 발달하면서 체계적인 해상무역을 벌였죠. 이슬람 세력은 소형 갤리선을 이용했지만, 유럽 세력은 대형 범선까지 만들며 조선 기술에서도 격차가 벌어졌습니다. 결국 지중해의 주도권은 한동안 유럽의 것이 되었죠.

한편 15세기에 오스만제국이 동로마제국의 수도 콘스탄티노플을 정복하고 이스탄불로 이름을 바꾸는데, 이곳은 흑해와 지중해무역의 중심지이기도 합니다. 이곳을 차지한 오스만제국은 흑해와 마르마라해를 잇는 보스포루스해협을 통제하며 18세기까지 유럽을 압도하는 강대국으로 군림합니다. 하지만 북아프리카 알제리 원정, 몰타섬 공략, 키프로스를 둘러싼 레판토 해전 등 승리와 패배가 물고 물리면서 결국 어느 나라도 지중해를 장악하지 못했죠. 그즈음 유럽은 인도양에 직접 도달할 수 있는 방법을 모색하는데, 드디어 대항해시대가 열립니다.

국가 부도로 고전하는 현대 그리스

2008년 리먼 사태[7] 후 금융위기가 세계를 덮쳤습니다. 이로 인해 유로존(Eurozone)[8] 또한 큰 타격을 받고 휘청거렸습니다. 특히 그리스는 해운업과 관광산업이 국가의 주요 수입원인데, 불황으로 인해 심각한 타격을 받게 됩니다. 게다가 그리스의 제조업은 보잘 것 없는 수준이라 거의 대부분 수입에 의존하므로 늘 무역적자에 허덕였고, 심지어 올리브도 열매를 수출하여 다시 가공된 올리브를 수입해야 할 정도였습니다. 그 결과 1821년 독립 이후 무려 5번이나 국가부도를 맞습니다. 이토록 경제가 낙후된 그리스가 어떻게 1981년 EU에 가입하고, 2000년 유로존에 들어올 수 있었던 걸까요? 그건 그리스의 지정학적 위치가 그만큼 중요하기 때문입니다. 그리스는 지중해를 통해 발칸반도로 들어가는 유럽의 입구죠. 또 동방정교회라는 신앙을 통해 러시아와 유대감이 있습니다. 한편 미국은 러시아가 그리스를 통해 유럽으로 침략하지 못하도록 미군 기지를 두고 러시아를 봉쇄하려고 했죠.

그리스는 유로존에 가입하려고 연간 재정적자 규모를 실제의 절

....
7. 2008년 미국의 투자은행 리먼브러더스 파산에서 시작된 글로벌 금융위기
8. 유로화를 사용하는 유럽 단일 통화권

반인 국내총생산(GDP)의 6%로 조작해서 발표했습니다. 유로화 사용 전후로 외국인 투자가 밀려들고 화폐가치가 오르며 일시적인 호황을 누렸지만, 2004년 아테네올림픽 이후 부동산투자에 자금이 쏠리며 산업을 성장시킬 기회를 놓치고 맙니다. 독일을 비롯한 서유럽의 우수한 제품을 마구 수입하면서 그나마 남은 국내 제조업 기반마저 무너지며, 2009년 또다시 국가부도를 맞았습니다. 이후 8년 만에 구제금융에서 벗어나기는 했지만, 아직도 경제 상황이 썩 좋은 편은 아닙니다.

한편 그리스는 이웃한 터키와 오랜 앙숙으로, 오스만제국 때 400년간 지배를 받았고, 독립 후에도 수차례 전쟁을 치러 왔습니다. 또한 그리스정교회를 믿는 그리스인들은 터키의 극심한 종교박해를 받기도 했습니다. 오스만제국이 붕괴한 후에 터키는 그리스의 공격으로 치명타를 입게 되는데, 전쟁에는 간신히 승리했지만 영국의 압력으로 이스탄불을 유지하는 대신 에게해에 있는 섬은 거의 대부분 그리스에 넘겨주고 말았습니다. 에게해 경계를 두고 지금도 두 나라는 신경전을 벌입니다. 그리스계와 터키계로 나뉜 섬나라 키프로스 내전도 풀기 어려운 문제이며, 오랫동안 터키의 EU 가입을 강력히 가로막아온 나라도 그리스죠.

소련이 붕괴되자 예전처럼 동유럽과 러시아를 견제할 필요가 없어지며 그리스의 지정학적 중요성도 떨어졌습니다. 이에 미국이나 유럽의 관심이 중동의 강대국 터키로 쏠리자 그리스의 불만은 더욱 높아졌죠. 하지만 양국 관계에 변화가 찾아옵니다. 1999년 터키와 그리스에서 차례로 지진이 일어났는데, 지진복구를 서로 돕는 과정에서 사이가 좋아진 것입니다. 그후 그리스는 터키의 EU 가입도 찬성하게 됩니다. 그리스는 터키를 통해 송유관을 연결해 유럽에 석유와 천연가스를 보내는 중심지역이 되려고 했습니다. 또한 그리스는 러시아와 중앙아시아와도 점점 가까워지고 있죠. 다만 그리스와 터키 사이의 앙금은 아직 완전히 해소된 것은 아닙니다. 특히 에게해를 둘러싼 갈등이 심각합니다. 동지중해의 배타적 경제수역 확정, 천연가스와 석유 등 자원개발 문제가 얽히면서 양국의 신경전은 계속되고 있습니다.

유럽 변방에서 중심으로, 대항해시대를 연 이베리아반도

피레네산맥 아래는 이베리아반도로 에스파냐(영어식 표기로 스페인)와 포르투갈이 있습니다. 지리적으로 지중해 서쪽 끝자락인 이 두 나라는 과거에 유럽에서 가장 뒤떨어진 곳이었습니다. 특히 향신료무역을 하려면 프랑스나 이탈리아 상인들을 거쳐야 해서 다른 지역보다 훨씬 비싼 값을 치러야 했고, 지중해 해적들도 골칫거리였죠. 바로 이 문제를 해결하려고 포르투갈과 스페인은 대서양과 인접한 지리적 위치를 이용해 원양항해에 도전합니다. 대항해시대의 포문을 연 거죠.

해양제국의 시작, 포르투갈

이베리아반도는 그리스, 로마, 게르만 등에게 끝없는 침략을 받아 왔습니다. 8세기 이후에는 북부아프리카를 정복하고 바다를 건너 온 이슬람의 지배를 받았죠. 이후 이슬람으로부터 국토를 회복하려는 레콩키스타(Reconquista)를 15세기까지 이어왔습니다. 그 과정에서 포르투갈왕국이 분리됩니다. 포르투갈은 국토의 대부분이 황무지로 농산물이 부족합니다. 과거부터 많은 사람들이 먹고 살기 위해 일자리를 찾아 외국으로 떠나고 있죠.

이 작은 나라가 대서양을 넘어 무려 동아시아까지 바닷길을 달린 것입니다. 포르투갈의 수도 리스본은 지중해를 거쳐 서유럽의 플랑드르와 발트해로 이어지는 교역로의 중간에 위치합니다. 오스만제국에 의해 동지중해와 흑해의 교역로가 막히자 이탈리아의 상인과 항해사들이 몰리며 이곳은 중심 항구가 되었죠. 포르투갈은 강대국 스페인과 인접해 있기 때문에 대륙으로의 세력 확장은 불가능했습니다. 이에 포르투갈은 가까운 북아프리카의 모로코를 점령해 유럽과 아프리카를 연결하는 이슬람 세력의 사하라 교역로를 차지하려고 했죠.

포르투갈을 해양대국으로 이끈 엔리케왕자가 모로코의 세우타 (현재 포르투갈의 점령지)를 점령하며 포르투갈의 도약이 시작됩니다. 사실 엔리케는 아프리카인들을 사냥해 유럽에 파는 노예무역을 시작한 사람이기도 하죠. 아무튼 그는 정밀한 지도 제작에 투자하고 해양기술을 연구했습니다. 포르투갈이 아프리카 해안을 따라 새로운 바닷길을 찾아 나선 이유는 아프리카 어딘가에 있다는 기독교 왕국을 찾아 동맹을 맺고 모로코를 통째로 점령하기 위해서였죠. 또 사막을 통과해서 오는 수단의 황금과 향료를 거래하려는 목적도 있었습니다. 포르투갈은 과거 베네치아 탐험단의 실패를 연구하며 항로를 찾으려 했습니다.

드디어 1482년 바르톨로뮤 디아스가 아프리카 최남단 희망봉을 발견합니다. 뒤를 이어 바스코 다 가마는 희망봉을 돌아 표류하던 중 동승한 아랍상인 출신 선원의 도움으로, 1498년에 드디어 인도에 도착합니다. 또 1500년 포르투갈의 페드로 알바레스 카브랄이 인도로 가던 중 풍랑을 만나 표류하다가 우연히 브라질을 발견했죠. 이후에 금광과 다이아몬드광을 연달아 발견하며 13세기까지 이슬람의 지배를 받았던 약소국 포르투갈은 점차 부유한 나라가 되었습니다.

약소국 포르투갈에 부를 안겨준 풍요로운 인도양

인도양은 오래전부터 계절풍 덕에 무역이 발달했습니다. 5~6월의 서풍과 8월의 동풍을 이용해 아랍과 인도, 동남아 간의 무역이 활발히 이루어졌고, 중국과 일본도 연결되어 있었죠.

16세기 중국과 인도의 무굴제국은 세계 경제 1·2위를 다투던 곳이었습니다. 이런 이들 눈으로 보기에 포르투갈이 초창기에 들고 온 물건들은 초라하기 그지없었죠. 이에 포르투갈은 교역 대신 약탈을 선택합니다. 소형 함포를 개량해 무장한 선박으로 주변 바다를 장악하고 주요 거점들을 확보하였습니다. 아울러 주요 지점들에 요새를 건설하며 무역로를 연결했죠. 그러면서 아시아의 바닷길과 향신료 생산지를 장악해 막대한 이익을 얻습니다. 이때부터 오스만 제국의 주요 돈줄인 향신료무역이 내리막을 걷게 됩니다.

당시에 중국 명나라와 일본 에도 정부는 바다를 봉쇄하는 해금정책을 펴서 대규모 선단이 다니지 않던 때였죠. 그 덕분에 포르투갈과 뒤이어서 등장한 스페인은 별다른 경쟁자가 없는 아시아의 바다를 마음껏 휘젓게 됩니다. 그리고 식민지에서 얻은 막대한 부는 왕실과 귀족에게 집중되었죠.

원래 포르투갈과 스페인은 모두 이슬람의 지배를 받다가 아랍의 이베리아반도 지배에 항거하며 독립을 이루었습니다. 포르투갈과 스페인은 한때 대항해시대의 경쟁자이기도 했지만, 1580년부터 스페인의 지배를 받으며 포르투갈은 쇠퇴하기 시작합니다. 60년간 스페인의 지배를 받다가 영국과 프랑스의 도움으로 독립하지만, 독립 후에는 영국의 영향력을 떨치지 못했죠. 브라질과 아프리카, 아시아의 광대한 식민지도 영국과 네덜란드에게 빼앗기며 줄어듭니다. 나폴레옹의 지배를 피해 브라질로 왕이 피난을 가기도 했는데, 1822년에 식민지인 브라질마저 독립하자 포르투갈은 완전히 쇠퇴하고 맙니다. 산업혁명도 실패하고 정치도 불안정해진 포르투갈은 1차 세계대전을 거치며 국력이 더욱 약화되었죠. 살라자르총리(1932~1970)는 독재정치를 하면서 경제개발을 시도했지만, 그의 사망 후 경제난과 정치적 혼란이 이어졌습니다.

세계의 바다를 연결한 해양제국, 스페인

1492년은 스페인에게 의미 있는 해입니다. 스페인은 남쪽 그라나다에 잔재한 이슬람 세력을 몰아내고, 오랜 실전으로 단련된 막강한 군사력을 키우죠. 국내를 평정한 이사벨라 여왕은 새로운 돌파구를 모색하던 중 포르투갈의 성공에 자극을 받습니다.

이사벨라 여왕은 유럽의 여러 군주들을 찾아다니며 후원자를 구하던 이탈리아 제노바 출신인 콜럼버스의 제안을 받아들이죠. 콜럼버스는 인도 탐험에 성공하면 얻게 될 엄청난 금의 1할과 총독 자리를 약속받고, 1492년 먼 길을 떠납니다. 그는 서쪽으로 한 달이면 인도에 도달할 수 있다며 선원들을 불러 모았지만, 콜럼버스 머릿속의 지구는 실제 크기보다 훨씬 작았습니다. 그는 마르코 폴로의 《동방견문록》으로 아시아를 접했는데, 유럽과 아시아 사이의 바다가 좁을 거라고 착각했던 거죠. 아마도 이 지리적 착각 덕분에 당시로선 무모하기 짝이 없는 도전을 시작할 수 있었던 게 아닐까요? 그래서 그는 카리브해의 섬에 도착해 그곳을 인도라고 착각했고, 이것이 지금도 카리브해 섬들이 서인도제도로 불리는 이유입니다.

아메리카 고대 문명을 몰락시킨 스페인의 침공

콜럼버스는 황금에 집착하는 왕실의 후원을 더 많이 받아내려고 아메리카(물론 그는 인도라고 착각했지만)에서 본 것을 과장해 떠벌렸죠. 온통 금으로 뒤덮인 황금의 도시 엘도라도 이야기는 점점 더 부풀려져 일확천금을 꿈꾸는 사람들을 자극했습니다.

당시 이베리아반도는 이슬람을 몰아낸 직후라 많은 용병들이 실업자 신세였죠. 이에 귀족 코르테스와 그의 사촌인 피사로 같은 개인들이 자금을 모아서 용병을 고용해 아메리카 탐험을 시작합니다. 코르테스 일행은 1521년 현재 멕시코의 아즈텍문명을 정복하죠. 피사로는 아즈텍보다 더 아래쪽에 엘도라도가 있다는 소문을 듣습니다. 이들은 소수의 인원으로 신석기문명이던 아즈텍과 잉카문명을 정복합니다.

당시 아즈텍문명은 자신들이 정복한 수많은 부족민들을 학살해 제단에 제물로 바쳤습니다. 이러한 인신공양은 과거 중국의 은나라, 고대 지중해 등 고대 세계에서는 흔한 일이었죠. UCLA 지리학과 교수인 재레드 다이아몬드(Jared Mason Diamond)에 따르면 대형가축이 멸종했던 아메리카에서 고기가 부족하다 보니 인육을 먹기 위해 인신공양을 한 것으로 해석하기도 합니다. 아무튼 이런 풍습은 당시 스페인으로서는 아즈텍인을 기독교로 개종시켜야 할 명분이 되었습니다. 종교적으로 아즈텍인들은 태양신과 밤의 신이 대결을 벌여 태양신이 이기면 태양이 뜬다고 생각했죠. 인간의 심장은 태양신의 보양식이었기에 인류가 멸망하지 않으려면 매일 사람을 제물로 바쳐야 했습니다.

인신공양으로 수많은 시체가 버려지면 전염병에 상당히 취약한 환경이 됩니다. 아즈텍에는 소나 돼지 같은 대형가축이 없었기 때문에 가축으로 인한 전염병은 겪지 않았지만, 스페인 사람들이 옮긴 천연두 같은 전염병은 빠르게 확산되었죠. 또한 아즈텍의 침략으로 피해를 입었던 주위 부족들이 원한을 품게 되면서 스페인은 아즈텍을 싫어하는 부족들과 연합해 효과적으로 공격했습니다.

친척인 코르테스의 성공에 자극받은 피사로는 남쪽에 있다는 엘도라도의 소문을 따라 험난한 길을 헤맵니다. 당시 에콰도르 부근에 도착한 인원은 168명에 불과했죠. 한편 당시 안데스산맥을 따라 잉카제국을 건설한 잉카부족은 10만 정도였고, 정복을 갓 마친 시기였습니다. 1532년 코르테스에게서 아즈텍의 황제를 잡고 이용하는 방법을 배운 피사로는 잉카 황제와 만남을 청합니다.

수만의 병력을 가진 잉카 황제는 방심하여 좁은 약속장소에 호위병만 데리고 들어갔는데, 당시 스페인에게는 가볍고 날카로운 강철검이 있었죠. 게다가 화승총과 대포 등을 동원해 잉카인들을 기겁하게 했습니다. 습기가 많아 화약이 제 역할을 못할 때는 석궁이 위력을 발휘했죠. 잉카 군사들은 속수무책으로 쓰러졌습니다. 결국 스페인은 단 168명으로 수천 명의 군대를 학살하며 거의 일방적인 전투를 치릅니다. 당시 아즈텍과 잉카의 무기라고 해봐야 방망이에 돌이나 상어의 이빨을 끼운 수준에 지나지 않았으므로 철갑으로 무장한 스페인을 상대하기에는 역부족이었죠.

황제가 죽임을 당한 후 잠시 반격에 나서보기도 했지만, 무모한 전면전으로 모든 병력을 잃고 맙니다. 게다가 이곳에서도 면역이 없던 잉카인들에게 천연두가 번지며 대부분이 목숨을 잃었죠. 유라시아와 달리 고립된 이 지역의 문명은 과거에 페스트가 휩쓸고 간 유럽보다 더욱 참혹한 비극을 맞이합니다.

대서양과 태평양 무역로를 장악하며 해양제국을 이루다

스페인은 아메리카에서 막대한 금과 은을 확보합니다. 게다가 잉카를 정복한 50년 뒤, 페루 포토시에서 거대한 은광맥을 발견했죠. 포토시는 당시 세계 은 생산의 3분의 1을 담당했고, 이후 스페인에게 200여 년간 마르지 않는 샘이 되어줍니다. 반대로 원주민들은 혹독한 채굴 환경에서 강제노동에 시달리며 1년 이내에 죽어갔죠. 수은을 이용해 은을 추출하다 수은중독으로 죽기도 했고요. 콜럼버스가 발을 디딘 지 100년 만에 원주민의 90%가 사라졌습니다. 그러자 노동력을 보충하려고 카리브해의 노예시장에서 흑인 노예들을 들여왔는데, 이들의 운명도 그리 다르지 않았습니다.

스페인왕실은 아메리카 교역을 세비야 한곳에 한정해서 관리했습니다. 포토시에서 들여온 은으로 아시아의 후추, 도자기, 비단을 구입했죠. 대서양무역과 함께 태평양을 가로지르는 마닐라 갤리온 정기항로도 있었습니다. 당시 오스만투르크가 지배하고 있던 동쪽 육로나 아프리카의 희망봉을 도는 인도양 항로보다 태평양 항로가 안전하고 빨라서 다른 무역로보다 이윤이 높았죠.

당시에는 해적질이 범죄라기보다는 일종의 고수익 사업으로 인식되던 때였습니다. 그래서 각국 정부에게 해적질을 허락받은 해적선들이 많았는데, 이를 사략선(Privateer)이라고 불렀죠. 특히 영국 해적이 맹위를 떨쳤습니다. 카리브연안은 만과 섬이 많고 석회암지역에 해안동굴이 발달해서 배를 숨기기 좋은 해적의 천국이었죠. 스페인은 해적에 대비하여 무적함대로 불리는 거대 선단을 형성해 태평양 무역로의 악명 높은 해적들에 대비합니다. 국력이 비약적으로 성장한 스페인은 선박과 해군을 지중해 서부에 주둔시키며 지중해까지 장악했습니다. 펠리페2세 때는 포르투갈마저 지배하며 전 세계 해양을 연결하는 최초의 해양제국을 이루게 되었죠.

승승장구하던 스페인의 몰락

당시에는 귀금속을 국가 부의 척도로 여겼기 때문에 왕실은 금과 은에 집착했습니다. 콜럼버스 때부터 식민지 개척을 하는 사람에게는 면허권과 특권을 내주는 대신에 수익의 20%를 세금으로 내게 했죠. 스페인왕실은 1503년 세비야에 무역사무소를 열고 식민지 교역과 이주, 탐험을 엄격히 통제했습니다. 3배 이상의 고수익을 낼 수 있는 이 갤리온무역은 날이 갈수록 번창합니다.

그런데 16세기 카를로스 1세가 가톨릭 대제국 건설의 야심을 드러내며, 여러 지역에서 영토 확장 전쟁을 벌이다 보니 막대한 금과 은이 전쟁자금으로 빠져나갔죠. 스페인은 공식적으로는 세비야에 사는 사람에게만 무역을 허용했습니다. 하지만 귀족들은 기본적으로 상업이나 제조업을 천시하다 보니 이름만 스페인 사람으로 내세울 뿐, 실제로 갤리온무역업에 종사한 사람들은 주로 네덜란드인이나 영국인 등 외국인이었죠. 이들이 태평양과 대서양 정기항로를 오가며 자본을 불렸고, 이 과정에서 얻은 지리 정보를 이용해 이들은 훗날 스페인의 새로운 경쟁자로 떠오르게 됩니다.

스페인의 힘이 약해진 틈을 타 영국과 네덜란드의 지원을 받은 포르투갈이 1668년에 독립합니다. 해적국가 영국도 엘리자베스 여왕 시대에 강력한 해군을 키웠죠. 1805년에 스페인과 프랑스 연합군이 영국에 대패하는데, 이것이 바로 유명한 트라팔가르 해전입니다. 1808년에는 프랑스의 나폴레옹이 스페인을 정복해 1814년까지 지배했고, 1815년에 결국 갤리온무역은 폐지됩니다.

14세기만 해도 스페인은 유럽 최고의 실크와 모직물을 생산했지만, 상업과 제조업을 천시하는 분위기 속에 유대인 자본을 몰수하고 이들을 몰아내면서 산업기반이 급격히 약해졌습니다. 게다가 반복된 전쟁으로 인해 국고가 바닥나며 급속한 내리막길을 걷게 되었죠. 스페인의 몰락과 함께 갤리온무역을 통해 세계 곳곳의 지리 정보를 확보하고 착실히 자본을 쌓아온 네덜란드와 영국에게 드디어 도약의 기회가 찾아옵니다.

해상무역으로 우뚝 선 네덜란드

유럽을 대표하는 평야는 동서로 가로지르는 북유럽평원입니다. 프랑스 서쪽 피렌체산맥에서 좁게 뻗어 나간 이 평원은 북해와 발트해연안을 따라 이어지다가 폴란드부터 넓어지며 동유럽평원과 연결되고, 러시아와 중앙아시아까지 뚫려 있죠. 이곳에는 라인강, 센강, 엘베강 등 많은 강이 있어 교통이 편리하고 일찍부터 주요 도시들이 발전했습니다.

독일 북부부터 북쪽 지방은 빙하기 때 거대한 빙하가 덮인 자리여서 토양이 척박하고 농사에 부적합했죠. 하지만 중세 이후 땅을 깊게 가는 철제 쟁기가 등장한 후로 북유럽평원은 유럽의 곡창지대가 되었고, 인구밀도도 가장 높은 지역이 됩니다. 또한 일찍부터 편리한 수운을 따라 여러 지역 간 교역이 활발해 중세 이후 유럽의 중심으로 성장했습니다.

하지만 지리적으로 북유럽평원은 침략을 당하기 쉬운 위치였죠. 훈족, 몽골족도 이 평원을 타고 유럽을 휩쓸었으니까요. 프랑스와 독일의 대결, 나폴레옹과 나치가 러시아를 침략한 것도 모두 다 이 평원을 통해서였습니다. 특히 폴란드는 이 평원 한가운데 위치한 탓에 나라가 쪼개지거나 사라지는 비운의 역사를 반복해야 했죠. 프랑스와 독일 사이에 끼어 있는 네덜란드와 벨기에 또한 침략에서 자유로울 수 없었습니다.

물과 제방의 땅

우리에게 풍차와 튤립으로 유명한 네덜란드는 지리적 이유로 일찌감치 댐과 제방 기술, 수로가 발달했습니다. 서쪽과 북쪽이 북해와 접한 네덜란드(Netherlands)라는 이름은 본래 낮은 땅을 의미합니다. 국토의 25%가 해수면보다 낮은 지리적 특성 때문에 항상 물과의 전쟁을 벌였죠. 남부와 동부는 평원과 낮은 산줄기가 있지만, 서부와 북부는 저지대입니다. 네덜란드는 둑을 쌓고 배수로를 만들어

물을 빼야 했습니다. 그래서 인공제방을 쌓았던 거죠. 네덜란드는 많은 호수와 늪지를 간척하여 국토를 넓혀왔습니다. 우리에게 유명한 풍차도 실은 물을 빼기 위한 장치입니다.

1953년 북극해로부터 몰아친 폭풍으로 댐이 무너지면서 남서부 대부분이 바다에 잠겨 1,835명이 목숨을 잃고 10만 명의 이재민이 발생했습니다. 이후에 정부는 대규모 홍수조절계획을 세우고 40년간 삼각주에 제방과 수문을 건설했습니다. 30km에 달하는 대형 댐과 해일 방파제도 설치했죠. 그런데 1995년에 중부지역 25만 명에게 홍수대피령이 내렸습니다. 이때 비로소 강물이 바다로 빠져나가는 데 높은 제방이 오히려 방해가 된다는 사실을 깨닫죠. 이윽고 강의 면적을 넓히고 복원하는 방법을 찾아냅니다. 30여 개 지역에서 제방을 안쪽으로 옮겨 강이 흐를 수 있는 범람원을 넓히고, 새로운 수로를 만들어서 수위를 조절했습니다. 지금도 암스테르담 같은 대도시에서는 지붕과 정원, 거리 곳곳의 빗물을 모아서 재활용하는 시설을 설치해 물을 관리하고 있습니다.

기업하기 좋은 해운의 나라

네덜란드는 일찍부터 상공업이 발달했습니다. 해상과 하천 교통의 중심에 위치해서 중세 말부터 국제 무역의 중심지였죠. 지금도 네덜란드는 기업하기 좋은 최고의 나라로 손꼽히며 세계인들을 상대합니다. 그러다 보니 일반인들도 2~3개의 외국어를 구사할 만큼 인적 자원도 우수하죠.

네덜란드가 바다를 주름잡을 수 있었던 이유는 청어와 대구, 고래를 잡기 위해 오랜 시간 험한 바다를 헤치며 살아왔고, 무역이 아니면 달리 살아갈 방도가 없었기 때문입니다. 또한 일찍부터 개신교의 영향으로 왕성한 상업활동이 자유롭게 이루어졌고, 조선업과 해운업이 고도로 발달했죠.

17세기 중엽에는 수도 암스테르담이 지금의 뉴욕 월스트리트 같은 금융의 중심지였습니다. 19세기에는 라인강을 잇는 운하가 뚫리고 북해와 최단거리로 연결되는 북해운하까지 뚫리며 내륙 수운의 중심지가 되었죠. 제2의 도시 로테르담은 유럽의 관문으로 불리는 국제 항구도시로 1930년에 세계에서 가장 큰 준설항인 발항만이 건설되었습니다. 이곳도 해운업이 핵심이며, 석유가 모여드는 위치여서 석유화학산업도 발전했습니다.

해상무역으로 세계를 누빈 네덜란드의 흥망성쇠

네덜란드는 스페인과 전쟁 중에도 힘을 키워 16세기 중엽 북방무역을 장악합니다. 원래 포르투갈의 리스본에서 발트해의 생산물과 동방의 물품을 거래했지만, 점점 가격이 오르자 아예 동방무역에 직접 뛰어든 거죠.

17세기에는 해상무역과 모직물무역으로 다른 나라의 동인도회사를 뛰어넘습니다. 영국의 동인도[9]회사 설립에 자극받아 1602년

....
9. 유럽인들은 중국과 중동 사이에 위치한 본래 인도를 서인도와 구분하기 위해 '동인도(東印度)'라 불렀다.

에는 자바섬에 동인도회사를 설립하죠. 조약을 맺고 전쟁할 수 있는 권리까지 있었기 때문에 네덜란드 동인도회사는 압도적인 선박을 이용해서 스페인과 포르투갈 세력을 밀어냅니다. 이후 향료무역을 독점하고 일본과도 무역하며 아시아무역을 장악하게 되었습니다. 그리고 1621년에는 서인도회사를 설립하였습니다. 콜럼부스가 인도로 착각한 카리브해의 섬을 서인도제도라고 불렀기 때문에 서인도회사는 아프리카와 아메리카를, 동인도회사는 인도와 아시아를 담당했습니다.

수도 암스테르담은 동인도회사와 서인도회사의 지분을 많이 확보해 금융의 중심지로 부상합니다. 네덜란드는 위험한 항해로 인해 성패가 불확실한 투자자의 손실을 줄이려고 최초로 주식회사를 시작하고, 증권거래소도 설치했습니다. 뉴암스테르담(현재 뉴욕), 브라질, 희망봉, 인도네시아, 일본을 거점으로 세계를 연결하며, 17세기에는 드디어 최고의 해상 세력이 되었죠.

하지만 세계의 바다를 누비며 왕성하게 활약하던 네덜란드도 17세기 말 영국, 프랑스와 전쟁을 겪으며 쇠퇴합니다. 엎친 데 덮친 격으로 18세기 후반에는 주력해온 향신료무역이 어려움을 겪으며 1799년에 네덜란드 동인도회사는 해산되고, 영국의 압박에 식민지마저 놓아주죠. 이후 두 차례의 세계대전을 거치며 네덜란드는 산업화와 선진적 농업발전에 성공해 세계적인 낙농업 선진국이 되었습니다. 1990년대 발칸반도 위기와 아프리카 내전 등으로 난민이 증가하면서 현재는 네덜란드에도 극우 세력이 점점 더 강해지고 있다고 합니다.

해가 지지 않는 나라,
해양제국 영국

한때 영국은 해가 지지 않는 나라로 알려져 있
었죠. 그만큼 과거에는 세계 각지에 식민지를 두고 '대영제국'의 위
세를 떨쳤지만, 이전까지는 프랑스와 벌인 100년 전쟁을 제외하면
국제 무대에서 크게 주목받지 못한 가난한 변방국가였습니다.

섬나라 영국의 지정학적 이점

영국은 섬나라로 방어에 유리한 지형입니다. 유럽대륙과 떨어져 프
랑스나 러시아처럼 혁명과 전쟁의 물결에 휩쓸리지 않은 덕분에 아
직도 입헌군주제를 유지하고 있죠. 또한 프랑스가 18세기 말 혁명
이후 공포정치와 쿠데타로 혼란스러울 때 가장 먼저 산업혁명이 시
작된 것도 대륙과 떨어진 지리적 조건과 무관하지 않습니다.

영국의 운명은 두 해전을 통해 전환점을 맞이했다고 말할 수 있
습니다. 1588년 스페인의 무적함대를 꺾은 칼레 해전 이후 엘리자
베스 여왕이 이끄는 영국은 대영제국으로 변모했습니다. 또한 나폴
레옹에 대항한 트라팔가르 해전으로 대륙의 위험 세력을 막아내며
명실상부 유럽의 강자가 되었습니다.

섬나라 영국은 다른 지역의 위협으로부터 비교적 자유로웠기에
해양 세력으로 성장할 가능성이 높았죠. 다만 영국은 나폴레옹이나
히틀러처럼 북유럽평원을 통일하려는 세력의 등장을 가장 경계했

습니다. 그래서 2차 세계대전 전까지 영국은 대륙과 거리를 두면서 어느 한 나라에 힘이 몰리지 않도록 유럽대륙의 세력균형을 맞추는 데 힘써왔죠. 특히 남하정책을 펼치는 러시아에 대해서는 끊임없이 간섭하고 서로 충돌했습니다. 행여 러시아가 얼지 않는 바다와 부동항을 장악해서 세력을 넓힐까 봐 늘 두려웠던 거죠. 유럽대륙과는 거리를 두면서 미국과의 연결고리를 놓지 않는 '명예로운 고립정책'은 섬나라 영국의 지정학적 전략이기도 합니다.

영국은 어떻게 당대 최강 스페인을 제압했나?

영국 주변의 북해는 항상 거센 폭풍과 해일이 휘몰아쳐 뱃사람들에게도 공포의 바다로 악명 높았습니다. 이런 험난한 바다에서 단련된 덕분에 영국인의 항해술은 단연 뛰어났죠. 영국은 16세기부터 바다를 지배할 기회를 호시탐탐 엿봅니다.

초반에는 워낙 스페인과 포르투갈의 기세가 대단해 전면에 나서는 대신에 뒤로 해적사업을 지원하며 부를 쌓아갑니다. 해적질은 당대 최고의 돈벌이였으니까요. 영국 정부는 해적업자들을 모아 약탈면허장을 발급했습니다. 급기야 16세기에는 이런 사략선을 중심으로 해군을 조직했는데, 1581년 영국 여왕 엘리자베스 1세는 해적왕 드레이크가 국가에 큰 공을 세웠다며 귀족작위를 수여하죠.

영국은 카리브해와 스페인으로 돌아오는 스페인 선박을 약탈해서 막대한 수익을 올렸고, 스페인도 금과 은을 실은 무역선단을 보호하기 위해 대규모 함대를 운용하며 영국 해적에 맞섰습니다. 그러는 와중에 당시 스페인의 식민지였던 네덜란드에서 독립전쟁이 나자 영국은 자국의 양모를 수입해주고 모직물산업이 발달한 네덜란드의 반란군을 돕습니다. 분노한 스페인의 펠리페2세는 영국을 치려고 했지만, 드레이크 함장이 선수를 쳐서 스페인의 항구를 공격해 은을 약탈하고 전쟁에 필요한 물품마저 파괴해버렸죠. 그는 파나마 지역을 공격하는 등 영국 해군의 영웅이 되었습니다.

드레이크가 이끄는 영국 해군과의 2차 대결에서 스페인의 무적함대는 무참히 패배하고 맙니다. 패배 후 무리에서 떨어져 나간 스페인의 배들은 조류와 바람에 떠밀려 험악한 북해 쪽으로 흘러갔고, 영국 북쪽을 돌아오는 먼 항로로 귀국할 수밖에 없었죠. 수많은 배들이 난파했고, 선원들이 굶어죽기도 해서 스페인으로 돌아온 인원은 극소수에 불과했다고 합니다. 이후 스페인은 식민지를 잃고 해양 세력의 위세마저 약해진 것입니다.

막강한 해군력에 원양항해 기술을 도입한 영국은 포르투갈이 구축한 아시아 무역로를 하나씩 장악해 나갔습니다. 이후 영국은 1600년에 민간회사인 동인도회사를 창설하고 무역과 식민지 개척을 하도록 권한을 주었죠.

영국의 인도 지배와 중국과의 아편전쟁

네덜란드 동인도회사는 초기부터 군대를 동원할 권한이 있었습니다. 우세한 화력을 앞세워 인도네시아와 향료가 나는 섬들을 장악했죠. 영국은 어쩔 수 없이 인도로 눈을 돌리는데, 인도에서 향료무역을 하며 우수한 인도의 면제품을 들여왔고, 이것이 유럽에서 선풍적인 인기를 끌게 됩니다.

앞서 무역로를 개척했던 나라들의 장점을 고루 흡수한 영국은 17세기부터 아프리카, 인도, 싱가포르, 홍콩 등을 식민지화하며 세계를 잇고 교역하는 대제국으로 성장합니다.

영국이 중국과 아편 무역을 하게 된 이유는 '은' 때문입니다. 중국의 도자기와 비단은 점차 유럽에서도 생산이 가능해졌지만, 차는 기후가 맞지 않아서 재배할 수 없었죠. 차와 설탕에 맛을 들인 영국인들은 오늘날에도 매일 오후 차(Afternoon Tea)와 다과를 여유롭게 즐기는 문화를 중시하는데, 당시 중국은 은을 화폐로 사용했고 영국은 차 수입에 필요한 은이 점점 고갈되었습니다. 더군다나 인도의 면제품은 중국 면제품의 품질에는 미치지 못했고, 신대륙에서 들여오는 물품 구입을 위해서도 막대한 은이 필요해지자 영국은 고민에 빠집니다. 결국 식민지인 인도에서 아편을 재배해 이를 중국에 팔고 은을 들여오게 된 것입니다.

당시 영국의 아편전쟁에 대해 유럽국가들은 중국의 고압적인 무역자세를 문제 삼으며 자유무역을 위한 조치라고 지지했지만, 허울 좋은 핑계에 불과합니다. 인도에서 아편을 길러 중국에 팔고 영국으로 은을 들여오는 삼각무역은 당시 세계 최고의 돈벌이였죠. 중국은 총알을 튕겨내며 강을 거슬러 오르는 증기 철제선의 위력 앞에 맥없이 허물어졌습니다. 아편전쟁 이후 중국은 서양 열강의 침략으로 반식민지 상태에 빠집니다.

포르투갈과 스페인의 틈바구니에서 강대한 해양제국 건설을 위해 300년간 노력해온 영국은 드디어 19세기에 해가 지지 않는 대영제국을 건설하며 세계 최강국이 됩니다. 하지만 두 번의 세계대전을 거치며 미국에게 그 자리를 내어주게 되죠.

꺼져가던 영국을 되살린 북해유전

영국은 2차 세계대전 후 인도를 비롯한 많은 식민지가 독립하면서 쇠퇴합니다. 1970년대만 해도 영국의 경제사정은 형편없었고, 1976년에는 국제통화기금(IMF)의 구제금융까지 받아야 했죠. 희망이 보이지 않던 이때 구세주처럼 등장한 것이 바로 북해유전입니다. 1967년 덴마크 앞바다에서 유전이 발견되고, 1969년에는 노르웨이, 1970년에는 영국 스코틀랜드 근해에서 유전이 발견된 거죠.

북해유전으로 가장 이익을 본 나라는 영국과 노르웨이입니다. 영국은 거대 해양유전이 잇따라 발견되면서 엄청난 적자에서 흑자로 돌아서며 경제가 회복됩니다. 노르웨이는 EU에 가입하지는 않았지만, 농업과 어업을 제외한 분야에서 EU와 포괄적 경제협력 관계 및 공동 시장을 형성하고 있습니다. 노르웨이는 석유와 가스 판매 수익을 해외에 투자해서 국가 경제를 튼튼히 하였습니다. 반면에 덴마크는 석유 자금이 밀려들면서 인플레이션에 시달리는 등 경제 침체에 빠지기도 했죠. 이렇듯 아무리 자원이 풍부하더라도 국가의 관리 능력에 따라 경제 상황은 얼마든지 달라질 수 있습니다.

북해유전은 하루 수백만 배럴의 원유를 생산했고, 그중 최대생산지는 1971년 스코틀랜드 북동쪽 셰틀랜드제도 근처에서 발견된 브렌트유전[10]입니다. 하지만 브렌트유전의 생산량은 1980년대 중반 이후 점차 줄어들어 이제는 1,000배럴 수준으로 거의 고갈단계입니다. 게다가 해양 플랜트를 세워 시추하려면 육지에 비해 생산비용이 높고, 기존 시설도 노후화되었죠. 이제는 영국도 원유 순수입국으로 돌아섰습니다.

그런데 최근에 영국, 네덜란드가 새로운 유전을 개발하고 있다고 합니다. 엄청난 가스와 원유가 매장되어 있어서 두 나라의 미래에 희망을 주고 있죠. 영국의 옆 나라 아일랜드 역시 남쪽 해상에서 총 매장량 240억 배럴 이상으로 추정되는 대규모 유전이 발견되기도 했습니다. 앞으로 이곳은 과거 북해를 능가하는 유럽 최대 유전이 될 가능성이 있습니다. 아일랜드는 그간 석유를 모두 수입해 왔지만, 앞으로는 더욱 경제성장이 기대됩니다. 다만 아직 영국 경제에 의존도가 높다 보니 브렉시트 후 어려움이 예상됩니다. 또 영국과 EU는 북아일랜드[11]가 EU에 계속 남도록 하는 북아일랜드 협약을 맺었는데, 영국은 EU에 이 협약의 개정을 요구하고 있습니다. 영국과 북아일랜드 간 무역에 대해 관세를 철폐하라며 EU와 충돌하고 있는 것입니다.

....

10. 국제 원유시장의 가격 기준이 되는 석유는 영국의 북해산 브렌트유, 미국의 서부텍사스유(WTI), 중동의 두바이유다.

11. 아일랜드는 영국의 오랜 식민지였다. 오랜 세월 격렬한 독립운동을 벌인 끝에 아일랜드는 1922년에 아일랜드 공화국을 수립하였다. 그러나 신교도들이 많이 거주하고 있는 북아일랜드는 여전히 영국의 관할이다.

세계를 지배한 영국과 미국의 지정학

전성기만큼은 아니지만, 영국은 여전히 전 세계에 영향력을 행사하는 강대국입니다. 영국은 주요 해협과 지구상의 주요한 지점들을 점령하고 해군기지를 건설하며, 한때 전 세계를 하나로 연결해 경쟁국을 신속하게 견제할 수 있었습니다. 2차 세계대전 때 독일의 잠수함 공격으로 위기에 몰린 영국은 미국으로부터 잠수함을 공격할 수 있는 중고 구축함 50척을 지원받았습니다. 그 대가로 대서양과 카리브해 영토와 해군기지를 미국에게 99년간 조차해주었죠. 미국은 중립국이었지만, 루즈벨트 미국 대통령은 미국의 동부해안을 지키기 위해서는 군사기지가 필요하다고 주장했습니다. 이때부터 영국의 해양 패권은 사라집니다. 이후 미국은 영국의 해외 지정

영국 군사기지와 훈련시설
미국은 영국의 해외 지정학적 요충지들을 이용해 세계 패권을 가져갔습니다.

학적 요충지들을 이용하며 세계 패권을 가져가버렸습니다.

　일반적으로 군대가 국경을 넘어서 멀리까지 진군하면 보급이 어려워지고 통제가 힘들어집니다. 또한 길어진 진로를 따라 공격을 받기도 쉽죠. 미국 독립군을 공격했던 영국, 중국 본토를 공격했던 일본, 러시아를 공격했던 나폴레옹과 히틀러도 모두 똑같은 문제를 겪었습니다. 이를 잘 알고 있는 영국과 미국은 지정학적 요충지를 확보하고, 이를 해양 네트워크로 연결하면서 작전 범위를 넓혀 온 것입니다. 오늘날에는 미국과 패권 다툼을 벌이는 중국이 이러한 전략을 적극 활용하는 모양새입니다. 해군력을 강화하고 요충지를 적극적으로 확보해 나가고 있으니까요.

　영국은 남아시아와 동아프리카 중동을 모두 관리할 수 있는 요충지인 '디에고 가르시아 섬'을 갖고 있습니다. 미국은 이곳을 임대해서 미군함대와 폭격기의 착륙 지점으로 이용하고 있죠.

　남미와 아프리카 사이에는 대서양을 가로지르는 여러 섬이 있는데, 지중해와 대서양을 연결하는 지점에 있는 '지브롤터반도'를 점령하고 있습니다. 지브롤터는 유럽, 아시아, 아프리카의 해상 세력이 쟁탈전을 벌여온 곳으로 영국이 1704년 스페인 왕위계승 전쟁에 뛰어들어 스페인으로부터 할양받은 땅입니다. 이후 300년간 영국의 직할 식민지로 영국 지중해 함대의 최대 기지이자 공군기지가 있습니다. 또한 지중해 동부에는 키프로스에 아크로티리, 데켈리아(Akrotiri and Dhekelia)라는 군사기지를 영국령으로 통치하고 있죠. 이곳에서는 언제든 마음만 먹으면 중동 지역을 폭격할 수 있습니다. 영국은 1971년 걸프지역(페르시아만)의 모든 기지를 철수했습니다. 최근에는 걸프지역의 지하디스트(이슬람 성전주의자) 세력에 대응하려고 바레인에 해군기지를 확장하고, 오만에도 해군기지와 합동 물류시설을 건설했습니다.

브렉시트 이후 영국의 고민

2008년 유로존에 금융위기가 닥쳤을 때 영국은 독일 다음으로 많은 분담금을 냈습니다. 영국이 EU를 떠난 주요 이유도 높은 분담금 부담과 외국인 이민자에 대한 불만 때문이었죠. 사실 영국은 세대별, 지역별로 브렉시트에 대한 입장이 다릅니다. 청년층은 자유로운 취업과 비자 문제 때문에 EU에 남기를 원했죠. 반면 과거 대영제국 시대를 그리워하는 백인 노년층은 탈퇴를 원했습니다.

또 런던과 여타 지역 간의 격차도 문제입니다. 경제활동이 활발하고 부유한 런던은 EU에 남길 원한 반면 북잉글랜드는 탈퇴를 원하는 이들이 많았죠. 왜냐하면 이 지역은 정부지원금에 의존한 저소득층이 많은데, 외국 이민자들이 아이들까지 데려오면 자신들보다 우선적으로 지원을 받기에 불만이 큰 것입니다.

영국 런던은 세계 최고의 금융도시가 되었습니다. 과거에는 산업혁명의 발상지로 제조업 중심지였지만, 제조업이 경쟁력을 잃으며 서비스와 금융에 힘을 쏟았죠. 대공황 이후 미국 뉴욕에서는 금융거래 규제가 강화되었지만, 영국은 1986년 이후 금융시장 규제를 없애고 2000년에는 은행·보험·증권을 통합했습니다. 그런데 브렉시트

후 다른 EU 국가로 금융기능이 상당 부분 옮겨가고 있습니다.

사실 객관적으로 볼 때, 영국은 EU에 남는 편이 유리합니다. 브렉시트 이전에도 영국은 항상 EU 탈퇴를 빌미로 특별대우를 원했고, EU로부터 셍겐조약 예외도 인정받아왔습니다. 출입국 관리 권한을 얻은 거죠. 게다가 여전히 자국 화폐인 파운드화를 쓰면서도 EU에 속해 똑같은 무역혜택을 누려왔습니다. 또한 유럽 평균보다 비교적 세금이 낮아 기업활동이 활발하죠. 노동력 부족은 동유럽인, 인도인, 파키스탄인, 방글라데시인, 아프리카 흑인 등 이민자들의 값싼 노동력으로 해결해왔습니다. 2021년 브렉시트가 본격적으로 시행되면서 여러 분야에서 경제를 떠받치고 있던 외국인 노동력이 영국을 떠나 유럽 본토로 돌아갔습니다. 그중에는 많은 트럭운전사들도 포함되었죠. 그들은 출입국 운송 절차가 복잡하고, 별로 환영도 받지 못했던 영국을 미련 없이 떠나버렸습니다. 그 결과 식료품 가게에는 제때 물건 공급이 안 되었고, 항구에서는 컨테이너를 옮기지 못하는 등 물류에 어려움을 겪으며 경제적 타격을 입었죠. 브렉시트는 영국 입장에선 득보다 실이 많아 보입니다.

아일랜드 문제도 고민거리입니다. 영국에게 영국령인 북아일랜드와 아일랜드의 국경 문제는 정치·경제적으로 중요합니다. 12세기부터 영국의 지배를 받던 아일랜드가 1차 세계대전 후 독립할 때 북아일랜드만이 영국령으로 남고, 이후 무장 독립투쟁이 일어났죠. 수많은 희생을 치른 후 1998년 벨파스트협정으로 북아일랜드와 아일랜드 주민들은 매일 국경을 오가며 학교와 직장을 자유롭게 다니며 안정적으로 살고 있습니다. EU는 브렉시트 이후에도 북아일랜드를 EU 아래 두고 싶어 하지만, 영국은 반대하는 입장이었습니다. 만약 이 문제가 해결되지 않으면 영국은 자칫 영토분쟁에 휩싸일 가능성이 높았습니다. 결국 영국-EU 간의 '북아일랜드 협약'으로 북아일랜드는 아일랜드와 함께 EU에 남겨졌고, 영국 본토와 국경선이 그어집니다. 우려했던 대로 북아일랜드에서는 개신교 민족주의자들과 아일랜드계 가톨릭 세력 간 충돌이 일어나고 있습니다.

스페인 끝자락에 붙어 있는 지브롤터 문제도 있습니다. 약 6.7㎢ 정도의 작은 땅이지만, 지중해와 대서양을 잇는 요충지인 지브롤터 인구의 약 3만 5,000명 중 8,000여 명은 스페

EU 소속 국가들과 국경을 접한 영국 영토
브렉시트 이후 영국은 자칫 영토 분쟁에 휘말릴 수 있습니다.

인에 살면서 출퇴근하므로 브렉시트로 이동에 문제가 생기면 곤란

해집니다. 현재 스페인은 이 땅을 회복하려고 노력 중이죠.

영국의 정식 명칭은 UK, 즉 'United Kingdom'입니다. 영국 축구 국가대표팀이 네 지역으로 나뉘듯 영국은 잉글랜드, 웨일스, 스코틀랜드, 북아일랜드 네 지역이 연합된 나라죠. 이 중 스코틀랜드와 북아일랜드는 장기적으로 독립 가능성이 높습니다. 한때 세계의 패권을 쥐고 있던 영국은 현재 복잡한 기로에 놓여 있습니다. 미래의 영국은 과연 어떤 모습일까요?

유럽연합의 실세,
독일

4세기말 흉노족을 피해 게르만족이 남하하며 로마제국은 쇠퇴합니다. 아이러니하게도 로마의 콘스탄티누스 대제가 중앙집권을 위해 고용한 용병은 거의 게르만족이었죠. 바로 이들이 프랑코왕국을 이루고 프랑스, 독일과 같은 유럽의 핵심국가를 건국합니다.

하천과 산맥이 만들어낸 자연경계

국왕은 영주에게 토지를 하사하고, 영주는 다시 기사에서 토지를 나눠주었죠. 농노는 이 토지에서 절반 이상 세금을 내고, 나머지는 생계를 위해 일했습니다. 하지만 도시의 기술자들은 점차 자유를 누리며 부를 쌓았죠. 현재 독일의 주요 도시인 프랑크푸르트, 쾰른, 마인츠 등은 서유럽 최초의 도시로 발전한 곳들입니다. 프로이센시대에도 이미 과학기술이 부흥했고, 독일제국 때에는 화학, 전기, 철강 분야에서 2차 산업혁명을 이끌었죠. 오늘날에도 독일은 유럽 최고의 공업국입니다.

중부유럽 최대의 강인 라인강은 알프스에서 발원해 독일을 비롯한 유럽 최대의 공업지대를 흘러 네덜란드까지 이어지는 국제 하천입니다. 지금은 운하를 통해 지중해와 흑해, 발트해와 연결되며 거대한 선박들이 오가는 독일의 주요 수송로이기도 합니다. 독일의 경제성장을 '라인강의 기적'이라 부르는 것만 보아도 라인강이 얼마나 중요한 역할을 했는지 짐작할 수 있죠.

다뉴브강은 러시아 서부를 흐르는 볼가강에 이어 유럽에서 두 번째로 긴 하천입니다. 독일 남부 삼림지대에서 발원해서 남쪽과 동쪽으로 흘러 오스트리아와 헝가리 평원을 지나 흑해로 흘러들죠. 오스만제국이 비잔틴제국을 정복하고 다뉴브강을 따라 오스트리아 빈을 공격하며 유럽에 커피가 전래되기도 했습니다. 만약 빈마저 오스만제국에 함락되었다면 유럽의 역사도 크게 달라졌을 것입니다.

여러 지류로 연결된 다뉴브강 하류는 유럽의 대표 분쟁지역이었죠. 유고연방이 사라진 후 민족과 종교에 따라 여러 국가로 쪼개지는 과정에서 인종청소와 전쟁이 끊이지 않았습니다. 산맥과 하천은 자연경계 역할을 합니다. 라인강과 다뉴브강은 과거 오스트리아-헝가리제국과 오스만제국을 가르는 경계였고, 로마제국이 게르만족을 방어하는 방위선이기도 했죠. 이후 2차 세계대전 때는 라인강을 따라 프랑스의 마지노선이 그어졌습니다.

독일의 지정학적 딜레마

현재 프랑스 지역인 갈리아를 정복한 로마의 카이사르(시저)는 게르만족의 힘을 높이 평가했습니다. 아이러니하게도 로마를 멸망시킨 것도 바로 게르만족이죠. 중세 이후 유럽을 주도한 영국, 프랑스, 이탈리아는 늘 독일의 통일을 견제했습니다. 특히 프랑스는 북유럽평원에 강력한 세력이 들어서는 것을 경계했죠.

독일의 민족주의 정신이 강한 이유는 이렇듯 오랫동안 외세의 간섭과 핍박을 받아왔기 때문입니다. 독일은 통일을 이루지 못한 채 수많은 공국으로 쪼개져 있었고, 조금이라도 통일의 움직임이 보이면 주변국들은 기를 쓰고 방해했죠. 30년 전쟁에서는 온 국토가 전쟁터가 되기도 했습니다. 아주 오랜 세월 핍박받고 떠돌이 용병생활을 하며 살아온 민족이 바로 독일인입니다. 그렇기 때문에 독일은 강대국이 되어야 한다는 절박함을 갖게 된 거죠.

19세기 이전에는 주로 약탈을 중심으로 식민지 개척이 이루어졌다면, 19세기부터 식민지가 원료 공급과 제품을 소비하는 시장의 역할을 하게 됩니다. 독일 통일 무렵은 이미 스페인, 영국, 프랑스, 네덜란드가 세계 곳곳에 식민지를 차지한 후였죠. 독일은 뒤늦게 산업혁명에 동참해 열강에 진입한 터라 식민지 확보가 어려웠습니다. 식민지와 자원 확보는 독일의 지상과제였죠. 독일이 가장 탐낸

지역은 우크라이나였는데, 비옥한 흑토지대로 농산물이 풍부하고 철광석, 망간 등의 자원도 많았기 때문입니다.

독일의 지정학적 문제는 프랑스와 러시아 사이에 끼어 있어 두 나라를 상대로 동시에 전쟁이 벌어질 경우 실패할 가능성이 높다는 것이었습니다. 당시 러시아와 프랑스는 강력한 육군을 보유하고 있었고, 해상에는 세계 최강의 해군력을 보유한 영국이 버티고 있었죠. 이들 유럽 강대국들은 독일의 통일을 끝없이 견제하고 집요하게 방해했습니다.

하지만 독일은 새로운 통일 강대국이 되려는 야심을 품고 전쟁을 치밀하게 준비합니다. 주변국의 견제로 화약의 원료인 초산을 수입하지 못하자 자체적으로 화학산업을 발전시켜 해결했죠. 독일은 비밀협정과 외교술로 프랑스를 견제하며 어려움을 헤쳐 나갔습니다. 유럽은 전쟁의 위험을 줄이기 위해 힘센 나라들끼리 상호 방위협정을 맺었는데, 영국, 러시아, 프랑스가 삼국협상을 맺자, 이에 대응해 독일, 오스트리아, 이탈리아도 삼국동맹을 맺고 군사 침략에 서로 힘을 합쳐 대응하기로 합니다. 그런데 29살의 야심만만한 독일 빌헬름2세는 황제가 된 후 외교에 치중했던 비스마르크를 물러나게 하죠. 젊은 황제의 무모한 야심은 결국 유럽을 전쟁의 소용돌이로 몰아넣고 말았습니다.

산업화와 대량살상전, 1차 세계대전

20세기는 이성과 합리성을 중시하는 시대로 과학기술이 인류의 삶을 향상시킬 거라는 기대가 높았습니다. 이 무렵 유럽 각국의 왕실은 서로 인척 관계를 맺어 전쟁 걱정이 거의 없었죠. 하지만 인류 최초의 대량살상전이 벌어지고 산업발달로 인해 무기와 전쟁체계도 크게 달라지며 유럽에는 묘한 긴장감이 형성됩니다.

도화선이 된 건 오스트리아 황태자 부부의 피살사건입니다. 1914년 7월 28일 오스트리아가 세르비아에 선전포고한 후 여러 나라가 동참하며 전쟁의 판이 점점 더 커졌습니다. 하지만 초기에는 대부분 전쟁이 짧게 끝날 것이라고 믿었습니다.

독일은 프랑스 쪽 서부전선과 러시아 쪽 동부전선을 동시에 칠 계획을 수립했죠. 최소한의 병력으로 러시아를 막고 서부전선에 집중하려는 계획이었습니다. 1차 세계대전 때 참모총장에 오른 몰트케 장군은 이 계획에 불안감을 느껴 방어 병력의 비중을 높이는데, 이로 인해 전격전에서의 위력이 약화됩니다. 또한 강력한 영국 해군력을 만만히 본 탓에 영국의 해상봉쇄령에 독일 해군은 맥을 못 추었죠. 게다가 막상 전쟁이 나자 오스트리아-헝가리제국은 형편없는 군사력으로 별 도움이 되지 못합니다.

1차 세계대전을 이끈 각국 지도부의 핵심전략은 더 많은 물량을 동원해 적을 압도하는 것이었죠. 서로 치열하게 전진과 후퇴를 반복하며 엄청난 소모전을 펼쳤습니다. 프랑스와 독일은 서부전선에서 20~30세 사이 남성의 무려 70%가 죽거나 다치며 한 세대가 사라졌습니다. 전쟁 막바지에 미국이 참전하고, 내부의 혁명까지 겹치면서 결국 독일은 패배합니다.

세계의 판도를 뒤바꾼 미국의 세계대전 참전

미국은 전통적으로 고립주의를 선호했습니다. 처음에는 드넓은 자국 영토를 개발하고 넓히기에도 바빴으니까요. 또 유럽의 전쟁에 참여했다가 자칫 미국 내 분열과 내전이 일어날까 우려했죠. 미국은 유럽 이민자로 이루어진 나라였으니까요.

그런데 열악했던 미국의 북부지역이 방직, 방적 등 당시 첨단산업이 집적된 대규모 공업지역을 이루며 급성장합니다. 그러면서 북부의 공업경제와 남부의 농업경제가 충돌한 남북전쟁 이후 산업국가로 도약하죠. 여기에 풍부한 자원과 세계 최대의 농업국으로서 미국은 강대국의 조건을 두루 갖추게 됩니다. 세계대전의 참전에 대해 북부의 자본가들과 산업 중심지인 캘리포니아 주는 찬성했으나 대부분 지역이 반대하고 있었죠. 하지만 미국 지도부는 세계 패권국가가 되겠다며 참전의 명분을 역설합니다.

그러던 중 '루시타니아 호'의 침몰 사건이 터집니다. 사실 독일은 지정학적으로 해군활동이 어려워 그 대안으로 잠수함 U 보트를 이용해서 영국으로 들어가는 물자를 틀어막았습니다. 독일은 무제한 잠수함작전으로 군함과 상선을 가리지 않고 영국으로 들어오는 배를 공격했죠. 그러다가 영국의 대서양 정기선 '루시타니아 호'가 1915년 5월 7일 독일의 무제한 잠수함작전으로 어뢰에 맞아 침몰당한 것입니다. 이 사고로 미국인 승객 128명이 사망하며 미국 내 참전여론이 거세집니다. 결정적으로 1917년 1월 독일 외상 치머만이 보낸 전보에 멕시코가 미국을 공격해 전쟁을 일으키면 그 대가로 미국 땅의 일부를 주겠다는 내용이 있다고 알려지며 미국 여론은 참전 쪽으로 기울었죠.

윌슨 대통령은 연설을 통해 미국이 모든 전쟁을 끝내고 평화를 주도할 수 있다며 국민을 설득했습니다. 미국의 참전은 독일 국민이 아닌 독일 군대와의 싸움이라고 외치며, 전 세계 민주주의 수호와 안전을 지키겠다는 대의명분을 내세웠습니다. 그는 전후 세계 평화를 지키는 국제연맹 창설을 제안했죠.

참전한 미국은 막강한 생산력을 앞세워 결국 전쟁을 승리로 이끌었습니다. 군인들의 항명과 시민혁명으로 독일제국은 무너졌고, 새로운 공화국이 건설되었죠. 새 정부는 1918년 11월 11일 종전협정에 서명하며 항복합니다.

베르사유조약과 2차 세계대전

1차 세계대전 후 영국과 프랑스는 독일이 영토 일부와 식민지를 포기하게 하고, 군사력 또한 제한했습니다. 게다가 독일이 다시는 일어서지 못하도록 엄청난 전쟁 배상금까지 물렸죠. 전범국가로 낙인찍혀 제약이 많아진 독일은 두 가지 목표를 세웁니다. 우선 빼앗긴 영토의 회복이었죠. 1차 세계대전 후 독일 영토 일부가 폴란드와 체코에 귀속되어 독일 영토에 두 나라 땅이 파고들어온 형태가 되었으니까요. 두 번째로는 승전국들의 경제적·군사적 간섭에서 벗어나도록 힘을 기르는 것이었습니다.

1차 세계대전 후 바이마르공화국(1919~1933) 시절, 독일의 경제는 급성장합니다. 화폐, 세제, 철도개혁이 성공하고 전후 복구책을 통해 경제는 회복 국면에 접어들었죠. 우수한 기술력을 바탕으로 혁신적인 제품을 만들자 외국인 투자가 들어오고 경제가 살아났습니다. 경제가 빠르게 회복되며 자본가, 노동자, 중산층이 급성장했고, 이 과정에서 공산주의자와 자본가가 서로 대립합니다. 바이마르공화국 대통령인 힌덴부르크는 전쟁영웅으로 추앙받으며 재선에 성공했지만, 사실 무능한 인물이었죠. 게다가 사회주의자를 극도로 싫어했던 그는 1933년 히틀러를 수상에 임명하며 본의 아니게 나치정권 탄생의 빌미를 제공합니다.

1929년에 미국에서 시작된 대공황은 세계 경제를 위기에 빠트립니다. 특히 독일은 베르사유조약으로 패전국의 제약이 컸던 터라 강력한 민족주의 운동과 분노에 휩싸였죠. 바로 이때 히틀러가 등장하며 급성장했습니다. 히틀러는 저서 《나의 투쟁(Mein Kampf)》에서 게르만족의 대제국 건설과 군사적인 재무장을 주장했습니다. 그는 지리학자 프리드리히 라첼로부터 시작된 위험한 지정학과 사회진화론을 근거로 이용했죠. 즉 강한 동물이 약자를 포식하듯 우수한 독일 민족이 열등한 민족을 없애고 땅을 차지해야 한다며 선동한 것입니다. 그는 독일인의 생활권 확보를 내세우며 독일 민족의 생존과 번영을 위해 자원과 영토가 확보되어야 한다는 지정학적 주장을 부르짖었습니다. 이는 당시 인구가 크게 성장한 독일 상황과 맞물려 상당히 설득력 있게 받아들여졌습니다.

독일군은 1938년 3월 오스트리아 빈에 무저항 입성하고, 이후 국민투표를 실시해 압도적 찬성으로 오스트리아와 합병합니다. 히틀러는 체코슬로바키아 서부의 독일인 거주 지역인 주데텐란트 (Sudetenland) 할양을 요구하죠. 전쟁을 회피하던 영국과 프랑스는 1938년 뮌헨회담에서 유럽의 평화라는 명분에 일방적으로 양보합니다. 이후 히틀러는 소련과 불가침조약을 맺고 선전포고도 없이 폴란드를 침공해 2주 만에 폴란드를 점령했는데, 이후 폴란드 망명 정부는 연합군으로 참전해 맹활약하죠.

프랑스 마지노선을 뚫어버린 독일의 전격전

1차 세계대전의 참혹한 전투 이후 프랑스는 1930년부터 독일의 침략을 막기 위해 라인강 국경선을 따라 벨기에까지 이어지는 막강한 지하요새를 구축합니다. 바로 프랑스 국방장관 앙드레 마지노의 이름을 딴 '마지노선'인데, 지금도 최후 방어선이란 의미로 널리 사용되고 있죠.

프랑스는 강력한 방어선 구축을 위해 160억 프랑(약 20조 원)이라는 거금을 투자해 최신식 무기체계를 설치하지만, 마지노선만 맹신하다 허무하게 무너지고 맙니다. 독일은 1차 세계대전처럼 벨기에로 우회하는 전략을 채택했고, 또한 참호전과 기관총에 대응하기 위해 탱크의 성능을 향상시켜 기습적이고 빠른 전격전을 벌여 전장을 휩쓸었죠. 폭격기와 전차가 협동해 뿜어내는 화력 앞에 고정된 마지노선은 속수무책이었습니다. 독일군이 파리에 무혈입성한 지 8일 만에 프랑스는 항복했고, 영국으로 철수하려고 덩케르크 항구로 집결한 연합군은 바다로 후퇴하게 됩니다. 이때의 긴박한 상황은 2017년 개봉한 영화 《덩케르크》에도 잘 드러납니다.

독일의 패전

히틀러는 사실 소련군을 두려워했지만 겨울전쟁[12]을 보고 생각을 바꿉니다. 1941년 6월 22일 히틀러는 불가침조약을 폐기하고 동맹군을 포함해 대규모 군대를 투입하죠. 그리고 전력을 모스크바 한곳에 집중하지 않고 북부인 레닌그라드, 중부 모스크바, 남부 우크라이나 3방향으로 부대를 나눕니다. 히틀러는 나폴레옹이 19세기에 러시아를 공격할 때 그랬듯 겨울이 오기 전에 우랄산맥까지 도달할 수 있을 거라고 낙관했습니다. 하지만 10월부터 엄청난 폭우가 쏟아지며 길바닥은 온통 진창이 되었고, 독일군의 진군은 현저히 느려질 수밖에 없었습니다. 러시아의 레닌그라드(현재 상트페테르부르크)는 무려 900일이나 독일의 공격을 버텨내며 독일군의 발을 꽁꽁 묶었죠.

독일군은 유전지대가 있는 캅카스 지방과 카스피해 주변을 점령하기 위해 50만 대군을 이끌고 물밀듯이 소련으로 진격했습니다. 하지만 볼가강의 요충지인 스탈린그라드(현재 볼고그라드)는 그리 호락호락하지 않았습니다. 6개월간의 처절한 전투가 이어진 끝에

---

12. 2차 세계대전 중인 1939년 11월 30일 소련이 핀란드를 침략한 전쟁으로 1940년 3월 평화조약을 맺고 끝이 났다. 소련군은 핀란드를 우습게 여겼지만 막대한 피해를 입었다. 겨울이 지나고 계속되는 소련의 공세에 핀란드는 어쩔 수 없이 평화조약을 맺고 많은 영토를 잃게 된다.

매서운 겨울로 접어들며 전세는 점점 더 소련에게 유리하게 전개됩니다. 드디어 소련군은 반격에 성공했고, 독일군은 엄청난 피해를 입게 되었죠. 혹독한 추위 속에서 보급선마저 끊기며 소련군에게 포위당한 채 결국 항복하면서 독일은 또다시 패전의 구렁텅이에 빠져들고 말았습니다. 히틀러는 프랑스의 나폴레옹이 러시아를 칠 때 했던 실수를 그대로 반복한 셈이 되었죠.

2차 세계대전 때 유럽 탈환의 교두보가 된 노르망디 상륙작전은 지리적으로 거의 상륙이 불가능한 지역을 골라 상대의 허를 찌른 것으로 유명합니다. 하지만 무엇보다 동부전선에서 맹활약한 소련 군이 크게 기여했습니다. 독일과 소련은 서로 쓸 수 있는 병력의 대부분을 쏟아 부으며 사력을 다해 전투를 벌였고, 추정 전사자만도 독일은 400~500만 명, 소련은 병력 1천만 명과 민간인 1천만 명 이상을 잃었습니다. 반면, 미군 전사자는 41만 명, 영국과 이탈리아는 각각 45만 명에 불과했죠. 훗날 독일의 수도 베를린에 승리의 깃발을 꽂은 군대는 소련군입니다. 러시아는 2차 세계대전 승리의 주역인 동시에 가장 큰 피해를 입었기에 승전국으로서 동부유럽의 지배권을 가져갔습니다.

독일이 패전한 후 '런던의정서'에 따라 미국, 영국, 소련이 독일과 베를린을 각각 3개 지역으로 분할하여 점령했습니다. 1945년 2월 12일 미국, 영국, 소련 간 '얄타회담'의 결정에 따라 프랑스도 점령국으로 참여했죠. 바야흐로 세계는 미국과 소련이라는 양대 세력이 움직이는 냉전시대로 넘어갑니다.

독일을 두려워하면서도 의존할 수밖에 없는 유럽

유럽인들은 독일이 세계대전에서 패할 때마다 독일을 조각냈습니다. 덩치가 커지면 언제 다시 침략 야욕을 드러낼지 모른다는 공포 때문이었죠. 한때 프랑스가 영국의 EU 가입을 반대하다 찬성한 것도 독일을 견제하기 위해서였습니다.

독일은 장인의 나라입니다. 전문분야에 특화된 중소기업의 기술력은 세계 최고 수준이기에 두 번이나 전쟁에 크게 패하고도 다시 일어섰죠. 2차 세계대전 패전 후 강제로 분열되었던 독일은 서독을 중심으로 또다시 제조업 강국으로 우뚝 섭니다. 동과 서로 갈라져 있던 독일은 1989년 베를린 장벽이 무너지며 다시 기회를 잡습니다. 당시 인구 1,550만의 동독과 인구 6,300만의 서독이 통일하면서 사회기반시설에 투자하기 위해 많은 비용을 지출하면서 새로운 시장과 일자리를 확보하게 되죠.

물론 초기에는 통일에 따른 혼란이 있었지만, 2000년대 초 통일 후유증을 극복한 독일은 특히 2000년대 중유럽 및 동유럽국가들이 EU에 가입하면서 프랑스에 있던 독일 하청공장을 체코와 폴란드 등 동유럽으로 옮겼죠. 그 결과 인건비를 4분의 1로 줄이며, 2008년의 금융위기도 비교적 쉽게 극복할 수 있었습니다.

특히 유로화와 EU라는 거대한 시장은 독일의 기술경쟁력에 날개를 달아줍니다. 가격경쟁력이 높아진 독일제품은 유럽 전역으로 수출이 확대되었죠. 경제위기를 거치며 EU 내에서 독일의 위상은 더욱 굳건해졌습니다. 현재 EU에서 독일이 차지하는 경제적 비중은 영국이 빠져나가면서 더 커졌고, 앞으로 EU 규모가 줄어들면 이러한 현상은 더욱 가중될 것입니다.

앞으로 독일은 에너지 협력과 시장 다변화를 위해 중동, 아프리카, 중국 등 다양한 지역과 경제 교류를 넓혀갈 것입니다. 아시아는 이미 미국보다 유럽과 더 많은 무역거래를 하고 있죠. 만약 중국이 시도하는 일대일로[13]가 성공을 거둔다면 세계 무역에서 차지하는 미국의 역할은 빠르게 줄어들 것입니다. 물론 중국의 시도가 성공한다면 말이죠. 동맹국들을 동원한 미국의 견제가 만만치 않은 만큼 앞으로 미국과 중국의 대결에 주목할 필요가 있습니다.

....
13. 자세한 내용은 3장 참조.

유럽연합으로의 통합,
새로운 분열의 씨앗으로

　　두 차례의 세계대전을 거치며 유럽을 뒤흔든 독일 문제가 해결되자 유럽은 미국의 울타리 안에서 경제를 부흥하고 통합을 추진해왔습니다. 이를 위해서 유럽공동체(EC)를 거쳐 EU를 결성하여 유럽의 정치, 경제 통합을 실현하고자 한 것입니다. 유럽은 EU를 기반으로 함께 번영하려고 했지만, 최근 들어 다시 분열하려는 조짐이 심상치 않습니다. 오늘날 유럽 각국에서 분리주의가 떠오르는 이유는 아이러니하게도 유럽이 EU로 통합되었기 때문입니다. 유럽이 EU로 통합되기 이전에는 각 주권국가의 경계 내에서 경제와 안보를 보장받을 수 있었죠. 하지만 EU 속에 통합되며 국경선보다는 지역 정체성이 중요해졌습니다. 민족과 언어가 다르고 부유한 지역일수록, 특히 장기화된 세계의 경제위기 속에서 경제적 격차가 크게 벌어지는 지역일수록 분리 요구가 점점 더 거세게 일어나고 있습니다.

날로 거세지는
분리 독립의 목소리

대표적인 사례가 스페인의 카탈루냐입니다. 수십 년간 스페인에서 분리 독립을 추진해온 카탈루냐 지방은 카탈루냐어를 씁니다. 1920년대부터 스페인의 독재자들은 민족주의가 뜨거운 카탈루냐 지역을 탄압했죠. 아라곤, 발렌시아와 300년 이상을 한 나라로 지냈지만, 카탈루냐는 가난한 지역들과 함께할 생각이 없어 보입니다. 카탈루냐 자치주는 스페인 전체 국내총생산(GDP)의 20%를 차지할 만큼 부유한 지역으로, 15세기 이래 지중해교역에서 벌어들인 막대한 수익으로 스페인의 재정을 책임져왔습니다. 그러다 보니 카탈루냐 사람들은 중앙정부가 세금을 뜯어가서 가난한 주에 퍼주고 있다는 불만을 쌓게 되었죠.

또한 피레네산맥 서쪽에 자리 잡은 스페인의 바스크 지역도 민족과 언어가 전혀 다르며 격렬한 분리 독립운동이 이어진 지역입니다. 프랑코 정권 때는 심한 탄압을 받았고 바스크인의 무장투쟁 단체인 ETA가 등장하여 2017년에 해체될 때까지 분리 독립을 위한 가장 악명 높은 무장 투쟁을 벌여왔습니다. 이 지역도 19세기 이후 제철업을 중심으로 공업화가 진행되었고, 일인당 소득 수준이 다른 지역의 2배가 넘습니다.

서유럽에서는 벨기에 북부 플랑드르 지역이 분리 독립을 외치고 있습니다. 수도인 브뤼셀은 프랑스어와 네덜란드어를 함께 사용하지만, 플랑드르는 네덜란드어를 사용하고, 남부 왈롱은 프랑스어 권입니다. 벨기에는 사실상 문화적으로 남북이 분리되어 있는 셈이죠. 과거에는 왈롱이 석탄과 철강산업 덕분에 소득이 높았으나 1970년대 오일쇼크 이후에 몰락했습니다. 반면에 플랑드르는 섬유산업에서 물류와 석유화학으로 업종을 변경하며, 1980년대 이후 소득 수준이 크게 향상되어서 왈롱보다 훨씬 부유해졌습니다.

이탈리아는 남과 북의 소득격차가 서부유럽과 동유럽만큼이나 큽니다. 르네상스 이래 부유한 지역인 북부는 가난한 남부와 다른 정서를 가진 곳으로 꾸준히 분리주의 운동을 벌이고 있죠.

아직까지는 유럽 3대 강대국인 영국도 실은 잉글랜드와 스코틀랜드, 웨일스, 북아일랜드로 이루어진 연방국가입니다. 스코틀랜드는 과거 앵글로 색슨족에 밀려 추운 북쪽으로 쫓겨났던 켈트족의 후손으로 오래전부터 독립을 외쳐왔죠. 스코틀랜드는 영국연방 국토의 3분의 1을 차지하므로, 스코틀랜드가 독립한다면 영국은 작은 국가로 전락할 수밖에 없습니다. 사실 스코틀랜드는 영국의 브렉시트를 반대했습니다. 만약 독립하면 EU에 재가입하겠다는 입장을 취하고 있죠. 독립을 지지하는 측에서는 북해유전의 84%를 장악할 수 있으며, 실패해도 더 많은 자치권을 가져올 수 있다고 주장합니다. 한편 반대파는 석유 매장량이 생각보다 적고, 독립하면 인구규모도 적어 경제 자립이 어렵다며 우려하고 있죠. 영국 정부는 스코틀랜드에 앞으로 파운드화를 쓸 수 없을 것이라며 위협하고 있습니다.

과거 서유럽의 EU일 때만 해도 독일이 1위, 영국이 2위로 EU 안에서 영국의 의지를 강력하게 반영할 수 있었습니다. 보호무역 중심의 유럽이 자유무역으로 변한 것도 영국의 입김이 작용한 탓입니다. 그런데 유럽이 통합되면서 인구만큼 투표권이 주어지다 보니 영국은 EU 전체 인구의 8% 힘밖에 갖지 못하게 되었죠. 결국 영국은 EU와 헤어졌습니다. 역사적으로 섬나라 영국은 유럽대륙의 문제에 휘말리지 않으려고 늘 한 발짝 물러나 있었습니다. 그러면서 유럽대륙 국가들이 똘똘 뭉쳐서 영국을 위협하지 못하도록 견제해왔죠. 유럽대륙을 벗어나 강한 해군력을 바탕으로 식민지를 개척하고 경제를 키웠습니다. 브렉시트도 그간 영국이 취해온 의사결정과 비슷합니다. 여러 골치 아픈 문제들로 인해 EU가 흔들리자 발을 뺀 것이니까요. 그 대신 영국에 이어 세계 패권을 차지한 미국과의 관계는 더욱 긴밀해졌습니다. 미국과 함께 인도-태평양 지역으로 군사와 경제협력을 확대하려고 노력하고 있죠.

코로나19 대유행을 겪으면서 EU의 경제 상황은 더 어려워졌고, 회원국 간 경제 격차도 커졌습니다. 사실상 EU를 이끌고 있는 독일은 경제적자를 줄이기 위해 회원국들에게 재정긴축을 요구해왔습니다. 하지만 회원국들은 앞으로 희생을 요구하는 독일의 말을 점점 더 잘 따르지 않을 것입니다. EU는 중국과 같은 특정 국가에 제조업이 집중되면 의약품처럼 중요한 물품의 공급이 하루아침에 막힐 수도 있다는 것을 경험했습니다. 이를 대비하기 위해 EU 차원에서도 새로운 무역과 공급망을 만들고, 주변 세력들과 균형을 찾으려고 노력할 것입니다.

독일과 함께 EU를 이끌어가는 프랑스는 어떤 선택을 할까요? 프랑스는 문화와 예술의 중심지인 한편, 유럽의 군사 강대국이기도 합니다. 프랑스는 미국의 반대에도 불구하고 끝까지 핵을 개발했죠. 당시 소련의 위협을 방어할 힘이 절대적으로 필요했기 때문입니다. 힘이 없을 때 어떤 일이 벌어지는지 여러 전쟁을 거치면서 뼈저리게 깨달은 거죠. 현재 프랑스는 미국의 영향 아래 있는 NATO군과 별도로 군사력을 가지고 있습니다. 장기적으로는 미국의 영향력에서 벗어나기 위해 독자적인 유럽 군대를 키우고 싶어하죠. 하지만 경제 상황이 좋지 않은 프랑스는 EU를 이끌 힘이 부족합니다. 또한 과거 식민지였던 아프리카와 중동의 분쟁지역에서 넘어오는 이슬람 이민자들이 프랑스 사회와 분리되면서 사회불안이 커지고 있습니다. 이미 유럽 주요 도시 곳곳에서 테러가 발생하는 등 커지는 사회불안 속에서 프랑스에서도 점점 극우세력이 힘을 얻고 있습니다. 이들은 프랑스가 EU를 탈퇴하는 프렉시트(Frexit)를 주요 공약으로 내세우고 있습니다.

균열 위기에 직면한
유럽연합

대공황과 경제불황이 민족주의와 나치즘과 파시즘을 불러왔듯이, 2008년 경제위기 이후 EU 국가들은 똘똘 뭉쳐

협력하여 문제를 해결하기보다 자국민 보호를 우선시하고 경쟁하는 방향으로 돌아서는 모양새입니다. 몰려오는 이민자와 잇따른 테러로 외국인에 대한 무분별한 증오도 번지고 있죠. 게다가 서유럽은 2000년대 이후 EU에 가입한 동유럽국가들과의 경제 격차로 인해 그들에게 수십 억 유로를 지원하는 데 대한 불만이 높습니다. 반면 동유럽국가들은 EU의 지원을 받으며 경제성장의 혜택을 누렸죠.

그뿐만이 아닙니다. EU는 남부유럽의 재정 문제로 위기에 처해 있습니다. 또한 난민 문제로 각국에 우익 세력이 급성장하며 EU를 이끄는 프랑스와 독일마저 미래를 장담하기 어려운 형편입니다. 영국의 브렉시트로 인해 재정 부담이 가중될 테니, EU의 균열은 점점 더 가속화될 전망입니다. EU가 유지된다고 해도 곳곳에서 분리주의 운동은 계속 이어질 테고, 만약 어느 한곳이라도 독립에 성공한다면 아마 그 기운은 더욱 거세게 퍼져 나갈 것입니다.

결국 유럽의 통합은 장점도 컸지만, 그 못지않게 수많은 약점을 드러냈습니다. 유럽이 분열될수록 유로화의 힘도 약해질 것이며, 미국 달러와 중국 위안화의 영향력은 더욱 강해질 전망입니다. 만약 영국 이후에 다른 회원국이 꼬리에 꼬리를 물고 탈퇴하면 결국 EU는 붕괴할 것이고, EU가 붕괴해서 발칸반도를 방치하게 되면 또다시 전쟁이 일어날지도 모릅니다.

엎친 데 덮친 격으로 세계 경찰을 자처하던 미국 또한 자국 우선주의로 돌아서며 EU에 더 많은 방위비 지출을 요구하며 압박하는 형편입니다. 또한 유럽의 에너지 공급에 큰 몫을 차지하고 있는 러시아의 재부상과 사라지지 않는 테러의 위협 등으로 인해 유럽은 군대를 늘리려고 노력 중입니다. 기존 모병제에서 의무적으로 군대에 가야 하는 징병제로 바뀌는 추세이죠.

지금까지 유럽은 러시아와 군사적으로 대항하는 NATO라는 미국의 우산 아래에서 안전을 보장받아왔습니다. 유럽은 미국의 비호 속에서 정치·경제적으로 EU를 통해 발전해 왔지만, 앞으로 그 미래가 밝아 보이지만은 않습니다. 특히 유럽은 우크라이나 전쟁으로 에너지 위기를 겪으며, 향후 러시아 에너지 의존도를 줄이기 위한 신재생에너지 투자에 더욱 힘을 기울일 것입니다. 다만 모든 유럽 나라들의 처지가 같지는 않습니다. 여전히 러시아 에너지 수입에 의지하는 나라들도 많고, 경제상황이 나빠지면서 EU의 분열은 더욱 심각해지고 있습니다.

도널드 트럼프는 "Make America Great Again"(미국을 다시 위대하게)이라고 외치며 45대 미국 대통령에 당선되었습니다. 뒤를 이어 취임식에서 "America is back"(미국이 돌아왔다)고 선언하며 동맹을 강조하는 민주당 바이든 대통령이 등장했지만, 앞으로 정권교체와 상관없이 미국 중심의 정책은 이어질 것입니다. 세계 초강대국인 미국은 출발부터 독특한 나라입니다. 유럽의 백인 이민자들이 모여 새로운 땅을 개척해서 국가를 이루었죠. 삼권분립과 대통령제를 만들며 민주국가를 형성했습니다. 오늘날 미국은 세계 군사력 1위에, 경제력도 막강합니다. 기축통화인 달러를 발행하고 있고, 국제통화기금(IMF)과 세계은행(IBRD)를 통해 세계 금융을 장악하고 있죠. 어디 그뿐인가요? 원유와 천연가스 생산량, 농업생산 면에서도 세계 최고입니다. 넓은 영토와 3억이 훨씬 넘는 인구는 그 자체로 거대한 소비시장이죠. 할리우드 영화와 대중음악은 세계 문화를 이끌고 있으며, 애플, 마이크로소프트, 구글, 아마존, 페이스북, 넷플릭스 등 첨단 기업들도 모두 미국의 힘입니다.

우리나라는 1945년 해방 이후 미국의 신탁통치를 받았고, 한국전쟁 이후 휴전 상태로 한미 상호방위조약에 따라 미군이 주둔해 있습니다. 주한미군사령관은 한반도 유사시 군의 작전을 통제할 수 있죠. 북핵 문제, 미중 갈등 등 우리나라의 미래와 깊이 관련된 문제들을 이해하기 위해서라도 미국에 대해 제대로 살펴보는 건 의미가 있을 것입니다.

CHAPTER 02

세계 패권국가, 미국

달라진 세계,
더 강한 미국이 온다!

미국은 어떻게
강한 나라가 되었나?

여러분은 혹시 미국이 왜 강한 나라인지 생각해본 적이 있나요? 그냥 막연히 강대국이라고만 생각해왔을지도 모르겠습니다. 학생들이 유학가고 싶어 하는 나라에 늘 상위로 꼽히고, 세계 경제를 좌지우지하며, 우리나라를 포함해 세계 곳곳에 자국의 군대를 주둔하고 있는 나라. 세계의 이목은 늘 미국을 향해 있죠. 이러한 미국의 힘은 과연 어디에서 나오는 걸까요?

미국의 지리적 강점은
무엇인가?

미국을 지금처럼 부유한 나라로 만든 지리적 요인은 여러 가지입니다. 미국은 동부에서 태평양까지 서쪽으로 영토를 빠르게 확장하며 아시아와 유럽 양쪽으로 교역이 가능해졌죠. 거대한 대서양과 태평양을 좌우로 끼고 있는 동시에 다른 대륙과는 분리되어 있다 보니 미국은 유라시아대륙이 겪은 혹독한 전쟁의 피해에서 떨어져 일찌감치 경제발전을 이룩할 수 있었습니다.

미국은 북으로는 캐나다, 남으로는 멕시코와 국경을 접하고 있습니다. 캐나다는 추운 환경으로 인해 대부분의 인구가 미국과 인접한 국경 부근에 몰려 있죠. 경제적으로도 미국과 남북으로 통합되어 있다고 할 수 있습니다. 사실 캐나다는 광활한 국토면적에 비해 인구는 4천만이 되지 않을 만큼 인구밀도가 낮고, 대부분 중산층이어서 미국과의 국경 문제는 거의 없죠.

하지만 멕시코는 사정이 조금 다릅니다. 멕시코는 인구의 대부분이 멕시코시티가 위치한 남부에 몰려 있죠. 미국과 국경을 이루는 지역은 사막과 건조초원인 스텝을 사이에 두고 있는데다가 두 나라 간에 경제력과 군사력 차이가 워낙 커서 전쟁의 위험성은 없습니다. 다만 몰래 국경을 넘어 '아메리칸드림'을 이루고자 하는 불법 이민자 문제가 골칫거리일 뿐입니다.

미국은 지형과 기후 조건도 뛰어납니다. 비교적 온화한 기후에 토양도 비옥하죠. 미국은 세계 3대 곡창지대의 하나로 옥수수, 밀, 콩 등은 세계시장을 장악하고 있습니다. 강 주변으로 온대기후의 목초지와 농지가 넓게 분포하며 자연스럽게 인구가 늘고 도시가 발달했죠. 운송이 편리한 강은 지리적 장점입니다. 로키산맥과 애팔레치아산맥 사이로 펼쳐진 완만한 지역 사이로 하천이 연결되어 있죠. 세계에서 가장 저렴한 수로 운송이 가능하다 보니 초창기부터 자본이 쉽게 모여들었습니다. 미시시피강과 오대호로 연결되는 뛰어난 내륙 수로는 미국을 하나로 연결해주었죠.

지리적 강점은 여기서 끝이 아닙니다. 철강, 석유, 석탄 등 천연자원마저 풍부하죠. 독일이나 일본처럼 자원이 부족한 나라는 국가의 역량을 한곳으로 끌어 모아서 국가 주도로 경제를 이끌었지만, 미국은 자유로운 기업활동을 권장하며 성장해왔습니다. 막대한 생산력이 빠르고 저렴한 운송과 만나면서 미국은 세계 최강의 경쟁력을 갖추게 되었죠.

지리적으로 탁월한 하천 못지않게 항구조건도 좋습니다. 산업혁명으로 철도가 보급되기 전에도 미국은 중부 내륙에서 생산된 물품을 대서양 너머 유럽으로 수출할 수 있었으니까요. 길게 이어진 해안을 따라 넓은 배후지와 강이 존재하므로 항구 발달에도 유리한 조건입니다. 게다가 미국 동부에 있는 많은 섬들은 자연 방파제 역할을 하여 안전한 항해가 가능하죠.

역사상 최강의 해양 세력

막강한 군사력을 바탕으로 세계 속에 군림하는 미국은 지구 전체를 대상으로 군사력을 투입할 수 있는 유일한 초

강대국입니다. 파나마운하를 통해 대서양과 태평양 양방향으로 군사작전을 빠르게 펼칠 수 있고, 세계의 주요 요충지에 군사기지를 두고 있어 언제든 공군, 해군을 움직일 수 있습니다. 또 미국은 천조에 가까운 천문학적인 수준의 국방비를 쓰고 있어서 천조국(千兆國)이라는 별명으로도 불립니다.

실제로 미군은 북부사령부(북미), 남부사령부(중남미), 인도태평양사령부(동아시아), 유럽사령부(유럽), 중부사령부(중동 및 중앙아시아), 아프리카사령부(아프리카) 등 6대 지역 사령부가 있습니다. 또한 핵무기를 관리하는 전략사령부, 우주를 관할하는 우주사령부, 사이버공간을 관리하는 사이버사령부도 있죠.

미국의 해외 군사기지는 1903년에는 쿠바 관타나모만에서 미군이 무기한으로 완전한 사법권과 지배권을 누리도록 한 임대차계약을 체결하며 시작되었습니다. 2차 세계대전의 종전과 함께 미국은 더 많은 해외 기지를 확보해 나갔죠. 오늘날에도 미국 정치권에서는 해외 군사기지와 미군의 전진 배치는 국익을 위해 필수적이라는 생각이 지배적입니다. 이를 통해 주변지역에 정치적·경제적 영향력을 발휘할 수 있으니까요.

미국은 세계 최대의 무기 수출 국가이기도 합니다. 2차 세계대전을 거치며 미국의 군수산업은 급성장했습니다. 처음에는 기업들이 정부의 간섭과 과잉 설비를 걱정했지만, 정부는 기업을 적극 지원했죠. 대기업에 보조금을 집중 투자했으며 연구개발비를 제공하고 정부 자금으로 개발된 특허권도 민간에 넘겼습니다. 기업들은 군수산업에 뛰어들며 엄청난 호황을 누렸죠. 미국 기업과 군은 공생하는 군산복합체로 성장한 것입니다. 이처럼 경제에서 군수산업이 차지하는 비중이 높아지며 미국은 전쟁과 떼려야 뗄 수 없는 나라가 됩니다.

미국은 최초로 핵무기를 개발했으며, 태평양전쟁을 핵폭탄으로 마무리하기도 했죠. 하지만 곧이어 1949년에 소련도 핵을 개발하며 전혀 다른 시대가 열립니다. 핵무기 때문에 오히려 전면전을 벌일 수 없게 된 거죠. 핵무기로 치르는 전쟁은 곧 양측 모두의 파국을 의미하니까요. 가난한 나라 파키스탄이 핵을 보유하며 국제사회에서 무시할 수 없는 존재가 되었듯이 핵은 전혀 새로운 전력입니다. 이에 미국을 비롯한 핵 보유 강대국들은 더 이상의 핵 확산을 막기 위해 노력하고 있죠. 북한의 핵개발을 저지하기 위해 경제제재를 가하는 것도 그러한 이유입니다.

미국은 세계 패권을 지키기 위해 전 세계에 해외기지를 두고 병력을 배치하고 있습니다. 물론 원주민이 쫓겨나거나 반대시위가 일어나는 지역도 많습니다. 게다가 미국으로서는 유지비용도 만만치 않습니다. 군인 가족과 기지에서 근무하는 민간인 직원의 수가 약 50만 명이며, 이로 인한 비용은 연간 최소 718억 달러로 추정되니까요. 트럼프 정부때 미군 주둔국가에 방위비를 더 많이 분담하라고 요구한 것도 바로 이런 이유입니다.

미국은 최첨단 정보기술력을 바탕으로 1991년 정보화시대를 열었고, 2011년부터 시작된 4차 산업혁명도 주도하고 있습니다. 이런 첨단 정보기술이야말로 미국 경제의 기반이자 군사력의 바탕입니다. 미국이 중국의 ZTE, 화웨이와 같은 정보통신기업들과 첨단산업 성장을 견제하는 이유이죠.

셰일혁명과 에너지 지정학의 변화

1974년 소련, 1976년 사우디에 추월당하기 전까지 미국은 세계 최대 산유국이었습니다. 하지만 이후 경제발전으로 소비량이 급증하면서 전 세계 석유의 약 30%를 소비하는 최대 원유 수입국이 되었죠. 미국이 중동 지역에 그토록 집요하게 개입해온 이유도 바로 석유 때문이었습니다.

그랬던 미국이 셰일혁명으로 새로운 국면을 맞이합니다. 1998년부터 고압 액체를 이용해 암석을 깨고 들어가서(수압파쇄) 셰일층에 묻힌 가스와 석유를 캐는 기술(수평시추)이 발달하며 2000년대부터 미국의 에너지 생산이 급증했죠. 급기야 미국은 2018년 최대 에너지 생산국이 되었습니다. 미국은 캘리포니아의 골드러쉬, 알래스카의 풍부한 자원 등 국가의 주요 발전기마다 발견된 자원으로 더더욱 부강해졌는데, 셰일혁명으로 또다시 성장동력을 확보한 거죠.

2008년 금융위기 이후 미국이 주춤하는 동안 중국이 급성장하면서 한때 중국에게 세계 1위 자리를 내줄 거라는 전망이 우세했지

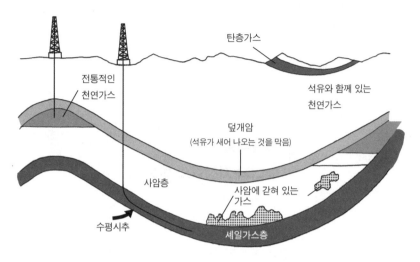

탄층가스

석유와 함께 있는
천연가스

전통적인
천연가스

덮개암
(석유가 새어 나오는 것을 막음)

사암층

사암에 갇혀 있는
가스

수평시추

셰일가스층

※자료: 미국에너지정보청 https://www.eia.gov 참조

천연가스 지질도
미국은 셰일혁명으로 새로운 성장동력을 확보합니다.

만, 셰일혁명을 통해 미국은 더 강해지고 있습니다. 과거 오바마 대통령(재임기간 2009.01~2017.01)은 100년은 충분히 쓸 수 있는 셰일가스가 매장되어 있다고 자랑했는데, 이미 500년간 쓸 수 있는 매장지를 확보했고, 지금도 계속 개발 중입니다. 미국의 농장주들 중 셰일 유전이 있는 곳은 개발업자로부터 지분을 받기 때문에 억만장자들이 계속 늘고 있죠.

사우디아라비아가 미국의 셰일업체와 경쟁하려고 석유 생산을 대폭 늘려 배럴당 100달러 이상이던 유가가 2014년 20달러대까지 뚝 떨어진 적도 있습니다. 사우디의 유전은 셰일가스에 비해 채취가 쉬워 배럴당 10달러로도 경제성이 있기 때문이죠. 그로 인해 미국의 수많은 셰일업체들이 도산하기는 했지만, 그렇다고 주저앉을 미국이 아닙니다. 기술력을 향상시켜 1배럴당 40달러 가까이 떨어져도 채산성이 있을 만큼 경쟁력을 높였죠. 더구나 셰일유전은 대규모 유전지대와 달리 생산규모가 작아서 유가 변동에 따라 유전공을 쉽게 폐쇄 또는 재개할 수 있으므로 생산조절이 쉽습니다. 현재 가장 막강한 경쟁자인 중국은 셰일가스 매장량은 최고이지만, 개발과정에 많은 물이 필요하기 때문에 생산단가가 워낙 높기도 하고, 개발 자체도 어려운 실정입니다.

해외로 빠져나갔던 미국 기업의 공장들도 다시 본토로 돌아오고 있습니다. 포드 자동차와 GM 자동차 등 해외로 나간 기업들이 다시 본토로 돌아온 주요 이유는 중국의 저임금효과는 사라진 반면 미국의 생산 여건이 좋아졌기 때문입니다. 앞으로 미국 기업의 경쟁력은 더욱 향상될 가능성이 높습니다.

미국이 석유 수출국가로 돌아섬에 따라 중동정책도 바뀌고 있습니다. 이제 미국은 과거처럼 중동 문제에 적극 개입하지 않으려고 합니다. 과거 미국은 중동이 분쟁에 휘말리자 오일쇼크 같은 유가 문제를 관리하려고 중동에 군대를 보내 전쟁을 치르기도 했습니다. 하지만 이제는 굳이 그렇게까지 해야 할 필요가 사라진 거죠.

미국의 석유 수요가 줄면서 석유수출국기구(OPEC)의 영향력도 감소하고 있습니다. 만약 중동에서 석유가 안정적으로 수급되지 않으면 미국의 셰일가스와 셰일원유 생산업체가 늘어날 것입니다. 장기적으로 국제 유가는 국제 분쟁이 일어나지 않는 한 안정을 유지하겠죠. 만약 중동분쟁으로 국제 유가가 상승해도 미국은 큰 타격을 받지 않겠지만, 현재 최대 에너지 소비국인 중국은 분명 타격이 엄청날 것입니다. 중국의 '일대일로(一帶一路)'의 주요 목표 중 하나도 에너지를 안정적으로 공급받으려는 것이니까요.

미국의 셰일혁명은 또 다른 산유국인 러시아에게도 위협이 됩니다. 왜냐하면 미국은 서유럽뿐만 아니라 동유럽에도 천연가스(LNG)를 수출하면서 영향력을 확대해가고 있으니까요. 과거 동유럽국가들은 천연가스의 대부분을 러시아에서 파이프라인을 통해 수입했습니다. 그렇기 때문에 러시아는 동구권국가들과 갈등이 생길 때마다 천연가스 파이프라인을 무기로 위협하며 힘을 유지해왔죠. 그런데 이제 미국산 LNG 덕분에 동유럽국가들도 러시아를 견제할 수 있게 된 것입니다.

이민자의 나라, 미국의 딜레마

미국 패권의 근간은 뭐니 뭐니 해도 경제력입니다. 1920년에 미국의 경제규모는 유럽의 모든 나라를 합친 것보다 컸습니다. 자본과 신기술 도입, 저렴한 운송수단이 더해져 막강한 경쟁력을 갖추었죠. 모자라는 것은 단 하나, 인구뿐이었습니다.

이에 미국은 이민정책을 통해 인구를 늘려갔습니다.

2021년 기준 미국의 인구는 약 3억 3천만 명 이상으로 내수시장 규모도 크고, 고령화된 일본이나 서유럽과 달리 젊고 생산활동에 참여하는 인구비율이 높습니다. 미국의 인구구조는 중국과 비교해도 유리한 조건입니다. 중국은 1만 달러의 벽을 넘기도 전에 벌써 고령화가 진행되고 있으며, 이미 2016년부터 경제활동 인구가 줄고 있죠. 현재 중국은 덩샤오핑 때 시작한 1가구1자녀 정책을 폐기했지만, 한번 줄어든 출산율은 쉽게 돌아오지 않고 있습니다. 이대로라면 경제성장은 힘을 잃어버릴지도 모릅니다.

미국은 유럽인의 대규모 이민으로 일어선 나라입니다. 19세기부터 공짜로 땅을 나눠준다는 선전을 듣고 세계에서 수많은 사람들이 몰려든 기회의 땅이었죠. 2차 세계대전 이후에는 유럽의 유대인 탄압을 피해 막대한 유대인 금융자본이 유입되었습니다. 게다가 우수한 과학자들을 비롯한 고급두뇌도 미국으로 속속 유입되며 미국을 더욱 부강하게 만드는 데 일조했죠.

하지만 미국은 과거부터 유럽 이외의 이민자들에 대해서는 정책적으로 규제해왔습니다. 특히 트럼프 정부는 멕시코를 비롯한 중남미의 불법이민을 막겠다며 멕시코 국경을 높게 쌓으려 했죠. 그럼에도 불구하고 저렴한 노동력을 제공하는 이들 이민자들은 오히려 미국의 경쟁력을 높여주고 있습니다. 미국이 서유럽처럼 복지에 투자를 많이 하지 않는 이유 중 하나는 중남미계 이민자(히스패닉)같은 저임금 계층이 워낙 많기 때문입니다. 미국 내에는 백인들의 세금으로 이민자들에게 혜택을 주기 싫다는 여론이 높습니다.

특히나 미국에서 제일 큰 걱정거리 중 하나가 바로 병원비죠. 의료비 혜택이 좋은 보험은 보험료가 너무 고가이고, 저렴한 보험은 치료 시 자기 부담금이 너무 높습니다. 그렇기 때문에 웬만한 보험에 가입한 사람이라도 병을 치료하다가 파산에까지 이르는 경우가 많을 정도죠. 이에 오바마 전 대통령이 오바마케어를 통해 전 국민이 의료보험에 가입하도록 했지만, 트럼프 정부는 비용 문제를 이유로 폐지하려고 했습니다. 이후 오바마케어가 유지되기는 했지만, 의료보험이 아예 없거나 가입했더라도 보장범위가 얼마 안 되는 사람들이 여전히 많습니다.

안팎으로 팽창한 미국,
초거대국이 되다

신대륙이라 불리던 기회의 땅. 원주민들이 곳곳에 흩어져 살아가던 이 커다란 대륙에 유럽인들이 들어오면서 미국의 역사는 시작되었습니다. 여러 개의 주를 형성하고 독립전쟁과 남북전쟁을 거치며 하나의 초강대국가로 통합되기까지 우여곡절도 많았죠. 현재 세계의 패권을 움켜쥐고 있는 미국은 어떻게 형성되고 발전해왔을까요?

영토 확장과
프런티어(서부개척) 시대

미국은 인디언 원주민들을 몰아내고 영토를 넓혀갔습니다. 미국이 거대국가가 된 결정적인 계기는 1803년 프랑스령 루이지애나를 나폴레옹 3세에게 헐값에 구입하면서부터였죠. 이는 미국 전체 면적의 3분의 1에 해당하는 거대한 땅입니다.

당시 나폴레옹은 사방에서 위협에 시달리고 있었습니다. 1789년 혁명의 물결이 유럽 전역에 퍼질 것을 우려한 여러 나라 왕가들은 연합군을 결성해 프랑스를 공격했죠. 나폴레옹은 유럽 통일을 꿈꾸는 야심가였습니다. 유럽 통일만으로도 골치가 아프다 보니 아무리 프랑스 땅이라고 선포하기는 했지만, 바다 건너 너무 멀리 떨어진 아메리카의 루이지애나에 대해서는 신경 쓸 여력이 없었죠. 그러던 중 서인도제도의 아이티에서도 흑인 반란이 일어나자 나폴레옹은

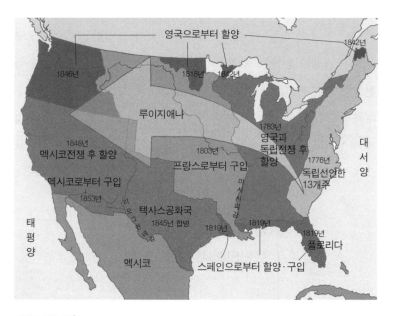

미국의 영토 팽창
화살표 방향처럼 동부에서 태평양으로 급속하게 영토를 넓혀갔습니다.

이참에 관리하기 버거운 루이지애나를 미국에 1,500만 달러에 팔아버리고 그 돈을 유럽전쟁에 쏟아붓습니다.

15세기 이후 아메리카를 가장 먼저 정복한 스페인은 잉카제국을 무너뜨리고 남북아메리카에 거대한 제국을 건설했습니다. 미국 남서부 땅은 대부분 스페인 영토였는데, 미국은 스페인과 전쟁을 벌여 19세기 초에 플로리다를 빼앗았죠. 그리고 멕시코가 스페인으로부터 독립하면서 현재 미국의 남서부인 텍사스, 캘리포니아, 뉴멕시코 등은 멕시코의 땅이 되었습니다. 하지만 다시 1848년 멕시코와 전쟁을 벌여 멕시코 땅의 40%를 빼앗고, 일부는 사들이기도 하면서 영토를 계속 넓혔습니다. 1867년에는 러시아로부터 알래스카까지 헐값에 구입했죠. 그 결과 현재 미국은 9억 8,315만 1천 헥타르의 면적에 50개 주와 1개의 수도구, 그밖에 다수의 해외속령을 거느린 그야말로 초거대국이 되었습니다.

2차 산업혁명과 제국의 시대

남북전쟁 이전까지만 해도 미국은 면화와 같은 농산품을 주로 수출하던 농업국이었습니다. 마땅한 제철공장도 없었고, 석유도 1859년에야 발견되었죠. 하지만 남북전쟁 이후 20세기 초까지 급속한 산업화를 이룩합니다. 2차 산업혁명으로 미국은 철강과 석유산업 분야에서 세계 최고가 되며, 1874년부터 무역 흑자국으로 돌아섭니다. 1913년에 이르러 세계 교역에서 미국이 차지하는 비중은 11%로 거의 2배가 되면서 세계의 공장이 되었죠.

미국은 동서를 가로지르는 대륙횡단철도 사업을 빠르게 추진했습니다. 그리고 1869년에 미국 최초의 대륙횡단철도가 드디어 완성되었죠. 철도사업을 진행하며 참여한 기업에게는 철도 주변 토지와 특혜를 제공했습니다. 막대한 자본과 기술, 노동력을 요구하는 철도사업은 트러스트, 즉 재벌을 탄생시킵니다. 이들은 1860년대 무렵부터 약한 기업을 하나 둘 흡수합니다. 그러면서 거대한 법인기업들이 미국 경제를 주도해 나가게 되었죠.

19세기 말 미국은 급속한 경제성장으로 덩치가 커졌지만, 빈부격차도 그만큼 심해졌습니다. 그 결과 산업혁명으로 높아진 생산력을 소비가 따라가지 못하는 생산 과잉현상이 나타났죠. 엎친 데 덮친격으로 세계적으로 공황이 일어나면서 영국, 프랑스, 독일 등 유럽 열강은 상품을 독점적으로 소비할 시장을 확보하기 위해 식민지 쟁탈전을 벌이게 됩니다.

미국도 1873년과 1893년 공황을 맞아 기업이 줄줄이 도산하고 은행도 무너졌습니다. 노동자와 농민들은 대거 실직할 수밖에 없었고, 곳곳에서 파업과 폭동이 일어나 군대까지 동원해 진압해야 할 지경에 이르렀죠. 자본력이 부족한 군소 자본가들은 대형 자본가들에게 속속 합병되면서 경제력 집중이 가속화되었습니다. 그 결과 존 록펠러의 스탠다드 오일, 우리에게 발명왕으로 유명한 에디슨이 시작한 제네럴 일렉트릭(GE), 앤드류 카네기의 철강, J. P. 모건의 금융, 헨리 포드의 자동차 등 20세기 초까지 거대 독점기업들이 잇달아 탄생합니다.

골드러시
그리고 세계 정복의 꿈

100년에 걸쳐 서쪽으로 확장한 서부 개척시대의 가장 큰 걸림돌은 희박한 인구와 열악한 기반시설이었습니다. 1848년 캘리포니아에서 금이 발견되자 시카고 등 미국 동부와 칠레, 중국 등 해외 곳곳에서 사람들이 몰려들었죠. 당시는 대륙횡단철도가 놓이기 전이라 로키산맥을 넘는 육로는 목숨을 걸어야 할 만큼 위험천만했습니다. 바닷길도 쉽지 않기는 마찬가지였죠. 이 모든 위험을 무릅쓰고 오직 황금을 좇아 수십만의 사람들이 몰려든 골드러시(Gold rush)로 인해 서부도시 샌프란시스코는 폭발적으로 성장합니다. 그러다가 1850년에 캘리포니아가 정식으로 미국의 한 주가 되었죠. 이후에는 콜로라도주 · 네바다주 · 애리조나주 · 몬태나주 등지에서도 일시적인 골드러시가 일어났습니다.

대륙에서 영토 확장을 거듭하던 끝에 서부의 끝, 즉 태평양에 다다르자 미국은 본격적으로 해외 팽창정책을 추진합니다. 특히 1893년 공황을 극복하기 위해 해외 시장 개척에 눈을 돌리죠. 당시에 미국 내에는 미국이 세계를 정복할 '명백한 운명'을 타고 났다는 생각이 만연했습니다. 그러자 제2의 서부인 동아시아로 개척지를 확장해야 한다는 주장이 대두됩니다.

1894년 청일전쟁에서 일본이 승리하자 호시탐탐 중국을 노리던 자본주의 열강들은 본격적으로 중국을 나눠 먹으려 합니다. 이때 미국은 중국이야말로 넘치는 생산물을 소비해주기에 더할 나위 없는 곳이라고 생각했죠. 그래서 중국과의 교역을 늘리기 위해 중국교역 최대의 중계항인 필리핀의 마닐라를 차지하려고 한 것입니다. 미국은 여기서 멈추지 않고 스페인의 식민지였던 괌과 필리핀을 정복하면서 태평양을 자신의 앞마당으로 만들려는 야망을 드러냅니다. 지금도 괌은 미국 영토이며, 미군기지가 주둔해 있습니다.

마침내 태평양의 지배자가 되다

미국은 멈추지 않고 쿠바, 푸에르토리코 등 카리브해에 있는 스페인 식민지에도 눈독을 들입니다. 특히 쿠바는 미국 본토 방위를 위해서 지정학적으로 중요한 위치였으므로 자국의 통제하에 두려 했죠. 이에 미국은 쿠바의 사탕수수 농장에 대규모로 투자하며 친미정권을 세웁니다. 1898년 미국은 스페인과 전쟁을 벌여 승리를 거두었고, 그 결과 앞마당인 카리브해를 장악하

미국의 태평양 점령
태평양을 차지하는 과정에서 미국은 제국주의 국가로 변모합니다.

면서 서쪽으로 아시아 진출을 위한 교두보를 마련합니다.

필리핀에서는 3년 넘게 독립 세력의 봉기를 무력으로 진압했는데, 미국은 자국의 토착 인디언들을 가혹하게 다뤘듯이 반란자들을 잔인하게 진압하며 반군 외에도 민간인 수십만을 학살했습니다. 이후 미국은 일본과 가쓰라-태프트밀약을 맺으며 필리핀도 차지합니다.

미국은 쿠바를 독립시키고 푸에르토리코를 합병했죠. 미국의 참전 덕분에 쿠바의 독립이 가능했다고 주장하며, 쿠바 독립군을 무시하고 미군이 주둔하는 보호국으로 만들어버립니다. 또한 관타나모 지역을 영구 임대하고 관타나모 해군기지를 건설했습니다. 대서양과 태평양 연결을 위해 추진 중이던 파나마운하(1907~1914년 건설)를 동쪽에서 통제하려는 의도였죠. 이후 쿠바는 1934년까지 미국의 보호국으로 남습니다. 1934년에야 미군이 쿠바를 떠났지만, 1959년 카스트로의 쿠바혁명 때까지 미국 기업은 사실상 쿠바를 경제적으로 지배했습니다.

1898년에는 하와이공화국을 합병합니다. 원래 하와이왕국은 19세기 중반부터 미국과 극동을 연결하는 중간기지의 역할을 하던 독립국가였습니다. 1887년에 미국과 조약을 맺고 진주만을 미국 해군기지로 제공하기도 했죠. 미국은 다수의 미국인을 이민 보내 공화국을 세우고 합병을 요청하는 방식으로 하와이를 차지했습니다. 이는 과거 텍사스를 합병했던 때와 비슷한 방법이었죠.

미국은 국제사회에 민주주의 독립혁명을 외치며 등장했지만, 아이러니하게도 카리브해와 태평양으로 영토를 확장해 나가는 과정에서 제국주의 국가로 변모합니다. 다만 처음 의도했던 중국 시장 진출은 제대로 이루지 못했는데, 이는 그때까지만 해도 해군력이 약했기 때문입니다. 하지만 이후 미국은 19세기 말부터 철갑 군함을 건조하는 등 지구상에서 가장 막강한 해군력을 키워 나갑니다.

미국,
중남미의 허리를 움켜쥐다

1823년 12월 먼로 대통령은 "아메리카대
륙 문제에 유럽이 더 이상 간섭하지 말라."는 먼로선언을 합니다.
차후 유럽 열강이 아메리카대륙에 식민지 건설을 할 수 없도록 못
을 박아버린 거죠. 그러면서 미국은 19세기에 멕시코로부터 텍사
스와 서부지역을 빼앗고, 이후 필리핀과 괌을 차지했습니다. 이후
하와이까지 합병하면서 아시아와 태평양 지역으로도 진출합니다.

하지만 미국 동부해안에서 태평양으로 가는 길은 너무나 멀고도
멀었죠. 거대한 대륙인 남아메리카를 빙 돌아가느라 시간을 낭비하
지 않으려면 중앙을 가로지를 수 있는 운하가 꼭 필요했습니다. 운
하만 생기면 대서양과 태평양으로 해군과 물자를 빠르게 이동하는
한편 운송비도 크게 절감할 수 있었죠. 아울러 라틴아메리카를 지
배하기도 쉬워질 거라고 예상되었습니다. 이렇게 탄생한 것이 바로
1914년에 완성된 '파나마운하'입니다.

모기가 바꾼
중앙아메리카의 운명

여러분은 혹시 파나마운하의 운명이 모기로 인해 뒤바뀐 것을 알고 있나요? 모기는 지카바이러스를 비롯해 말라리아, 황열병, 뇌염 등을 일으키는 수많은 바이러스를 옮기는 매개체입니다. 지금도 매년 70만 명 이상이 모기 매개 질병으로 사망하고 있죠.

파나마운하 사업을 처음 시작한 건 프랑스인데, 프랑스의 레셉스(Ferdinand Marie de Lesseps)는 과거 수에즈운하 건설의 책임자였습니다. 그는 1869년에 이미 지중해와 홍해를 잇는 192km의 수에즈운하 건설을 해봤으므로 82km에 불과한 파나마운하를 만만히 보았죠. 하지만 수에즈운하 때와 달리 파나마 지협은 고도가 높은 곳이 많아서 공사 자체가 힘들고, 열

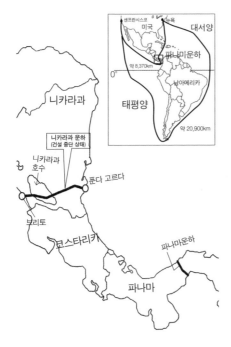

파나마운하와 거리 단축
운하 덕분에 이제 더 이상 남아메리카를 멀리 돌아가지 않아도 됩니다.

대기후라 독충과 열대병이 있다는 점을 간과했습니다. 은행 대출마저 잘 되지 않자 레셉스는 프랑스 국민들에게 투자를 호소했고, 수만 명 프랑스인들의 투자를 받았죠. 드디어 1880년부터 프랑스 기술자 3천 명과 카리브제도 출신의 흑인 노동자 2만 명을 동원해서 공사를 시작합니다.

프랑스인 관리자들은 당시 연못이 있는 집을 짓고 나무와 침대 다리에도 벌레가 다니지 못하도록 물웅덩이와 물통을 만들었습니다. 그런데 바로 이 물웅덩이에서 모기가 급속도로 번식했고, 모기장도 없이 생활해야 하는 노동자들은 무방비 상태로 모기떼의 공격에 시달려야 했죠. 결국 공사 초기부터 번진 황열병과 말라리아 등으로 2만 명 이상이 사망했고, 공사는 중단되고 맙니다.

이렇게 중단된 공사 권리를 미국 컨소시엄이 넘겨받았습니다. 이곳의 중요성을 잘 아는 미국은 파나마 원주민을 지원해서 콜롬비아로부터 독립(1903년)하게 했죠. 그리고 그 대가로 운하 독점사용권을 차지하고 1999년까지 미군을 주둔시켰습니다. 1904년 본격적으로 운하 건설이 시작되었는데, 이때는 이미 모기가 병을 전파한다는 것을 알았기 때문에 모기 번식을 철저히 막았습니다.

드디어 운하가 완성되자 단 하루 만에 대서양과 태평양을 통과하게 되었죠. 이후 막대한 통행세를 미국이 차지하자 파나마공화국은 운하를 돌려달라고 계속 요구합니다. 2000년에 파나마운하를 돌려받은 파나마공화국은 매년 11조(100억 달러)의 수익을 올렸습니다. 이후에 기존 운하로는 물동량 감당이 어려워 운하 바로 북쪽에 신운하도 개통(2016년)했습니다.

파나마운하가 개통되자 미국의 자본가들이 남아메리카 자원에 투자하기 시작했죠. 자본가들이 칠레의 구리광산, 베네수엘라와 콜롬비아의 석유 등에 투자하면서 라틴아메리카의 실질적 지배권은 본격적으로 미국의 손아귀로 들어가게 됩니다.

이를 모델로 중국은 니카라과에 파나마운하보다 더 큰 배가 지나갈 수 있는 운하를 건설하려 했습니다.[1] 또 브라질을 동서로 가로지르는 남미대륙 횡단철도 건설도 추진 중이죠. 미국의 입장에서는 이러한 중국의 행보가 중남미 지역에 대한 영향력을 행사하려는 도전장으로 해석될 것입니다.

중남미에 대한 간섭과 속출하는 이민자들

미국과 소련 양국이 대립하던 냉전기에 소련은 저개발국가를 원조하며 공산혁명을 지원했습니다. 한편 미국은 이런 지역을 경제적으로 돕거나 군사적으로 개입했죠. 특히 미국은 앞마당인 라틴아메리카에 공산주의 정권이 들어서는 것을 막기 위해 군사력을 동원하기도 했습니다.

....
1. 중국의 홍콩니카라과운하개발(HKND) 회사는 2018년에 홍콩 본사를 폐쇄하였다. 사업 주체가 사라지며, 니카라과 운하 공사도 중단되었다.

특히 쿠바 미사일 사태 이후 미국은 더 예민해졌죠. 1959년 미국 플로리다반도에서 불과 150km 떨어진 쿠바에서 혁명이 일어납니다. 미국의 케네디 대통령은 1961년 쿠바를 공격했지만 실패했고, 쿠바는 미국과 단교하고 소련과 협력해 공산주의 국가가 되죠. 당시 미국이 소련을 겨냥해 터키에 핵미사일을 배치하자 소련도 쿠바에 핵미사일을 배치하려 했습니다. 거의 전쟁 직전까지 가는 팽팽한 긴장감 속에서 미국의 케네디 대통령과 소련의 후르시초프 서기장이 터키와 쿠바 모두에서 핵미사일을 철수하는 데 합의하며 다행히 극적으로 타결되었습니다. 이후 미국은 아메리카대륙에 공산주의 세력이 절대 발을 붙이지 못하도록 강경 대응합니다.

1950년대 이후 과테말라, 온두라스, 파나마, 니카라과 등에서 사회주의 성향의 지도자가 등장하며 다국적 과일기업에게 준 특혜를 줄였죠. 그러면 다국적기업 등은 미국 정부에 군대를 요청했고, 기다렸다는 듯 미군이 개입해서 정권이 바뀌는 과정이 반복되었습니다. 과테말라는 1960년 친미 정부군과 무장 게릴라 세력 간의 내전이 발발했고, 1996년에서야 평화협상을 맺었습니다. 이 과정에서 수십만의 마야 원주민들이 학살되거나 실종됐죠. 이런 일련의 일들을 거치면서 중앙아메리카는 세계에서 가장 빈곤한 지역이 되고 맙니다. 부패한 정부 아래 빈곤에 시달리는 국민들 사이에서 마약 카르텔과 범죄 세력이 성장했습니다. 정상적인 생활마저 어려워지자 미국으로 탈출하려는 이민자들이 늘고 있죠. 이런 상황에서 미국이 라틴아메리카의 안정을 위해 노력하기는커녕 국경장벽만 쌓으려고 한다면 문제는 더욱 심각해질 것입니다. 포용정책을 내세우는 바이든 행정부는 국경 경비를 완화하고 장벽 건설도 중단했지만, 앞으로 또 어떻게 바뀔지는 장담할 수 없습니다.

석유가 넘치는 베네수엘라가 파산한 이유

베네수엘라 사태는 자원이 풍부한 나라의 비극, 즉 자원의 저주를 잘 보여줍니다. 현재 베네수엘라는 남미에서 새롭게 세력을 키워 나가는 중국과 이를 견제하는 미국이 대결하는 곳이기도 하죠. 베네수엘라가 국가위기에 몰린 가장 큰 이유는 석유에만 너무 의존해 산업발전을 등한시했기 때문입니다. 베네수엘라의 경제 상황은 석유 가격이 상승하면 좋아졌다가 반대로 하락하면 도로 나빠지기를 반복해왔습니다. 둘째는 남미 사회주의를 외치며 미국과 등지다가 혹독한 금융제재와 같은 경제제재를 당했기 때문이죠. 미국은 중국과 손잡은 베네수엘라가 석유 가격 하락으로 위기에 빠지자 가차 없이 벼랑 끝으로 내몰았습니다.

베네수엘라는 1960년 OPEC의 창립 멤버이자 세계 최대 석유 매장국으로, 석유로 인한 수입이 GDP의 절반이며 수출에서 석유가 차지하는 비중도 90%가 넘습니다. 하지만 석유만 믿고 제조업을 기르지 않아 산업기반이 부실했습니다. 게다가 베네수엘라 원유는 땅속 깊이 있어서 시추 비용이 많이 들고, 유황성분이 많은 '초중질유(extra heavy oil)'라 정유 비용도 많이 들어갑니다. 기존 시설까지 노후화되면서 원유 생산량은 점점 줄어들었죠.

1998년 우고 차베스가 빈민층의 열렬한 지지로 대통령에 당선됩니다. 그는 베네수엘라에 21세기 사회주의를 건설해서 미국이 지배하는 세상을 바꿔보겠다는 당찬 포부를 밝혔죠. 차베스는 세계적인 산유국인 베네수엘라가 잘살지 못하는 이유는 소수의 특권층과 외국 자본이 이익을 독식하기 때문이며, 국민 모두에게 이익을 나눠야 국가가 발전한다고 생각했습니다.

사실 차베스 정권(1999~2013년) 초기만 해도 유가 상승기라 나름 경제사정이 좋았습니다. 차베스는 2003년부터 과감한 무상복지정책을 펼치며 교육과 농업 분야에 공을 들였죠. 석유도 보조금을 지급하여 거의 무료에 가깝게 제공했습니다. 아울러 쿠바에 석유를 지원하면서 쿠바의 의료진과 의료 서비스를 도입했죠. 한때 베네수엘라는 세계적인 성공모델로 불리며 각광 받았습니다. 차베스는 자국의 석유를 바탕으로 다른 주변의 사회주의국가를 도우며 반미동맹을 확대해 나갔습니다. 그 결과 2000년대 초반까지는 온건한 사회주의를 표방하는 좌파정권이 브라질, 볼리비아, 칠레 등 남미 대부분을 지배했죠. 차베스는 외국 석유기업들이 투자한 석유시설 등을 국유화하고 외국 자본을 밀어냅니다. 하지만 그럴수록 석유 생산 기술과 설비는 낙후되었고, 석유 생산량과 이익 또한 감소할 수밖에 없었습니다.

이때 미국이 베네수엘라를 흔들기 시작합니다. 쿠데타가 발생했지만 빈민층의 여전한 지지로 차베스는 정권을 지켜내죠. 차베스는 계속 미국을 적대시하며 중국과 러시아와 손을 잡습니다. 하지만 이후에 베네수엘라의 처지는 점점 더 심각해집니다. 2008년 금융위기 이후 유가가 하락하며 경제가 급격히 악화된 것입니다. 외국투자가 사라졌고 채권도 회수되었으며 외환 보유도 급감했죠. 자국의 화폐가치가 우수수 떨어지는 와중에도 고정환율제로 버텼습니다. 사회주의 정부는 물건의 가격을 결정해서 공식시장에 내놓았죠. 하지만 지하시장에서 훨씬 높게 거래되다 보니 국고만 낭비될 뿐이었습니다.

차베스가 사망한 후에 베네수엘라는 그의 후계자인 니콜라스 마두로가 집권하게 되는데, 2014년 유가 폭락과 함께 본격적인 위기를 맞습니다. 적자가 계속되자 더 이상 국가부채를 감당할 수 없게 된 베네수엘라 정부는 화폐를 찍어서 위기를 넘겨보려 했지만, 인플레이션만 걷잡을 수 없이 극심해졌죠. 급기야 2018년에는 100만%라는 사상 초유의 인플레이션이 발생합니다. 돈뭉치보다 차라리 휴지 조각이 더 가치 있을 정도여서 국민들은 생필품조차 구할 수 없는 지경에 이릅니다.

야당대표를 감금한 채 강행한 부정선거로 재선된 사회주의 정부가 경제위기에 대처하지 못하자 분노한 국민들이 거리로 쏟아져 나오며 대규모 시위가 벌어졌습니다. 하지만 정부는 이를 무력으로 진압했고, 이 과정에서 수많은 국민들이 외국으로 탈출했습니다. 결국 당시 국회의장이자 야당 지도자인 후안 과이도가 임시대통령을 선언하고, 미국 정부는 그를 대통령으로 인정하죠. 반미국가와 사회주의국가들을 제외한 대부분의 국가들도 과이도 임시대통령을 지지하였습니다. 한 나라에 두 명의 대통령이 대립하게 된 거죠.

마두로 정권이 아직 버틸 수 있는 건 중국과 러시아가 뒤를 받쳐주기 때문입니다. 특히 중국은 베네수엘라를 남미 진출의 교두보로 삼아 원유를 확보하기 위해 700억 달러를 투자했고, 대출 상환을 석유로 하도록 요구했습니다. 하지만 유가가 폭락하자 중국에 지급해야 할 기름의 양이 급증하면서 베네수엘라는 채무 이행을 할 수 없게 됩니다. 중국은 일대일로로 빚을 갚지 못하는 나라의 기반시설을 차지하거나 군사기지를 건설해왔습니다. 그래서 베네수엘라도 2018년 석유합작투자지분의 9.9%를 중국석유공사에 팔아야 했고, 중국이 합작투자 지분의 49%를 갖게 되었죠.

베네수엘라의 혼란은 아직 안갯속입니다. 미국은 셰일혁명 덕분에 아쉬울 게 없으니 맘만 먹으면 얼마든지 베네수엘라를 공격할 수 있습니다. 미국은 결코 자국의 앞마당인 중남미를 중국에게 호락호락 내주지 않을 것입니다. 2019년 5월 베네수엘라 사태에 미국은 군사작전 투입까지 언급하면서도 중국과 러시아를 포함한 다른 나라의 개입은 불허하겠다는 입장을 밝히기도 했습니다. 만약 미국의 뜻대로 베네수엘라에 친미정권이 들어서면 중국은 엄청난 투자금을 날릴 뿐만 아니라 남미 진출의 가장 중요한 발판을 잃어버리고 말 것입니다.

누구를 위한,
무엇을 위한 장벽인가?

중남미는 높은 실업률과 최악의 경제 상황, 마약 범죄조직의 득세로 인한 사회 혼란 등으로 고통받고 있습니다. 이런 최악의 상황에서 벗어나고자 미국으로 이주하려는 사람이 계속 늘어나고 있죠. 트럼프는 대선후보 시절 멕시코 국경 약 3,200km 중 장벽이 없는 1,600km에 거대한 장벽을 세우겠다고 공약했었죠. 트럼프 이후 취임한 바이든은 국경장벽 건설을 중지합니다. 현재 국경장벽이 설치되지 않은 지역은 미국으로 들어가려면 목숨을 걸고 건너야 할 만큼 매우 황량한 곳입니다.

멕시코는 산지와 열대우림으로 분리되어 있는 지리적 특성으로 인해 국토의 통합이 어려운 구조입니다. 수도인 멕시코시티는 남부에 있고, 멕시코 북부는 남부지역과는 정서가 다르며, 미국의 남서부와 교역이 활발하죠. 특히 동쪽 리오그란데강 남쪽지역은 자동차 산업을 비롯해 공업이 발달했습니다.

멕시코는 마약 카르텔(마약 조직)과 군부 간의 충돌로 내전이 이어졌습니다. 2006년 조지 W. 부시 대통령 때는 미국과 멕시코 정부가 협력해 범죄와의 전쟁을 벌이기도 했지만, 카르텔은 여전히 건재합니다. 이들은 용병을 고용하고 무기 및 장갑 차량에 25억 달러 이상을 투자하는 등 막강한 범죄 민병대로 진화했죠. 북부 중앙의 산지와 건조지대는 마약 갱단이 지배하는 위험 지역으로 후아레스는 일명 살인도시라는 오싹한 별명으로 불립니다.

온두라스, 과테말라, 엘살바도르, 베네수엘라 등 카리브해 연안 국가에서도 대규모 이민자 행렬인 캐러밴이 미국으로 몰려오고 있습니다. 이들 국가들은 대체로 부패한 정부와 반군의 충돌로 매우 혼란한 상황입니다. 중남미와 멕시코로부터 탈출의 물결이 사라지지 않는 이유는 미국과의 임금 격차, 중남미 마약 카르텔의 횡포, 증가한 인구 압력, 국가의 경제 붕괴 등 여러 가지입니다.

갈수록 늘어나는 이민자에 대해 국경과 멀리 떨어진 미국 동부의 엘리트들은 무관심했지만, 남서부의 저소득층 백인들은 국가의 정체성 위기를 호소할 지경이었죠. 2016년 미 대선에서 트럼프가 당선된 것도 멕시코인의 불법이민을 막겠다는 공약 등이 백인 보수층의 마음을 사로잡았기 때문일 것입니다.

미국 보수파들은 로마가 게르만족의 이동으로 붕괴했듯이 미국도 위기라며 걱정합니다. 대규모 이주민 집단은 미국인으로 동화되기보다는 자신들의 정체성을 계속 유지하니까요. 단적인 예로 미국 남서부에는 이미 스페인어를 사용하는 히스패닉으로 넘쳐납니다. 2050년이면 미국인의 3분의 1이 스페인어를 사용할 전망입니다. 이런 상황에서 극우파들은 멕시코인들이 미국에게 빼앗긴 땅을 되찾으려 한다며 선동하고 있죠.

세계적인 저널리스트 카플란(Robert D. Kaplan)은 그의 저서 《지리의 복수》에서 장벽은 실패한다고 단언했습니다. 국가와 제국이 아무리 인위적인 경계선을 건설해도 그 힘이 약해지면 결국 지리의 힘이 위력을 발휘한다는 것입니다. 만리장성과 베를린 장벽처럼 모든 인위적 장벽은 무너졌고 본래의 목적을 이루지 못했으니까요. 미국은 백인 민족주의로는 국가를 통합할 수 없고, 미국과 캐나다의 관계처럼 멕시코와 미국은 인구와 지리적으로 통합될 것으로 전망했습니다. 그리고 향후 미국은 북극의 캐나다에서 아열대 멕시코까지 남북으로 연결된 새로운 다인종문명으로 변할 것이라는 전망을 내놓았죠.

카플란의 말처럼 세계 최대의 마약 소비국인 미국이 남미의 마약 카르텔을 방치한 채 멕시코 국경에 장벽만 쌓으려 한다면 아마도 미국은 엄청난 대가를 치르게 될 것입니다. 이미 중남미 마약 카르텔은 미국의 범죄조직과도 깊이 연계되어 있죠. 마약은 카리브해 연안국가들의 경제에 큰 몫을 차지하고 있어서 정부의 통제 수준을 넘어선 상태입니다. 게다가 막막한 환경에서 탈출구를 찾지 못한 빈곤한 젊은이들이 범죄에 빠져드는 것을 무작정 막기에도 어려운 형편입니다. 미국이 멕시코에서 벌인 마약과의 전쟁도 결국 실패로 돌아가고 말았으니까요.

미국의 마약 소비를 줄여 마약 카르텔의 자금줄을 끊는 것도 하나의 해결책입니다. 또 다른 효과적인 해결책은 무엇일까요? 미국의 입장에서는 결코 쉬운 결정이 아니겠지만, 멕시코를 비롯한 중남미인들이 범죄조직에 가담하지 않고 자립해서 살 수 있는 경제환경을 만들도록 적극 지원해주는 것입니다. 그렇게 된다면 캐나다, 미국, 멕시코로 이어지는 지역이 안정적으로 통합될 것이고, 미국은 앞으로도 가장 강력한 해양 세력을 유지할 수 있을 것입니다.

미국은 어떻게
세계를 장악했는가?

앞서도 설명했지만 19세기 이후 미국은 기술발전과 산업혁명을 거치며 초강대국으로 도약합니다. 자유주의 시장경제로 카네기나 록펠러 같은 재벌이 등장했고, 반면에 빈부격차는 극심해졌죠. 내적 팽창을 거듭하던 끝에 해외로 눈을 돌리며 19세기부터 본격적으로 미 제국주의가 뻗어 나가며 필리핀을 포함해 세계 여러 곳을 식민지화하기 시작했습니다.

2번의 세계대전,
미국에 패권을 안겨주다

1차 세계대전이 벌어지자 미국은 그간의 고립주의 노선을 폐기하고 간섭주의로 돌아섭니다. 독일에 선전포고를 하면서 참전한 미국은 엄청난 물량공세를 앞세워 전쟁을 승리로 이끌었습니다. 세계대전 이후 미국 경제는 유럽 전체의 경제규모를 넘어섰고, 영국은 세계 중심의 자리를 미국에 내주게 됩니다.

1920년대에 미국은 황금기를 맞이하지만 부의 불균형이 심화되며 노동자들은 저임금에 시달렸습니다. 소비시장은 날로 위축되었고, 과잉 생산된 제품은 팔리지 못한 채 쌓여갔죠. 결국 1929년 대공황이 발생합니다. 1930년대는 최악의 시기였기에 사회 안정을 위해 사회보장제도가 도입되었습니다. 미국의 공황은 세계 곳곳으로 퍼져갔습니다. 미국의 루즈벨트 대통령은 자유방임정책을 버리고 국가가 돈을 풀어서 사업을 벌이고 일자리를 늘리는 뉴딜정책으로 대공황을 극복하려고 했습니다. 하지만 경기회복은 쉽지 않았죠. 서로 자국의 시장만을 보호하려다 보니 갈등만 계속 커졌습니다. 갈등과 불만은 결국 2차 세계대전으로 이어지고 말았죠.

일본이 '대동아공영권'을 앞세워 독일과 손잡고 참전하자, 당시 일본에 석유를 수출하던 미국은 수출을 중단합니다. 이에 일본은 단기전으로 미국을 굴복시키려고 하와이의 진주만에 있는 미군기지를 공습했죠. 진주만 공습 이후 미국은 전시체제로 돌입해 유럽과 태평양 양쪽에서 전쟁을 치릅니다. 이미 미국의 공업생산력은 어느 나라도 따라오지 못할 규모였기에 엄청난 물자와 무기를 동맹국에 지원함으로써 전쟁을 승리로 이끌었습니다. 2차 세계대전 승리 이후 미국은 모든 면에서 세계 최강국이 되었고, 공산주의 국가인 소련과 대립하며 양강구도를 이루게 된 것입니다.

미국 중심의 자유무역 체제, 브레튼우즈 체제

종전 후 전쟁터였던 유럽은 주요 곳곳이 파괴되어 경제회복이 쉽지 않았습니다. 반면에 전쟁의 직접적인 피해에서 벗어나 있던 미국은 세계 최고의 산업생산을 유지하고 있었기에 단숨에 최강국으로 떠올랐죠. 전쟁 직후 미국에서는 불황이 올 거라는 걱정이 많았습니다. 미국은 해외시장을 확보하고 경제를 활성화할 방안을 고민했죠. 이에 마셜플랜이라는 대규모 경제 원조정책을 펼치며 서유럽 경제를 되살리는 동시에 소련의 위협으로부터 지켜주는 울타리 역할을 자처합니다.

미국은 영국과 프랑스 등 유럽 열강이 짜놓은 기존의 세계 질서를 바꾸고 싶어 했습니다. 제국주의 시대에는 광대한 식민지를 관리하기 위해서 수많은 군대와 유지비가 들었고, 독점무역을 할 수 있는 식민지를 서로 차지하려고 소모적 전쟁을 벌이기 일쑤였죠. 미국은 1944년 브레튼우즈 체제를 제시합니다. 즉 자유무역과 안보동맹의 틀 속에 들어오는 모든 나라에 미국 시장을 개방한 거죠. 호르무즈해협, 말라카해협 등 주요 무역로를 보호하면서 자유로운 항해와 무역을 보장했습니다.

2차 세계대전 이후 세계 경제에는 안정적 통화가 필요했고 새로운 무역 체제가 만들어져야 했습니다. 바로 이때 미국은 영국에 이어 세계 기축통화를 장악합니다. 금이 기준이던 시기에 세계대전이 발발하면서 돈을 빌리기 위해 세계의 많은 금이 미국에 맡겨졌습니다. 달러는 당시 가장 믿을 만한 통화였죠. 이후 닉슨선언으로 금본위제를 폐지하고 달러를 신용화폐로 만들었습니다. 그리고 사우디아라비아와 협약을 맺음으로써 달러가 석유 결제 통화로 자리매김하면서 달러는 명실상부 국제 거래에서 확고한 위치를 차지하게 되었습니다.

세계대전 이후 유럽과 아시아는 미국의 우산 아래에서 달러를 기축통화로 사용하며, 군비 경쟁 없이 자유롭고 안전하게 무역할 수 있었습니다. 미국은 유럽뿐만 아니라 다른 동맹국들도 미국 시장에 제품을 팔 수 있게 해주었습니다. 미국의 달러가 세계로 흘러들어가면서 유럽과 아시아 등 여러 동맹국들이 성장했고, 미국은 자연스럽게 세계 패권국가가 됩니다. 더 이상 전쟁에 신경쓰지 않고 경제발전에 집중하면서 전범국인 독일과 일본도 급성장했죠. 한국, 타이완(대만), 싱가포르 등도 미국 시장에 제품을 판매하고 달러를 이용해 비약적인 경제성장을 이룰 수 있었습니다.

미국은 세계 곳곳에서 물건을 수입하고 돈이 부족하면 달러를 찍어내 전 세계에 뿌렸죠. 넘치는 달러는 세계 경제를 크게 성장시켰습니다. 화폐를 자꾸 찍어내면 가치가 떨어져 물가가 폭등하는 인플레이션의 위험이 높지만, 미국 입장에선 달러가 기축통화이므로 큰 문제가 없었죠. 바야흐로 미국은 세계 경제패권도 장악한 것입니다. 지금까지 미국은 세계의 소비시장이 되어서 무역적자를 통해 달러를 내주고, 국채를 팔아 다시 달러를 순환시켜왔습니다. 그리고 이제 셰일혁명으로 석유와 천연가스를 팔아서 달러를 순환시키고 있는 것입니다.

냉전시대,
베트남전쟁과 미국의 전략

2차 세계대전 이후 미국은 소련을 견제하기 위해 반공국가들을 지원하고 공산주의를 봉쇄하려 했습니다. 이에 뒤질세라 소련도 확장정책을 이어가면서 곳곳에서 제한전과 대리전이 이어지게 되죠.

바로 이 시기에 베트남전이 발발합니다. 미국은 공산주의의 확산이라는 도미노 이론을 앞세워 전쟁에 개입하죠. 미국은 50만 이상의 병력을 베트남에 투입했습니다. 소련은 북베트남에 군사원조를 하고 방공망을 지원했죠. 미국은 베트남전에 엄청난 군비를 쓰고 수많은 미국인의 희생자를 냈지만, 전쟁은 좀처럼 끝나지 않고 계속 길어질 뿐이었습니다. 미국 내에서 반전여론이 점점 거세지자 마침내 미군은 베트남에서 철수합니다. 베트남전쟁은 미국이 유일하게 패배한 전쟁이라는 불명예를 안겨주었죠.

베트남에서 국력을 낭비한 미국은 적어도 중국과 소련이 연합하는 최악의 상황만큼은 막아야 했습니다. 마침 베트남전을 승리로 이끈 중국과 소련, 북베트남의 동맹은 소련이 체코슬로바키아를 침공한 1968년부터 충돌하게 됩니다. 1969년에 중소국경분쟁이 일어난 데 이어, 1979년 중국과 베트남의 전쟁에서는 소련이 베트남을 지원합니다. 상황이 이렇게 변하자 그간 적대관계였던 미국과 중국은 소련에 대항하기 위해 수교를 맺었죠. 이후 중국은 미중 갈등 전까지 세계의 공장을 자처하며 엄청난 경제성장을 이루었습니다.

이후 미소 간의 대결은 1973년 10월의 4차 중동전이나 1979년부터 시작된 소련의 아프간 침공까지 반복됐습니다. 이 시기에 미국은 소련을 견제하기 위해 이슬람 극우 세력인 탈레반을 지원하기도 했죠. 미국이 지원한 무기와 자금은 아프간전쟁에 결정적 영향을 끼칩니다. 베트남전쟁 이후 미국과 소련은 서로 엄청난 군비경쟁을 벌이는데, 이로 인해 소련은 경제가 거덜 나며 큰 부담을 안게 되었죠. 결국 1991년 소련이 해체되며, 드디어 미국은 지구상의 유일무이한 초강대국의 자리에 오릅니다.

미국의 고립주의 행보와 중동 문제의 행방

미국은 이스라엘 건국 이후에 중동전쟁을 비롯해 중동 지역에 많은 지원을 해왔습니다. 하지만 이스라엘과 팔레스타인 문제로 아랍의 이슬람 세력은 미국에 대한 적대감을 키우게 되었죠. 2001년 9·11테러는 미국에게 큰 충격이었습니다. 미국은 대륙 좌우로 대서양과 태평양이 펼쳐져 지정학적으로도 매우 안전하며, 해군마저 최강이기에 감히 미국을 직접 침공하기는 어려울 거라고 자신해왔는데, 미국 최대 도시인 뉴욕 맨해튼을 덮친 테러로 인해 그 확고한 믿음이 깨진 거죠.

곧바로 자국방어를 위해 국토안보부가 탄생합니다. 기존 국방부(Department of Defense)는 군사력으로 외국을 지배·통제하기 위해 존재했던 것이니까요. 지금도 많은 미국 국민은 테러와 핵무기의 공포 속에서 살고 있습니다. 미국이 북한과 협상의 끈을 놓지 못하는 이유도 대륙간 탄도미사일과 잠수함 발사 탄도미사일(SLBM)의 위협 때문입니다.

앞서도 설명했지만, 미국은 이전보다는 중동 문제에 소극적으로 개입할 가능성이 높습니다. 미국은 시리아에서 유전지대와 주요 요충지에만 소수의 병력을 남기고 미군을 철수했습니다. 이후 2021년에는 사우디에서 방어용미사일 부대를 철수하기도 했습니다. 그렇게 되면 수니파의 중심인 사우디와 시아파의 종주국인 이란의 대결은 더욱 심화될 것입니다. 미국은 호르무즈해협에 있는 함대와 군대의 규모를 줄이거나 미국 군사력의 혜택을 보는 동맹국과 주변국에 비용분담을 요구할 것입니다.[2] 그리고 거대한 소비시장인 일본과 한국도 원유와 가스를 미국에서 수입하고 있다 보니, 장기적으로 중동의 헤게모니도 약해질 것입니다.

....
2. 자세한 내용은 6장 참조

만약 미국이 유럽의 NATO군에서 발을 빼버리면 유럽은 호시탐탐 세력을 확장하려는 러시아의 위협을 막아내기 위해 자체 군사력을 키워야 합니다. 그럴 경우 군사력 증강에 대한 부담이 늘어날 테니 유럽 경제는 지금보다 더욱 어려워질 게 뻔합니다.

예상컨대 미국이 고립주의로 가더라도 1차 세계대전 이전처럼 국제 분쟁에 전혀 간섭하지 않는 형태는 아닐 것입니다. 미국은 국방비를 증강하고 있지만, 태평양-대서양 라인으로 이어지는 미국의 동맹과 본토 방위선 국가만 지원하는 정도로 영향력을 축소할 가능성이 높습니다. 미국이 손을 놓는다면 세계는 과거처럼 보호무역과 자원경쟁으로 다시 혼란스러워질 것입니다. 새로운 춘추전국시대가 열리게 될지도 모르죠. 우리나라로서는 참으로 헤쳐 나가기 쉽지 않은 시나리오임에 분명합니다.

미국을 믿지 않는 세계 속 새로운 변화

미국이 세계를 지배할 수 있었던 힘은 무엇일까요? 물론 강한 군사력이 있었기에 가능했지만, 그와 함께 미국의 정치와 문화를 동경하고 우러러보는 체제우월성(soft power)을 내세웠기 때문입니다. 과거 미국이 내세운 자유주의적 국제 질서와 민주주의 체제는 이상적인 가치였죠. 하지만 9·11 이후 미국은 테러와의 전쟁을 명분으로 내세우며 2001년 아프가니스탄, 2003년에는 이라크를 공격했습니다. 이라크와 이란의 이슬람정권을 전복시켜 북아프리카에서 아프가니스탄, 파키스탄에 이르는 중동 지역을 미국의 통제권 아래 두고자 했죠. 이곳의 에너지 자원을 미국이 안정적으로 관리하고 통제하는 동시에 서유럽부터 일본과 중국까지도 영향력을 발휘할 수 있기 때문입니다.

처음에는 압도적인 군사력을 앞세운 미국이 손쉬운 승리를 거둘 거라고 예상했지만, 끝없이 이어진 전쟁으로 이 지역은 혼돈에 빠지고 맙니다. 전쟁을 피해 대규모 난민이 유럽으로 몰려들었고, 그 결과 유럽에서는 다문화주의와 관용주의를 버리고 배타적 민족주의를 외치는 극우정당들이 목소리를 높이게 되었죠. 과거 대공황의 혼란 속에서 나치가 정권을 잡았듯이 현재 EU가 처한 상황도 심상치 않습니다. 과거 나치가 유대인에게 모든 화살을 돌렸듯이 현재 유럽의 극우정당도 무슬림을 맹공격하고 있죠. 실제로 유럽 곳곳에서 기존 질서를 거부하는 극우정당의 승리 가능성이 높아지고 있습니다.

2008년 미국발 금융위기도 경각심을 부추겼습니다. 2016년 대선에서 공화당 내에서도 인정받지 못한 후보였던 트럼프가 당선된 것만 봐도 미국이 주도하는 자유주의적 국제 질서를 미국 국민들조차 거부한다는 것을 보여줍니다. 아랍, 중앙아시아, 중국, 러시아 등 이미 세계 곳곳에서 미국은 신뢰를 잃고 있고, 그간 미국이 내세운 위대한 민주주의의 가치 또한 의심받는 형편입니다.

위협적 경쟁자는
반드시 응징한다

패권전쟁의 역사를 돌아보면 승자와 패자 모두 피의 대가를 치러야 했습니다. 살벌한 싸움 끝에 더 이상 견디지 못한 쪽이 무릎을 꿇으면서 끝나다 보니 다른 세력에게 평화롭게 패권을 넘긴 경우는 찾아볼 수 없었죠. 적어도 미국이 패권을 차지하기 전까지는 말입니다. 미국은 운 좋게도 2차 세계대전을 거치며 심각한 재정난에 빠진 영국으로부터 평화롭게 세계 패권을 넘겨받았습니다. 만약 당시 영국이 충분한 재정 능력을 바탕으로 군사력을 펼칠 만한 여력이 있었다면 결코 인도를 순순히 포기하지 않았을 것이고, 미국의 달러를 기축통화가 되도록 내버려두지도 않았을 것입니다.

패권을 거머쥔 후 미국은 미국 GDP의 60% 수준을 넘는 나라가 생기면 가만 두지 않았죠. 이미 양강 대결에서 소련이 붕괴했고, 1980년대 세계 2위의 경제대국으로 올라선 일본도 미국의 공격을 피하지 못했습니다. 일본에게 결정타를 입힌 것은 1985년 '플라자 합의'입니다. 일본 수출품의 국제 가격을 올리기 위해 미국은 엔화의 평가절상을 강요했고, 1988년까지 달러 대비 엔화가치는 86%로 올랐죠. 그때부터 일본은 소위 '잃어버린 30년'으로 불리는 장기불황에 빠졌습니다.

일본은 1980년대에 반도체와 자동차 등 첨단 제품을 앞세워 세계 경제를 주름잡았죠. 이 기세를 미국이 견제하기 시작한 것입니다. 철강과 자동차 등 일본 제품에 반덤핑 조처를 하고 징벌적 관세로 위협했죠. 일본 정부는 금리를 낮추고 내수를 키우는 정책으로 대응했지만, 저금리로 싸게 빌린 돈이 부동산투기로 쏠리면서 부동산 가격이 치솟아 버블경제를 초래합니다. 결국 거품이 사라지면서 일본은 기나긴 경기 침체에 빠지게 되었고, 중국에게 G2자리를 내주고 말았죠.

미국의 새로운 공격 목표는 무섭게 부상한 중국입니다. 중국은 경제력을 기반으로 첨단 기술을 육성하고 군사력까지 키워 주변 해상을 장악하려 하고 있습니다. 우선 미국은 중국이 숨겨온 발톱을 드러내기 무섭게 중국의 에너지 수입경로를 옥죄고 있죠. 한중일 원유 수입량의 90%가 동남아시아의 좁은 해협인 말라카해협을 지나 운반되는데, 미국은 싱가포르에 미군 정찰기를 배치하는 등 이곳을 이전보다 강하게 관리하고 있습니다.

이에 뒤질세라 중국은 필리핀 정부에 대규모 투자를 약속하고 친중 세력을 키우고 있으며, 미군이 필리핀을 떠나자 필리핀 근해의 섬을 점령하고 군사기지를 건설했습니다. 또한 말라카해협을 통과하지 않아도 되는 길을 뚫으려고 미얀마와 파이프라인을 연결하는 등 다각도로 대응하고 있죠. 미국은 오바마 정부 때부터 시행한 '아시아재균형정책'보다 한층 확대된 '인도-태평양 전략'으로 중국을 광범위하게 압박하고 있습니다. 앞으로도 미국은 중국을 누르기 위해서 동맹국들과 함께 치열한 공세를 이어갈 것입니다.

미국 중심의 국제 무역질서는 유지될 것인가?

세계무역기구(WTO) 체제는 애초 미국에 유리하도록 만들어진 것입니다. 관세 및 무역에 관한 일반 협정(GATT) 체제와 달리 미국은 자국의 경쟁력 있는 농산물과 서비스 산업 등 모든 분야로 자유무역을 확대했죠. 미국은 국익을 위해서라면 자국의 힘을 총동원해 어떻게 해서든 국제 역학관계를 바꾸려고 합니다.

우선 북미자유무역협정(NAFTA)을 미국·멕시코·캐나다 자유무역협정(USMCA)으로 미국에 유리하게 개정했죠. 특히 중국과 자유무역협정(FTA)를 맺지 못하게 했습니다. 미국은 USMCA로 무역협정도 마음대로 변경할 수 있다는 자신감을 얻었죠. 국제 경제에는 미국, 중국, 일본, EU라는 핵심 세력이 있습니다. 그런데 미국은 일본, EU, 중국과 각각 양자협상을 함으로써 굴복시키고 다자협상의 판을 새로이 짤 기세입니다.

EU는 앞으로 러시아 제재, 중동 문제 등 여러 측면에서 미국과 외교적으로 충돌할 것입니다. 사실 미국은 브렉시트를 찬성하는 입장에 더 가까웠습니다. 왜냐하면 EU가 흔들려 단합이 약해질수록 미국의 뜻대로 끌고 나가기에는 한층 수월해질 테니까요. 현재 미국은 중국에 대한 공격에 집중하는 모양새입니다. 앞으로도 미중 양국 간에는 무역뿐만 아니라 정치, 외교, 전략 등 세계 패권을 둘러싼 갈등이 심화될 것입니다.

과거에 미국은 일본의 기세를 누를 때 플라자합의를 하고 나서 10년간 일본이 합의를 잘 지키는지 주도면밀히 감시했죠. 그럼에도 일본은 미국의 조치에 그 어떤 보복성 대응도 하지 못했습니다. 하지만 중국은 과거 일본과는 입장이 많이 다릅니다. 일단 일본처럼 미국에 안보를 의존하고 있지도 않죠. 그렇기 때문에 미중 간의 문제는 장기화될 가능성이 높습니다. 단기적으로는 타협이 이루어지면 미국이 얻는 게 많을 것입니다. 하지만 중국에서는 장기전에 대비해 시진핑이 20년 이상 장기 집권해야 한다는 말까지 나오고 있죠. 현 시점에서 미국의 목표는 중국의 금융시장 개방이며, WTO를 넘어서는 새로운 무역질서를 구축하는 데 있습니다. 과연 세계는 미국이 짜놓은 판대로 흘러가게 될까요?

미국과 중국, 물고 물리는
패권전쟁의 향방은?

미국은 과거와 같은 자유무역이 아닌, 자국의 이익을 우선하는 보호무역주의로 돌아서고 있습니다. 반면에 우리나라는 대외의존도가 가장 높은 나라로, 그만큼 자유무역에 크게 의존할 수밖에 없죠.

미중 대결과
다이아몬드(쿼드) 전략

미국이 브레튼우즈 체제를 통해 미국 시장을 개방함으로써 미국의 패권을 받아들이게 했다고 설명했는데, 우리나라도 가장 큰 수혜국 중 하나입니다. 그런데 미국이 달라졌습니다. 경쟁국인 중국뿐 아니라 EU, 일본, 한국 등 동맹국에도 무역불

균형을 고치라며 미군 주둔비용 인상 등을 강력히 요구하고 있죠. 미국은 무역 대외의존도가 10% 정도로 매우 낮기 때문에 굳이 해외에 신경 쓰지 않아도 충분히 국가경영이 가능한 나라입니다. 아무리 그렇다고 해도 미국이 심한 고립주의로 나아갈 가능성은 낮습니다. 자유무역이 사라지면 미국 역시 생산가격이 높아져 물가가 폭등할 테니까요. 다만 앞으로 미국은 온갖 세계 분쟁에 간섭했던 이전과는 달라질 가능성이 높습니다.

앞으로 미국 중심의 자유무역이 약해지면 중국, 독일, 인도, 일본 같은 지역 강대국의 영향력이 커질 것입니다. 한편 일본, 독일, 한국처럼 석유와 가스, 철강 등 대부분의 자원을 외국으로부터 수입해서 가공하는 국가들은 어려움에 처하게 되겠죠. 중국의 경우에는 비록 석유와 가스가 생산되기는 하지만, 워낙 소비량이 많아 턱없이 부족하므로 향후 대규모 유전이 개발되지 않는 한 큰 어려움에 빠질 것입니다. 중국은 2001년 미국의 협력으로 WTO에 가입한 후 세계의 공장을 유치해 '메이드 인 차이나' 시대를 열며 크게 성장했습니다. 대규모 외국 자본을 유치하고 첨단 기술을 도입한 덕분에 중국은 한동안 10% 이상의 고성장을 이어왔습니다. 하지만 최근 미국을 앞서려는 야망을 드러내며 갈등을 겪고 있죠. 중국은 유사시에 미국과 분쟁이 발생할 때를 대비해 일대일로 사업을 통해 석유와 천연가스보급로를 확보하려는 데 필사적입니다.[3] 하지만 만

----

3. 자세한 내용은 3장 참조

약 미국과 미국의 동맹국 시장이 닫힌다면 중국 경제는 후퇴할 가능성이 높고, 중국의 미래 또한 큰 혼란에 빠질 것입니다.

미국의 인도-태평양 전략은 아베 신조 전 일본 총리가 2016년 '아프리카개발회의'에서 본격적으로 제시했죠. 시장경제와 민주주의를 공유하는 미국·인도·일본·오스트레일리아(호주) 4개국을 중심으로 항행과 비행의 자유, 법치주의, 공정한 무역을 추진하자는 구상입니다. 즉 유라시아를 하나로 연결하려는 중국의 일대일로 전략에 대응하기 위해 4개국이 '안보 다이아몬드'를 형성하자는 거죠.

그런데 여기서 문제는 인도의 태도였습니다. 제3세계를 중심으로 비동맹 외교를 펼쳐온 인도는 미국의 동맹국이 아니다 보니 불분명한 입장을 취한 것입니다. 하지만 최근 인도는 중국과 국경분쟁으로 관계가 악화되고 있고, 중국이 인도 주변국가로 영향력을 뻗치는 것을 견제하므로 해양 세력과 손잡을 가능성이 한층 커졌습니다. 과거 미국도 소련을 견제하기 위해 중국과 협력했으니까요. 역시 국제사회에서는 영원한 우군도 적도 없나 봅니다. 이제 미국은 중국을 누르기 위해 인도와 손을 잡으려고 합니다. 인도는 13억 인구의 경제대국으로 인도양 주변국에 막강한 영향력을 행사할 수 있으므로 미국으로서는 인도의 협력이 절실한 상황입니다.

한편 동남아국가들은 난처한 입장입니다. 왜냐하면 중국과 남중국해 여러 섬을 두고 영유권분쟁으로 갈등 중이지만, 한국처럼 중국의 경제적 영향을 많이 받고 있다 보니 인도-태평양 전략에 적극적으로 참여하기에는 애매한 입장인 거죠.

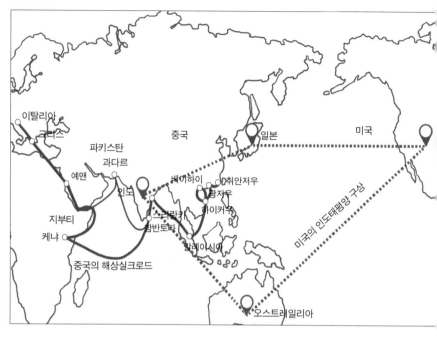

미국의 다이아몬드 전략

중국의 일대일로에 대항해 인도, 일본, 오스트레일리아, 미국이 안보 다이아몬드를 형성하자는 전략입니다. 쿼드(Quad)라고 불리죠. 2021년에는 미국, 영국, 오스트레일리아가 AUKUS 안보동맹을 맺고 오스트레일리아에 핵잠수함을 지원하기로 합니다. 중국의 해군력을 견제하기 위한 조치입니다.

한반도의 북한 핵 문제는 미국의 주요 관심사입니다. 미국은 북한이 먼저 비핵화를 하면 대북제재를 풀겠다고 하고, 북한은 제재 완화와 동시에 단계적 비핵화를 하겠다며 대립하고 있죠. 하지만 북미정상회담 이후 북한에 대한 인식이 '악마의 국가'에서 대화가 가능한 나라로 바뀌고 있습니다. 미국은 중국과 대립할수록 북한 문제를 원만히 해결하는 게 유리할 테니 북미관계는 앞으로 좋아질 가능성이 열려 있다고 할 수 있죠. 이런 상황에서 우리나라의 입장은 참으로 복잡합니다. 이제 미국의 인도-태평양 전략과 중국의 일대일로, 북핵 등 여러 문제 사이에서 미국과 중국 중 어느 누구의 편에 서야 할지 선택해야 할 때가 다가오고 있으니까요.

미중 갈등과 우리나라의 선택

국가 경제의 규모 및 세계 경제에서 중국 자본이 차지하는 비중으로 볼 때, 중국은 이미 세계 최고의 자리에 올라섰습니다. 미국이 최대 출자국인 IMF조차 중국이 2030년경 GDP에서 미국을 앞설 것이라고 전망할 정도죠. 현재의 미중 무역전쟁은 미래의 패권을 놓고 벌이는 전면전의 서막인 셈입니다.

우리나라의 중국에 대한 무역의존도는 점점 높아지고 있지만, 중국의 대외의존도는 낮아지고 있습니다. 중국은 2006년 기준 60%였던 대외의존도를 35% 아래로 낮췄으며, 점차 자립도를 높이고 있죠. 결국 한국의 중국 수출은 점점 감소될 것입니다. 현재 우리나라 무역 흑자 대부분이 중국에 대한 반도체 수출인데, 만약 중국이 반도체나 주요 경쟁 부분에서 자체적으로 생산조달이 가능해지면 한국 경제는 큰 타격을 입게 됩니다.

미국의 견제가 무색할 만큼 중국은 빠르게 기술을 빼내가고 있습니다. 미국은 세계 4위의 중국통신장비업체 ZTE가 제재를 어기고 북한과 이란에 통신장비를 제공한 혐의와 안보를 이유로 7년간 미국과 거래를 금지했습니다. 화웨이(華爲)의 CFO(최고재무관리자) 멍완저우도 이란과 불법거래 혐의로 캐나다에서 긴급 체포되기도 했죠. 화웨이는 2018년 기준 통신장비 세계 1위이자, 스마트폰 세계 2위 기업입니다. 미국은 4차 산업혁명의 핵심인 5G통신을 중국이 주도하지 못하도록 견제하고 있습니다.

중국은 2015년에 '중국 제조 2025'라는 야심찬 계획을 발표했는데, 2025년까지 1단계로 부품과 핵심소재의 자급률을 70%까지 높이고, 2035년에는 독일과 일본을 제친 후, 2049년 미국까지 추월하겠다는 계획입니다. 이를 위해서 반도체, IT, 로봇, 항공 우주 등 10대 전략산업을 육성하겠다는 강한 의지를 드러냈습니다. 이에 질세라 미국은 전략산업인 반도체, 전자, 기계 등을 고율관세 품목으로 넣어 견제했죠.

미국은 중국의 2025를 불공정무역으로 간주합니다. 미국과 다른 나라들은 정부의 보조금 없이 기업이 자신들의 연구 개발 자금으로 기술을 개발하는데 중국은 아니라는 거죠. 미국은 중국이 미국의 첨단 기술을 빼가는 데 매우 민감합니다. 기술은 미래 패권의 핵심인데, 중국이 과학기술 분야에서 앞서면 경제와 안보마저 위협받을 수 있으니까요. 미국은 중국 정부가 사이버 해킹으로 미국 기술을 훔친다고 믿습니다. 예컨대 2014년 중국이 공개한 4세대 스텔스 전투기 '젠-31'은 미국의 F-35 설계도를 해킹한 거라고 보고 있죠. 결과적으로 중국은 미국, 러시아에 이어 3번째로 스텔스기를 보유한 국가가 되었습니다.

현재 우리나라는 안보는 미국에, 경제는 미국과 중국 양국에 의지하고 있습니다. 그러니 어느 한쪽을 쉽게 선택하기에는 참으로 곤란한 상황이죠. 그렇기 때문에 우리 정부는 돌파구를 찾으려고 남북화해협력을 추진하는 것입니다. 우리나라는 지리적으로 미국과 중국이 대립할 때 충돌하는 지점에 위치합니다. 따라서 우리가 살려면 남북 간 평화분위기를 조성해야만 합니다. 그래야 두 강대국에 일방적으로 휘둘리지 않을 테니까요. 종전선언에 속도를 내고 중국을 참여시키려는 것 또한 다자안보 체계를 확립해서 미국에 대한 안보 의존도를 낮추고 중국 시장에 한층 우호적으로 다가갈 토대를 마련하려는 것입니다. 한반도에서 전쟁 가능성이 사라진다면 경제발전에 더욱 전념할 수 있기 때문입니다.

미국은 중국을 봉쇄하기 위해 한미일 삼각동맹을 구축해야 하므로 한국과 일본이 원만한 관계를 유지하도록 한일관계 개선을 지속적으로 요구해왔죠. 우리나라도 일본이 껄끄럽기는 하지만, 미국의 안보 우산을 벗어나면 아직 자력으로 중국의 영향력을 이겨내기 어려운 형편입니다. 그렇기 때문에 비록 역사 문제가 앙금처럼 남아 있지만, 중국에 휘둘리지 않기 위해서라도 해양 세력인 일본과의 관계 개선은 필요합니다.

현재 미국의 지정학적 목적은 지금껏 그래온 것처럼 미국에 도전장을 내민 중국의 일대일로를 무너뜨리고, 중국의 패권 도전을 막아내는 거겠죠. 하지만 아직까지는 쉽지 않아 보입니다. 유럽, 중동, 남미 등에서 중국과의 경제협력 시도가 계속되면서 미국의 뜻대로 돌아가지 않고 있으니까요. 심지어 G7 국가인 이탈리아마저 중국의 일대일로를 받아들여 유럽연합으로 통하는 핵심항구를 열어주기로 했습니다. 미국이 트럼프 정부 때처럼 동맹국들을 홀대하며 자국의 이익만 강조한다면, 거침없이 힘을 키워가는 중국을 견제하기란 결코 쉽지 않을 것입니다. 바이든 정부가 들어선 후 동맹과 손을 잡고 중국을 견제하는 정책을 펴고 있죠. 코로나19 대유행으로 미국과 동맹국들 사이에는 중국에 대한 반감이 커지면서 중국에 대한 견제가 더욱 강해지고 있습니다. 원자재와 제품을 이어주는 국제 공급망도 불안정해졌습니다. 특히 미국은 중국에서 생산한 미국 회사의 마스크 수입이 막혀 어려움을 겪기도 했죠. 이후에도 동아시아에서 주로 공급되는 반도체 부족으로 인해 전 세계 산업이 몸살을 앓기도 했습니다.

이제 미국은 어느 특정 지역에 세계의 공장이 몰려 있는 것을 위험하다고 생각합니다. 그래서 4차산업의 핵심인 반도체와 배터리 공장 등을 자국인 미국으로 옮기고 있고, 중국을 제외한 새로운 공급망을 구성하기 시작했죠. 또 오래된 도로, 철도, 항만 등 기반시설을 새로 건설하고 첨단산업과 제조업을 미국 국내에 성장시키기 위해 대규모 정부 지원을 하기 시작했습니다. 이제 세계는 자유롭게 열린 세계화 시대에서 점점 동맹끼리 거래하는 블록 시대로 변해가고 있습니다.

오래전 한 예능 프로그램에 출연한 타이완 출신의 걸그룹 멤버가 타이완 국기를 흔들며 등장했죠. 즉각 중국 네티즌들의 비난이 쏟아졌고, 소속사에 대한 보이콧운동까지 벌어졌습니다. 파문이 커지자 해당 멤버는 결국 중국은 하나라며 공개 사과했죠. 타이완이나 홍콩 사람들은 자신을 정말 중화인민공화국(중국) 사람이라고 생각할까요? 이 문제는 뒤에서 다뤄볼 것입니다.

중국은 어느새 미국을 위협하는 강대국이 되었습니다. 중국과 미국은 비슷하면서도 다른데, 모두 다민족국가이고 국토 면적도 한반도의 43~44배 정도입니다. 위도도 비슷해서 온대지역이 넓게 분포하죠. 다만 국경이 단순한 미국과 달리 중국은 15개 국가와 맞닿아 있으며, 분리독립운동이 있는 지역도 포함하고 있어 지정학적 문제가 복잡하고, 인구도 3억 이상인 미국에 비해 중국은 14억이 넘습니다. 미국은 18세기에 탄생한 민주국가로 20세기 초부터 경제나 국방 등에서 세계 1위 국가였지만, 중국은 19세기 초까지 오랜 세월 세계 최고였다가 아편전쟁 이후 급격히 몰락했죠. 사회주의국가로 재탄생한 뒤 세계 경제 2위로 다시 일어선 지금, 중국은 과거의 영광을 되찾으려 하고 있습니다. 이제부터 중국을 자세히 살펴볼 것입니다. 아울러 현재 지구상에서 펼쳐지는 가장 치열한 패권 다툼의 현황도 들여다봅시다.

CHAPTER 03

중국의 세계 패권 도전

왕좌의 게임,
중국과 미국의 진검승부

중국은 어떻게
영토를 확장해왔나?

　　역사적으로 중국은 우리 한반도와 가장 밀접한 지역입니다. 대륙의 패권이 바뀔 때마다 그리고 해양과 대륙의 세력이 부딪칠 때마다 우리 한반도는 거의 매번 원치 않는 전쟁에 휩싸여야 했고, 급기야 남과 북으로 분단되기에 이르렀습니다. 1992년 적대관계를 청산하고 국교를 맺은 이후, 현재 우리나라는 중국 경제와 떼려야 뗄 수 없는 관계입니다.

　　오늘날 중국의 국토는 9억 6천만 740헥타르에 이르며, 미국에 이어 세계에서 4번째로 큽니다. 하지만 진시황이 최초로 전국 통일을 이루기 전까지 중국은 조각조각 나뉘어서 서로 치열한 세력다툼을 벌여왔죠. 중국은 통일국가인 진나라 이후에도 수많은 전쟁과 분열을 겪었고, 때론 이민족의 침략과 지배를 받으면서도 긴 세월 대국을 유지해왔습니다. 이제부터 현대의 중국이 어떻게 성장해왔는지 함께 살펴봅시다.

유목 세력과
농경 세력의 충돌

중국은 대체로 서쪽이 높고 동쪽이 낮은 지형입니다. 황하(황허), 양쯔강(장강) 등 중국 역사의 중심지인 강줄기는 티베트고원에서 발원해 동중국해로 흘러가죠. 서부는 대체로 고원이며, 중부는 고원과 분지로 이루어져 있고, 동부로는 드넓은 평야가 펼쳐져 있습니다.

중국을 지리적으로 간략히 구분하는 대표적인 선이 후환융선입니다. 1935년 중국의 지리학자 후환융(胡煥庸)이 윈난성 텅충(騰冲)과 헤이룽장성 헤어허(黑河)를 연결하여 그은 선이죠. 이 선의 서북지역은 건조지역으로 산악지대와 고원, 초원과 사막이 펼쳐져 있어 인구가 희박한 북방 유목민의 영역입니다. 이곳은 중국 면적의 64%를 차지하지만, 인구 비중은 전체의 6%도 되지 않습니다. 동남지역의 해안평야에 인구 대부분이 집중되어 있고, 한족 중심의 농경문화가 발달했습니다.

중국은 초기부터 북방의 방어가 가장 중요했죠. 흉노족, 몽골 등 강력한 이민족의 침략에 대비해 여러 시대에 걸쳐 만리장성을 쌓았습니다. 만리장성의 북쪽은 유목, 농경, 수렵이 혼재된 생활을 했죠. 중국의 역사는 농경 세력이 북방 세력을 막으면서 동남쪽을 개발한 과정이라고 할 수 있습니다.

진나라와 한나라 이후 오랜 분열기를 거쳐 수나라가 통일을 이룬

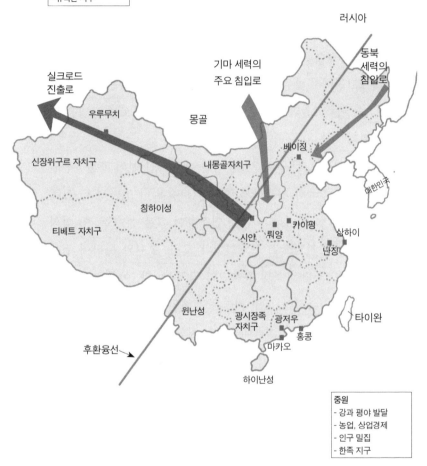

완충지대
- 고원, 건조 지역
- 유목경제
- 인구 희박
- 유목민 지구

러시아

동북
세력의
침입로

실크로드
진출로

기마 세력의
주요 침입로

우루무치

몽골

신장위구르 자치구

내몽골자치구

베이징

대한민국

칭하이성

티베트 자치구

시안
뤄양
카이펑
상하이
난징

후환융선

윈난성

광시장족
자치구
광저우
홍콩
타이완

마카오

하이난성

중원
- 강과 평야 발달
- 농업, 상업경제
- 인구 밀집
- 한족 지구

서북지역과 동남지역의 구분

전통적으로 중국은 중원을 장악한 세력이 지배해왔습니다.

것은 양쯔강 유역이 개발되고 발전했기 때문이죠. 수나라 이후 여러 왕조는 남북을 운하로 연결해 남쪽의 풍부한 물자를 북쪽으로 이동시키려고 했습니다. 중국이 바다를 통해 교역할 때는 동남쪽을 중심으로 번영했는데, 1980년대부터 개혁개방을 실시하며 성장을 이룬 지역도 바로 이곳입니다. 지금도 중국 경제의 중심지는 상하이, 선전 등 동남해안지대입니다.

중국은 하나의 문화가 아니다

중국은 현재 92%가 같은 언어와 문화를 공유하는 한족이지만, 그 뿌리는 실로 다양합니다. 역사적으로 중국의 주인은 늘 바뀌어왔습니다. 누군가 무력으로 천하를 차지하면 황제에 오르고, 지배민족은 한족이 된 거죠. 중국을 최초로 통일한 진시황도 실은 서북방면의 다른 민족이었으니까요.

북쪽 유목민들은 양을 기르기 위해 드넓은 초원을 이동하며 소수 부족단위로 생활하므로 통일된 세력을 이루기가 어려웠습니다. 부족한 물자를 구하려고 남쪽 농경지역과 교역하거나 때론 약탈도 해야 했죠. 농경 세력에 비해 막강한 기마부대를 앞세워 중원의 국가들을 위협해 조공을 받기도 했고, 원과 청처럼 아예 중원을 정복하기도 했습니다.

유목 세력은 힘으로 지배자가 되기는 했지만, 항상 소수가 다수를 다스려야 하는 어려움이 있었죠. 만주족(여진족)은 청제국을 건설한 후에 효과적인 제도를 도입하고 다문화정책을 취해 280년간 한족을 통치했습니다. 100만이라는 소수로 1억 한족과 드넓은 중원을 체계적으로 다스리며 중국의 영역을 넓힌 거죠. 만주족은 한족과 결혼을 막으며 정체성을 지키려 했지만 결국 실패했습니다. 만주족은 넓은 지역에 흩어져 한족에게 동화되어갔으니까요. 중국은 다양한 집단을 정복하고 합병했는데, 3,000년 동안 다양한 민족과 문화를 한족화하면서 이를 하나의 언어와 중화(中華)라는 이름아래 통합하게 됩니다.

중국은 드넓은 땅덩어리만큼 지역차도 심합니다. 예컨대 북방민족은 밀과 잡곡을 즐기고, 남방민족은 쌀이 주식이죠. 우리나라의 도(道)에 해당하는 21개의 성(省)은 웬만한 국가 크기입니다. 중국 영화나 드라마를 보면 지역마다 서로 다른 자막이 나오는데, 자막이 필요할 정도로 지역별 방언이 심하게 다른 거죠. 표준어인 푸퉁화(普通话)와 상하이와 남쪽 광둥성지역 언어는 마치 서로에게 외국어처럼 여겨질 정도입니다.

지역별 문화와 기질 차이도 상당합니다. 북방 침략을 방어하던 화베이처럼 공격적이지만 소박한 사람들이 많은 곳도 있고, 상하이가 있는 화둥처럼 친절하지만 상인 기질이 강한 사람들이 모인 지역도 있죠. 이 화둥 사람들은 훗날 전 세계 곳곳에 차이나타운을 건설하는 등 장사수완을 십분 발휘합니다.

변방의 완충지대인
신장, 티베트, 내몽골

현재 중국 영토는 청나라 때와 거의 비슷합니다. 청나라는 몽골과 신장, 티베트 등을 모두 정복했죠. 청 왕조 멸망 후, 20세기 초에 국민당과 공산당 간 내전에서 공산당이 승리하자 중국은 이 지역들을 다시 점령했습니다. 이곳은 다른 세력의 침입을 막을 완충지로 지정학적 요충지였기 때문이죠. 중국은 소련을 견제하기 위해 신장과 몽골을 장악하려 했고, 인도와 맞붙은 티베트도 중요시했습니다. 신장 지역은 국공내전에서 승리한 후인 1949년에, 티베트는 1951년에 군대를 보내 점령합니다.

비록 몽골은 과거 소련의 압력 때문에 모두 점령하지 못했지만, 청나라 때 분리 통치하던 내몽골 지역을 차지했습니다. 중앙아시아는 소련에서 독립한 후에 중국의 경제 진출이 활발히 이루어지는 곳이 되었죠. 현재 러시아도 소련 시절만큼 강하지 않다 보니 중국은 북방 세력의 위협이 없는 황금기를 보내고 있습니다. 중국 정부는 완충지대에 의도적으로 한족을 이동시켜서 세력을 늘리며 이들의 분리 독립을 철저히 막고 있죠. 만약 한 곳이라도 분열되면 다민족국가인 중국 전체가 분열될 수도 있으니까요.

청이 흔들리던 1904년 영국령 인도제국이 티베트를 침공했습니다. 이후 영국과 청나라, 러시아 등 열강이 티베트를 놓고 각축전을 벌입니다. 1911년 신해혁명으로 청이 멸망하자 티베트는 독립을 선언했지만, 2차 세계대전 중에 중국과 영국이 다시 이곳에 눈독을 들였습니다. 하지만 힘 빠진 영국이 아시아에서 물러나고, 미국과 소련은 한반도 문제, 인도는 파키스탄과의 분쟁으로 정신이 없는 동안 중국이 이곳을 지배하게 되었죠. 국공내전에서 승리한 마오 쩌둥은 1951년 티베트를 침공했고, 자치권을 보장했습니다. 1959년 반중 봉기가 일어나자 이를 잔혹하게 진압했죠. 티베트의 정신적 지도자인 14대 달라이라마 쿤둔은 인도로 넘어가서 망명정부를 세우고 "중국은 티베트의 인권과 자치권을 존중하라!"며 독립운동을 이끌었습니다. 그는 2011년부터 투표로 총리를 선출하도록 하고 정치권한을 내려놓았습니다.

오늘날 중국은 티베트를 사이에 두고 인도와 국경분쟁을 벌이고 있습니다. 만약 고지대에 위치한 티베트가 다른 외부 세력에 통제당할 경우 중국은 쉽게 침략당할 수 있는 불안한 위치에 놓이게 됩니다. 게다가 티베트고원은 아시아의 물 저장고로서 중국이 다른 아시아 지역과 물 전쟁을 벌일 가능성이 높습니다. 인도의 브라마푸트라강, 동남아의 메콩강, 중국의 황허강과 양쯔강 등 주요 강들이 바로 여기에서 시작되니까요. 미래의 수자원 확보를 위해서라도 티베트는 중국이 도저히 포기할 수 없는 중요한 지역입니다. 이에 중국은 쿤룬산맥을 넘어 티베트 자치구의 라싸까지 칭짱철도를 건설했습니다. 라싸를 개발하고 한족을 이주시켜 티베트를 한족 지역으로 바꾸려는 전략인 거죠.

신장, 즉 신장웨이우얼자치구 또한 분리 독립운동이 지속되고 있습니다. 이곳은 이슬람과 투르크 민족주의 세력이 독립을 지원하는 민감한 지역이죠. 중국 정부는 위구르인들의 저항을 막기 위해 감시와 탄압을 하고 있습니다. 이곳은 중앙아시아로 연결되는 신실크로드의 교두보입니다. 중국은 서부개발과 함께 성도인 우루무치까지 고속철도를 건설해서 접근성을 높이고, 한족을 계속 이주시켜왔습니다. 현재 신장위구르지역 인구 2,200만 명 중 위구르인은 절반에도 미치지 못하며, 한족 비율과 비슷합니다. 이 지역은 점차 한족화가 진행되고 있어 독립 가능성은 더욱 멀어지고 있죠.

몽골은 흉노와 선비, 거란, 여진, 몽골 등 전통적으로 초원 유목세력들이 지배해왔던 땅입니다. 이들은 한때 중국을 침략하고 지배하기도 했죠. 청 멸망 후 중화민국이 설립되는 과정에서 외몽골은 독립했지만, 내몽골은 중국 땅이 되었습니다. 몽골은 러시아의 영향이 강한 곳으로 세계에서 2번째로 공산주의국가가 되었고, 중국과는 적대관계였죠. 몽골이 내몽골의 분리 독립을 부추길 가능성은 있지만, 몽골은 허약하고 두 지역은 드넓은 고비사막으로 분리되어 있어서 쉽지 않습니다.

내몽골, 즉 네이멍구 자치주는 한반도보다 무려 다섯 배 이상 넓은 광활한 지역입니다. 중국이 자랑하는 첨단 산업에서 필수자원인 희토류(稀土類)가 많이 생산되고 있으며, 석유와 천연가스도 풍부합니다. 인구는 2,500만 명이 넘고, 몽골보다도 몽골족 인구가 2배나 많습니다. 그럼에도 현재 한족이 80%이고 몽골족은 17%에 불과해 한족에게 동화되고 있죠.

중국은 소수민족 문제를 해결하기 위해 역사공정(歷史工程)을 통해 한족화 정책을 추진해왔습니다. 이는 중국 영토에서 일어났던 역사라면 소수민족의 역사도 모두 중국 역사라는 입장입니다. 중화문명탐원공정(中華文明探源工程)을 통해 황허문명보다 앞서는 요하문명도 모두 중국문명이라고 주장하고 있습니다. 동북공정(東北工程)을 통해 한반도의 통일과 분쟁을 대비하면서 고구려와 발해의 역사마저 중국사로 만들었죠. 서남공정(西南工程)과 서북공정(西北工程)은 티베트와 위구르를 중국 역사로 만들려는 것입니다. 남중국해의 90%가 역사상 중국 바다라고 주장하고 있죠. 모두 중국 역사로 재포장해버리려는 것입니다. 이는 주요 완충지역을 모두 차지하겠다는 속셈이 아닐 수 없습니다.

중국 그리고
또 다른 중국

'하나의 중국(一個中國)'이라는 말을 들어 보았나요? 중국 대륙과 홍콩, 마카오, 타이완은 하나이므로 합법적 중국 정부는 오직 하나뿐이라는 주장입니다. 이 원칙은 중화인민공화국(중국)과 중화민국(타이완) 간의 정통성 문제를 포괄하는 양안 문제(兩岸問題)에서 주로 거론되곤 합니다. 이 장에서는 또 다른 중국을 외치는 홍콩, 마카오, 타이완에 관해 살펴보려 합니다.

서구와 만나는 통로,
홍콩과 마카오

마카오는 세계 최대의 카지노가 모여 있는 동양의 라스베이거스로 불리며, 1인당 국민소득이 세계 최고수준입니다. 홍콩은 국제 금융의 중심지로, 소비세가 없어 쇼핑을 하려는 관광객들의 발걸음이 늘 끊이지 않는 쇼핑 천국이죠.

포르투갈은 16세기 초부터 남쪽의 마카오를 중국과 일본 무역의 거점으로 삼았습니다. 마카오는 거의 500여 년간 포르투갈의 지배를 받았죠. 또 19세기 말에는 영국이 홍콩섬을 차지했습니다. 이후 홍콩은 1997년, 마카오는 1999년에 각각 중국에 반환되었죠. 홍콩과 마카오는 오랜 세월 서양식 자본주의 체제에 익숙해졌기 때문에 중국에 반환되면 몰락할 거라는 전망이 우세했습니다. 중국 정부는 당시 최고지도자였던 덩샤오핑의 입을 통해 홍콩에 대해 50년간 외교와 국방을 제외하고 기존 체제를 유지해 자치를 인정해줍니다. 일명 일국양제(一國兩制)라고 하여 중화인민공화국이라는 한 국가에 사회주의와 자본주의 체제가 공존한다는 의미입니다. 영국은 투자한 자본을 보호받으니 좋고, 중국 입장에서도 홍콩이 꼭 필요하니 내린 조치였지요. 외국 기업이 홍콩에 회사를 설립하면 중국법이 적용되지 않아서 운영이 편리하고 중국 기업의 혜택도 누렸습니다. 하지만 2013년 시진핑 주석이 취임한 이후 홍콩에 대한 통제는 점차 강화되고 있습니다. 1996년에 주권 반환 직전에 일어났던 대규모 이주와 비슷한 현상도 발생하고 있죠.

실제로 홍콩인들은 스스로를 중국인이 아닌 홍콩인으로 생각하는 경향이 있다고 합니다. 중국과 병합 후, 중국 중앙정부와의 예산처리 문제나 차별정책 문제들이 불거지자 홍콩인들의 시위가 이어졌죠. 특히 2017년 홍콩 행정장관 직선제 후보를 친중국인사로 제한하자 대규모 거리시위가 번지기도 했습니다. 홍콩인들은 줄기차게 온전한 자치와 민주화 요구를 이어왔습니다. 만약 상하이가 국제 금융의 중심지 역할을 대신하고 중국 경제가 확고해지면 중국 정부는 홍콩의 자치권을 거둬갈 것으로 예상했었죠. 2019년 중국으로의 범죄인 송환법을 반대하며 대규모의 홍콩 시민들이 시위에 참여했습니다. 하지만 코로나19 사태로 정신없던 2020년 6월 중국은 홍콩보안법을 만듭니다. 앞으로 홍콩 독립을 외치거나 외국에 도움을 구하는 모든 행위들을 반정부활동으로 몰아 처벌할 수 있게된 거죠. 이 법안으로 언론과 표현의 자유도 사라졌습니다. 홍콩은 완전히 중국 공산당의 지배를 받게 되었고, 일국양제도 끝이 났습니다. 이제 중국의 다음 목표는 타이완입니다.

타이완은 중국의 일부일까?

중국은 아편전쟁과 청일전쟁을 거치며 잃었던 영토를 모두 회복했죠. 마지막으로 남은 땅이 타이완입니다. 중국은 타이완을 '하나의 중국'으로 부르며 경제적으로 통합을 이뤄가고 있는데, 정작 타이완은 중국과 다른 나라라고 생각하는 사람들이 대부분입니다. 타이완은 원주민과 한족 문화, 일본과 동남아 문화가 융합된 곳으로 우리처럼 일본의 식민지를 거쳤고, 아시아에서는 소득 수준이 높은 편이죠.

타이완은 일본색채가 강하고 일본과 친밀하지만 처음부터 그랬던 것은 아닙니다. 1894년 청일전쟁의 패배 후 일본의 식민지가 된 타이완은 일본군과 무려 20년간 싸웠죠. 일본은 원주민은 차별하고 한족을 우대하는 식민지 분할정책으로 한족의 저항을 겨우 잠재웠습니다. 일본이 태평양전쟁을 일으킨 1941년 이후 물자가 부족해지자 한족도 일제의 수탈에 시달리다 못해 중화민국을 지지하게 됩니다. 51년간 지배하던 일본이 패망하자 타이완도 다시 중화민국으로 돌아왔습니다. 하지만 부패한 국민당 관료들은 타이완을 마치 식민지처럼 다스렸고, 저항하면 군대까지 동원하여 학살하는 등 공포통치를 펼쳤죠.

공산당에게 밀린 국민당의 장제스는 타이완으로 넘어와 중화민국 망명정부를 수립해 중국 본토를 회복하려고 노력했고, 중국 역시 타이완 침공을 시도했습니다. 국민당 정부는 중국의 위협을 막아야 한다는 명분을 앞세워 일당 독재를 하며 타이완 국민들을 억압했죠. 냉전시대에는 미국이 중국 공산당에 대항하는 타이완을 중화민국으로 잠시 인정하기도 했습니다.

하지만 1972년 미국의 닉슨 대통령이 소련에 대적하기 위해 중국과 손을 잡으면서 중화인민공화국, 즉 중국을 유일한 합법정부로 인정했죠. 결국 타이완은 UN에서도 쫓겨납니다. 각국의 타이완 외교관도 추방되었고 중국대사관으로 간판을 바꾸었죠. 1973년 장제스 사망 후, 타이완의 민주화운동은 거세졌습니다. 미국이라는 배경이 약해지자 국민당 정부도 살 길을 찾아야 했죠. 마침 중국도 덩샤오핑이 집권하면서 개방정책을 실시하며 외국 자본을 유치했기 때문에 타이완도 중국에 적극 투자하면서 경제교류에 나섰습니다.

현재 중국은 '하나의 중국'을 내세우며 타이완을 통일하는 데 외교역량을 집중하고 있습니다. 막강한 경제력을 바탕으로 타이완을 국제적으로 고립시키고, 타이완과 관계를 끊는 나라에 경제적인 지원을 하기도 했죠. 중화민국이나 타이완이란 이름도 못쓰게 만들어 국제사회에서는 타이완을 '차이니즈 타이베이'로 부릅니다. 또한 중국은 타이완인들의 취업과 민간기업의 투자를 받아들이면서 경제적인 지배력을 강화해왔습니다.

오랜 세월 한족과 원주민이 혼혈을 이루었기에 타이완인들 중에는 자신들은 한족이지만 중국인은 아니라고 생각하는 이들이 많습니다. 이들은 지금처럼 중국과 원만하게 지내며 독립하기를 원하고 있죠. 특히나 민주주의 교육을 받고 자란 젊은 세대는 중국과 타이완을 다른 문화를 가진 다른 나라로 여기는 경향이 강합니다.

현재 미국과 중국은 타이완을 사이에 두고 견제하고 있습니다. 타이완은 중국의 해안 봉쇄를 위한 요충지입니다. 중국 본토와 가까운 섬은 1km에 불과할 정도이고, 타이완해협은 중국을 압박하는 자리이죠. 만약 타이완이 뚫리고 나면 다음은 신카쿠제도, 오키나와, 괌, 하와이로 이어지는 미국의 태평양 방어선이 위험해집니다. 따라서 미국과 일본은 결코 쉽게 물러나지 않을 것입니다. 중국이 타이완을 통일하겠다고 위협할 때마다 미국과 동맹국 군함들이 타이완해협을 지나며 시위하는 것도 타이완을 건드리지 말라며 중국에 보내는 일종의 경고라고 할 수 있습니다. 하지만 중국은 포기하지 않을 것입니다. 언젠가 미국의 해군에 맞서기 위해 힘을 키우며 때를 노리고 있죠. 마카오는 400년, 홍콩은 100년이 걸렸지만 결국 중국은 해냈습니다. 시간은 중국 편입니다. 다만 중국이 홍콩에 대해 일국양제의 약속을 지키고 홍콩의 특성을 존중해주었다면, 아마 타이완 문제도 중국에게 유리한 방향으로 풀려나갔을지 모릅니다. 하지만 타이완인들은 중국 공산당의 약속을 더 이상 믿지 않습니다.

인구로
세력을 넓히는 중국

중국은 육지에서 15개 국가, 바다로는 7개 국가와 서로 국경을 마주하고 있습니다. 유럽이 여러 지역으로 분열되어 세력균형을 이루며 경쟁해왔다면, 중국은 분열과 통일을 반복하며 넓은 지역을 통일해왔습니다. 역사적으로 황허강과 양쯔강 사이의 넓은 평야지대인 중원을 중심으로 발전해왔는데, 강 주변의 넓은 평원지대는 인구성장과 경제활동에는 유리하지만 외부 공격을 방어하기에 불리했죠. 이에 중원을 장악한 세력은 주변의 위협적인 세력을 공격하면서 한족의 영토로 바꿔갔습니다.

중국의 많은 인구는 드넓은 지역을 중국의 영토로 만들 수 있었던 원동력입니다. 초기에는 전쟁과 혼란을 겪으면서 생존을 위해 중원의 인구가 주변지역으로 대거 이동했죠. 그러다가 점차 양쯔강 이남과 초원, 산악지역 등으로 영역을 넓혀갔습니다. 명나라 말기에 옥수수, 고구마, 감자 등이 아메리카대륙에서 전래되며 인구가 급증하자 더 많은 경작지가 필요해졌죠. 농민들은 서부와 북부, 만주 등으로 이주해서 농사를 지었고, 이 지역에서 한족의 비중은 점점 더 늘어납니다.

동남아시아로 건너간 중국 남부 출신 화교들은 아시아의 유대인으로 불리며 상업활동을 활발히 해왔습니다. 오늘날 동남아 경제를 장악하고 있는 것도 화교의 기업과 자본이죠. 물론 현지인들과의 갈등도 있었습니다. 1998년 인도네시아에서는 폭동이 일어나 화교 상점들이 약탈을 당하고 집단 폭행과 살인마저 벌어졌으니까요. 당시 5%의 화교가 인도네시아 경제의 85%를 차지한 것이 폭동의 주요 원인이었습니다. 현재 중국 화교는 세계 곳곳에 널리 퍼져 있으며, 차이나타운이 없는 나라가 드물 정도죠. 중국에 투자하는 외국 자본 중 절반이 화교 자본일 정도로 화교의 경제력과 정보력은 중국 경제의 부흥에 밑거름이 되었습니다.

중국,
유라시아 패권에 도전하다

세계는 미중 간 무역전쟁으로 뜨겁습니다. 굳이 비유하자면 미국은 '패권' 타이틀을 방어하려는 챔피언이고, 이에 맞서는 중국은 새로이 패권을 노리는 강력한 도전자인 셈이죠. 두 나라는 서로 묵직한 주먹을 주고받고 있습니다. 특히 중

1 중국-중앙아시아-러시아-유럽
2 중앙아시아-서아시아-페르시아만-지중해
3 중국-동남아-남아시아-인도양
4 중국-남중국해-인도양-유럽
5 중국-남중국해-남태평양

※자료: 《한겨레》, 2015년 5월 11일 참조

일대일로 노선도
만약 일대일로가 성공하면 아시아뿐만 아니라 유럽까지 중국의 영향력이 확장됩니다.

국은 미국의 영향력에서 벗어나 필요한 에너지를 확보하는 데 힘을 쏟고 있죠. 혹시 신문이나 뉴스에서 '일대일로'라는 말을 들어보았나요? 중국이 추진하는 신실크로드 전략으로 이를 통해 중국은 에너지 수입경로를 확보하는 한편, 유라시아를 장악하겠다는 야심을 숨김없이 드러내고 있죠.

일대일로, 유라시아의 중심 세력이 되는 길

2013년, 중국 시진핑 주석은 카자흐스탄을 방문해 새로운 실크로드 프로젝트인 일대일로 구상을 처음으로 세상에 발표합니다.

일대일로(One belt, One road)는 아시아와 유럽을 잇는 육로와 바닷길을 합친 개념입니다. 왼쪽(154쪽 참조) 지도에서 철도와 도로, 가스관 등으로 연결된 경제벨트가 일대(一帶)이며, 이 지도의 ①, ②, ③번 선과 주변지역이죠. 그리고 주요 항구를 연결한 바닷길이 일로(一路)로 지도의 ④, ⑤번 선입니다.

시진핑은 대규모 투자를 약속하며 실크로드가 지나는 모든 지역에 도움이 될 거라고 장담했죠. 일대는 길이 1만 km에 달하는 도로와 철도를 건설해 중국 서부에서 카자흐스탄 러시아를 지나 최종적으로 유럽을 연결하는 교통로를 만들겠다는 거대한 사업입니다. 그런데 비단 교통망뿐만 아니라 5G 등의 통신망을 제공하면서 각국의 정보를 손에 넣으려는 야심도 한편으론 숨기고 있습니다. 만약 이것이 성공하면 러시아의 세력권에 속한 중앙아시아뿐만 아니라 유럽까지도 중국의 영향력 아래 놓이게 되죠.

중국이 앞으로도 경제성장을 이어가며 패권국이 되려면 에너지와 원자재를 수입할 통로 확보가 매우 중요합니다. 미국이 셰일혁명으로 에너지 문제에 대해 여유로워진 것과 달리 중국은 여전히 세계 최대의 에너지 소비국이니까요. 중국은 유라시아로부터 석유와 천연가스 수입 통로를 확보하고 경제적·정치적 영향력을 키우는 방법을 연구하고 찾아냈습니다.

중국은 중국 국유은행이 저개발국에 차관을 제공하고, 중국 기업이 건설과 운영을 맡으면서 투자금을 고스란히 뽑아내는 방식으로 일대일로 사업을 벌이고 있습니다. 향후 시설이 완공되면 얻는 수익으로 부채를 상환해야 하지만, 아시아 저개발국들은 무리한 투자로 재정난에 허덕이고 있죠. 만약 빚을 갚지 못하면 자연스레 중국의 경제식민지가 됩니다. 스리랑카, 몰디브, 파키스탄, 미얀마, 라오스, 네팔, 몽골, 아프리카의 지부티, 동유럽의 몬테네그로 등 중국발 부채 문제로 골머리를 앓는 국가가 벌써 여럿입니다. 재정위기에 빠진 나라들이 IMF에 구제금융을 요청해도 미국은 중국으로 자금이 흘러들어 간다며 구제금융을 거부하고 있죠. 미국은 과거 소련에 써먹은 봉쇄 전략처럼 중국이 진출하려는 지역의 자금줄을 꽁꽁 틀어막고 있는 것입니다.

에너지 수송로를
확보하라!

중국이 추진하는 일대일로 프로젝트의 핵심은
역시 에너지 확보입니다. 가장 취약한 에너지 수송로는 미국이 장
악하고 있는 페르시아만-인도양-말라카해협-남중국해-동중국해-
일본 열도로 이어지는 바닷길이죠. 동아시아는 페르시아만 수출의
85%를 차지합니다. 중국 입장에서는 여전히 중동과 아프리카의 원
유가 들어오는 해상루트가 가장 중요하죠.

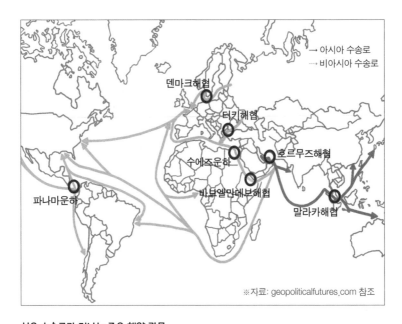

석유 수송로가 지나는 주요 해양 관문
말라카해협이 차단되면 중국은 물론 동아시아경제가 큰 타격을 받습니다.

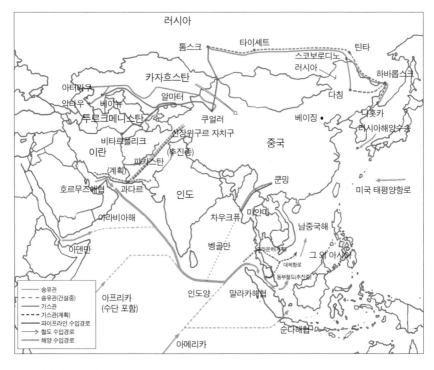

중국의 에너지 수송로

중국은 중앙아시아, 러시아, 미얀마 등을 통해 에너지를 공급받고 있습니다. 지금도 파키스탄, 아프가니스탄 등 말라카해협을 대체할 통로를 찾고 있습니다.

주요 관문인 해협과 운하를 장악하면 주변지역에 강력한 영향력을 행사할 수 있습니다. 중국이 파나마운하가 확장되었음에도 가까운 니카라과운하를 굳이 추진한 이유도 중남미에 대한 영향력 확대 때문입니다. 중국은 중남미의 농산물과 원자재에 관심이 높고 미국을 대신해 브라질, 칠레 등의 주요 교역 파트너가 되었죠. 만약 말라카해협이 차단되면 동아시아 경제는 마비됩니다. 미국 태평양연안은 동아시아와 상당한 무역을 하고 있고, 동북아 동맹이 중요하므로 미국도 이 지역의 위협에는 민감할 수밖에 없습니다.

중국은 에너지를 해상으로 안전하게 수송하는 문제와 수입한 에너지를 내륙으로 공급하기 힘든 문제를 해결하려고 노력해왔습니다. 카스피해, 러시아, 미얀마 등으로부터 석유·가스관을 연결해 중국 석유 소비량의 10%를 공급받아 내륙으로는 석유를 공급하기 쉬워졌죠. 중국은 아직 미국의 해군력에 미치지 못하므로 육로로 석유를 들여오는 에너지 회랑(통로)을 만들려고 합니다. 즉 중앙아시아, 러시아, 파키스탄, 미얀마 등 국경을 맞대고 있는 주변국가들을 통해 에너지를 확보하는 방법이죠.

무엇보다 중국이 일대일로를 통해 확보하려고 하는 핵심 에너지는 바로 천연가스입니다. 중국은 석탄의 생산량과 소비량이 세계 최고이지만, 대기오염 문제로 천연가스 소비를 늘리고 있죠. 중국은 2018년 이후 일본을 제치고 천연가스 수입 세계 1위 국가가 되었습니다.

가스관을 통해 들여오는 천연가스(PNG, Pipeline Natural Gas)는 주로 중앙아시아에서 수입하고 있으며, 해상으로 들어오는 천연가스(LNG, Liquefied Natural Gas)의 경우에는 호주의 비중이 높습니다. 따라서 석유 및 천연가스를 공급받고 있는 러시아, 이란, 카타르, 투르크메니스탄은 중국이 반드시 손을 잡아야 하는 국가들이죠. 특히 이란과 천연가스관이 연결되면 에너지 부족이 해결되므로, 미국의 강력한 제재에도 불구하고 중국은 이란을 적극적으로 돕고 있습니다.

말라카해협을 대체할
우회로를 찾아라!

　　2장에서도 잠깐 언급했지만, 중국의 기본 전략은 말라카해협 주변국들과 정치·경제적 관계를 강화하는 것입니다. 주변해역에 대한 통제력을 높이기 위해 대형 해군기지를 건설하고 있죠. 중국은 안전한 석유 수송로를 확보하기 위해 미국의 제7함대가 패권을 쥐고 있는 말라카해협을 우회하는 통로를 찾아왔습니다. 파키스탄의 과다르항을 빌려 이곳을 통해 중국 내륙으로 석유와 가스를 수송하려는 계획을 추진 중이죠.

　　방글라데시와 티베트를 연결할 계획도 가지고 있습니다. 또한 태국 남부에 건설하려는 크라운하(Kra Canal)는 석유 수송은 물론 유럽으로 가는 무역항로도 확보할 수 있어 남아시아에 대한 영향력을 확대하는 데 중요한 관문이 될 것입니다. 하지만 태국 정부는 운하로 남북이 단절되면 남부의 이슬람 분리주의자들을 진압하기 어려워지므로 망설이고 있죠.

　　중국은 말레이시아 서부의 말라카해협과 남중국해 인근 태국 접경지역을 연결하는 동부해안철도(ECRL) 사업과 천연가스 파이프라인 사업도 추진했습니다. 이 철도를 통해 미군기지가 있는 싱가포르를 거치지 않고 원유를 수송하려는 거죠. 말레이시아 정부는 과도한 부채를 이유로 공사를 중단했습니다. 중국만 득을 보는 사업 방식에 대한 주변국들의 불만이 점차 커지고 있는 거죠.

싱가포르는 말라카해협의 끝부분에 자리한 지정학적 요충지로 19세기 영국인들이 동남아시아에 상업 및 군사기지를 찾다가 싱가포르를 자유무역항으로 만들었습니다. 수에즈운하가 개통되며 아프리카 남단을 돌아오는 항로 대신 유럽과 중동, 아시아를 연결하는 해상로가 되었죠. 미국은 해적 퇴치라는 명분을 내세우며 이곳에 군대를 주둔하고 있지만, 중국의 입장에서는 미군기지와 미태평양사령부가 부담스럽기만 합니다. 만약 중국의 바람대로 말라카해협을 대체할 만한 우회통로가 뚫린다면 싱가포르의 오랜 번영도 끝나버릴지 모릅니다.

동남아시아를 장악하라!

동남아시아는 역사적으로 인도와 이슬람 상인들이 활발한 무역을 해온 곳입니다. 인도차이나반도라는 이름에서도 알 수 있듯 인도와 중국의 영향을 받았죠. 서구 열강의 침략으로 태국을 제외한 대부분의 나라가 영국, 프랑스, 네덜란드, 미국의 식민지가 되었고, 2차 세계대전 때는 일본이 동남아시아를 지배했습니다.

오늘날에는 일본과 중국 자본이 이곳에서 대결하고 있죠. 베트남에서는 우리나라의 민간 투자가 가장 활발하지만, 일찍부터 동남아에 투자하고 기반을 다져온 건 일본입니다. 이미 1970년대부터 다국적기업들이 나서서 아시아 신흥국의 인프라 투자를 주도한 일본은 1990년대에 전반적인 물류를 개선하는 인프라 연결사업도 제시했습니다. 일본의 사업은 농지개발과 통신사업 등을 통해 현지인들을 훈련하고 도움을 주기 때문에 인기가 높습니다. 반면 중국은 이곳에서도 중국에서 자재와 인력을 가져와서 사업을 벌이다 보니 주민들과의 교류가 부족하고 일자리 창출도 제대로 이루어지지 않고 있죠. 그렇기 때문에 일대일로 사업을 벌일수록 채무 부담만 커지고, 자칫 중국의 경제 식민지가 될지 모른다며 걱정하는 게 동남아

중국의 앞길을 막아선 또 다른 복병, 인도

인구 14억에 가까운 인도는 경제규모도 세계 5위권을 바라보고 있다. 비록 코로나19 확산으로 몸살을 앓았지만, 제조업과 건설업의 성장으로 경제규모는 계속 성장하고 있다. 인도의 출산율은 중국보다 높아 2024년이면 중국 인구를 추월할 것으로 예상된다. 중국과 충분히 경쟁할 수 있는 나라이므로 현재 미국은 인도양의 종주국인 인도와 손잡고 중국을 견제하려고 한다.

인도는 2차 세계대전이 끝난 2년 후인 1947년에 영국 식민지 지배를 벗어났다. 영국의 종교 분리정책으로 인도는 현재의 인도와 이슬람 지역인 파키스탄과 방글라데시로 국토가 분열되었다. 인도는 사회주의 노선을 걸으며 냉전시대에도 미국, 소련과는 다른 제3세계 외교를 내세웠다.

인도는 강해진 중국이 인도의 앞마당이던 인도양 주변국들에 일대일로 사업을 벌이면서 영향력을 뻗치자 심기가 매우 불편해졌다. 더구나 중국과의 오랜 국경분쟁으로 미국과 군사협력까지 맺은 상태다. 미국과 인도는 파키스탄, 동남아, 인도양 등으로 영향력을 확대해 중국을 견제할 방법을 찾고 있다.

여러 나라들의 솔직한 속내입니다.

중국은 대규모 융자로 생산 인프라를 건설한다는 계획하에 투자가 시급한 나라들부터 공략했습니다. 서방의 제재를 받고 있는 미얀마와 이란, 내전 상황인 아프가니스탄, 파키스탄과 방글라데시 등은 중국의 투자가 절실했으니까요. 스리랑카도 2009년에 내전을 끝내고 중국 자본이 필요했죠. 이렇듯 아직까지는 대규모 자본 투자를 앞세워 밀어붙이고 있지만, 일대일로 프로젝트에 대한 의심은 가중되고 있습니다. 이를 증명하듯 현재 파키스탄, 카자흐스탄 등에서도 반중국 정서가 점차 확산되고 있습니다.

미국의 입장에서도 동남아는 중국 봉쇄의 중요한 길목입니다. 미국은 중국의 일대일로가 주변국들을 빚더미에 빠뜨리고 있다며 맹비난하고 있죠. 특히 미중 무역갈등 이후 중국의 자금사정이 나빠지며 일대일로 사업 투자도 난관에 부딪쳤습니다. 중국과 고속철도 사업을 추진하면서 라오스는 외채위기에 놓여 있는데, 그중 반 이상이 중국 외채입니다. 캄보디아는 일대일로와 관련된 자재 등을 수입하며 무역적자가 급증했고, 말레이시아는 친중 정권이 바뀌자 200억 달러 규모의 동부해안철도 천연가스 파이프 프로젝트를 전격 취소했고, 사업비를 줄여서 다시 시작하기도 했습니다. 미얀마도 부채를 우려해 서부 차우퓨 항구 건설 사업을 축소했고, 태국도 중국과의 고속철도 사업 진행이 불확실한 상태입니다. 부채에 시달리던 스리랑카는 남부 함반토타 항구의 건설비를 갚지 못해 2017년에 항만 운영권을 99년간 중국에게 넘겨주어야 했죠. 스리랑카는 이후에도 중국 자금으로 항구와 공항, 도로 등을 건설했지만 수익을 내지 못하고 계속해서 어려움을 겪고 있습니다.

이렇듯 일대일로 사업은 중국의 지배력만 키울 뿐이라는 비난의 목소리가 높아지고 있습니다. 이에 대해 중국은 일본과 협력하고, 한반도까지 일대일로로 연결하면서 위기를 돌파해보려고 하지만, 역시나 동맹국을 동원한 미국의 견제로 인해 쉽지 않아 보입니다. 미국은 일본, 호주 등과 함께 동남아시아에 저장탱크, 항만 등 액화천연가스(LNG) 수입 인프라를 위한 자금을 지원하려 하고 있습니다. 이는 LNG 수출을 통해 경제영토를 넓히려는 중국을 저지하는 한편 유라시아대륙을 봉쇄하겠다는 전략입니다.

중국, 해양강국으로의
변신을 꾀하다

중국 하면 아마 드넓은 대륙과 황토고원, 세계 최대의 인구 등이 떠오를 것입니다. 그래서인지 흔히 중국을 표현할 때면 '대륙의 스케일', '대륙의 기적', '대륙의 기질' 등 '대륙'이라는 단어를 넣은 표현을 쓰곤 합니다. 반면에 중국은 아주 오래 전부터 해양대국으로 성장할 수 있는 힘을 가지고 있었죠. 하지만 어떤 사건을 계기로 한동안 해양 진출을 포기하게 됩니다.

명나라는 왜
해양 세력에서 물러났을까?

명나라 초인 15세기, 영락제의 측근인 정화는 대함선을 이끌고 인도양을 넘어 아프리카 동부해안에 이르기까지 힘을 과시했습니다. 오늘날 중국이 지배하려는 해양 범위와 거의 일치할 만큼 엄청나죠. 쿠데타를 일으켜 정권을 찬탈한 영락제는 남경의 황궁을 불태우고 조카마저 죽였습니다. 이후 궁에서 사라진 황제를 찾아내려고 정화로 하여금 대항해를 하게 했다는 설도 있습니다. 그는 아프리카에서 들여온 목이 긴 동물을 전설 속의 기린으로 여겨 기뻐했다고 합니다. 이런 상서로운 동물이 등장하면 하늘이 자신을 황제로 인정하는 증표로 내세울 수 있었기 때문이었죠. 《영락대전》 편찬, 베트남 정벌, 새로운 조공국가를 증가시킨 것 또한 비슷한 맥락입니다. 하지만 정화의 사망 후 7번째 대항해를 끝으로 중국은 해금령을 내리고 해양 진출을 포기합니다.

명나라는 북방 세력과 바다의 왜구에게 끊임없이 시달렸죠. 바다를 봉쇄한 가장 큰 이유는 대양 진출을 위해 대규모 선단을 꾸리는 비용에 비해 이익이 적었고, 북서쪽 유목 세력의 위협을 막는 게 무엇보다 시급했기 때문입니다. 더구나 왜구가 세력을 키워 내륙지방까지 침입해 약탈을 벌이자 피해가 막심했죠. 따라서 바다를 막아버렸던 것입니다. 정화의 항해 기록을 불태우고, 해외 이주를 금했으며, 주민들을 해안가에서 살지 못하게 했죠.

정화의 대항해가 계속되지 못한 이유는 유럽의 대항해처럼 이득이 크지 않았기 때문입니다. 물론 조공국이 늘고 중국의 영향력도 늘어났지만, 서구처럼 식민지를 개척해서 무역을 통해 이익을 차지하는 게 주목적이 아니었던 거죠.

중국이 해양 세력 다툼에서 사라지자 인도양과 남중국해, 동중국해로 이어지는 아시아의 해양은 포르투갈, 스페인, 네덜란드, 영국으로 이어지는 서구 열강이 장악해갔습니다. 그러다가 이들이 중국까지 와서 거래를 시작했죠. 중국과의 거래가 막혀 있을 때는 일본으로 무역로를 넓혔는데, 이는 일본 경제를 성장시키는 중요한 계기가 되었습니다.

중국의 지정학적 전략은 강력한 해양 세력으로의 변신

한동안 바다를 떠났던 중국이 현대에 다시 해양 국가로 도약하려는 치밀한 움직임을 보이고 있습니다. 정화의 원정대가 누비던 바다로 돌아오려는 거죠. 중국은 1990년대 말까지 인도를 제외한 국경분쟁을 마감하고 동남쪽 해양으로 눈을 돌립니다.

중국은 북쪽의 러시아, 몽고, 중앙아시아 등과는 국경 문제가 없고 상하이협력기구를 통해 연합을 이루었죠. 반면 동남부는 여러 나라가 얽혀 있다 보니 분쟁 해결이 쉽지 않았습니다. 한반도, 대만, 동중국해, 남중국해는 긴장감이 높아지고 있으며 중국이 영향력을 넓히며 압박을 가하는 양상입니다.

중국은 우선 한미일 동맹을 견제하려고 식민지시대의 과거사를 들먹이며 한일연합을 견제해왔습니다. 일본의 반성 없는 과거사 인식이 여전한 상황에서 한일 간에는 식민지 역사, 독도 분쟁, 위안부

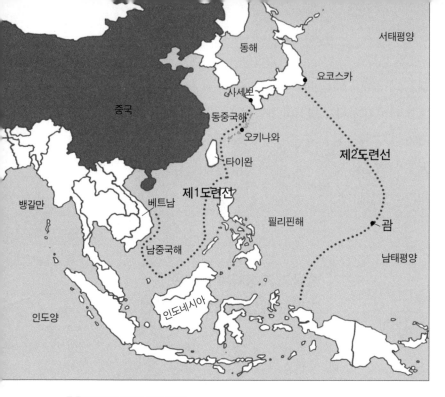

중국의 제1도련선과 제2도련선
중국의 최종 목표는 제2도련선을 돌파해 태평양 진출을 이루려는 것입니다.

문제 등 풀어야 할 과제가 많으니까요. 중국 역시 일본과는 악연의 역사가 있습니다. 특히 청일전쟁, 중일전쟁으로 이어진 치욕의 역사를 잊지 않고 있죠. 이러한 과거사를 내세워 한국과 연합전선을 펼치며 일본을 견제해왔습니다.

중국은 경제와 외교를 통해 주변국들을 회유하는 한편, 영토나 해양영유권 문제에 대해서는 군사력을 동원하기도 합니다. 중국의 동아시아 지배를 위한 첫걸음은 동중국해와 남중국해를 자국의 앞마당으로 만드는 것입니다. 이곳은 중국 석유 수입의 80%, 한국과 일본은 90%가 지나가는 바다로 매우 중요한 항로죠. 만약 중국이 이곳을 차지한다면 한국과 일본의 목줄을 틀어쥐게 되고, 미국의 봉쇄를 뚫고 에너지 수입이 가능해집니다.

하지만 중국의 해군력은 아직 미국에 맞대응할 정도는 아니기 때문에 우선 가까운 바다부터 적극 방어하는 전략을 구사하고 있죠. 중국은 미국이 중국을 봉쇄한 2겹의 방어선을 본뜬 2개의 선을 그었습니다(168쪽 지도 참조). 쿠릴열도, 일본, 타이완, 필리핀, 말라카 해협까지를 연결한 선이 제1도련선(섬을 연결한 선)입니다. 그 바깥으로 괌, 사이판, 파푸아뉴기니를 연결한 제2도련선을 그었죠. 우선은 1도련선 내에 중국의 해상과 항공교통 확보가 목표입니다. 현재 미군의 접근과 기동작전을 거부하는 반(反)접근·지역거부 전략(Anti-Access and Area Denial)을 진행 중이죠. 2015년부터 본격적으로 남중국해에 인공섬을 만들고 군사기지를 건설하고 있습니다. 또한 둥펑(東風)미사일 등 대륙에 배치된 대함 미사일로도 미국 해군을 위협하고 있죠.

다음 단계는 미국의 봉쇄를 뚫고 제2도련선을 돌파해 태평양 진출을 이루는 것입니다. 현재 동중국해는 타이완과 일본의 센카쿠열도와 한반도를 잇는 미국의 포위망이 태평양을 가로막고 있죠. 게다가 타이완은 마치 거대한 항공모함처럼 중국을 견제하는 위치입니다. 만약 중국이 타이완을 차지한다면 미국의 봉쇄망을 뚫는 돌파구가 됩니다. 중국이 왜 그토록 국제사회에서 '하나의 중국'을 고집하는지 충분히 짐작할 수 있습니다. 타이완 바로 위 센카쿠열도를 두고는 일본과 갈등 중인데 일본의 강력한 해군력과 가까운 오키나와에 버티고 있는 미군기지 때문에 아직까지 상황이 여의치 않습니다. 제1도련선 돌파를 위해서라면 중국은 한국의 이어도와 제주도 해군기지마저 자국의 영향권 안에 두려고 할 것입니다.

남중국해는 군사적 가치뿐만 아니라 경제적 전략가치도 큽니다. 우선 이곳은 북대서양 항로에 이어 세계 해상 물동량 2위의 항로로 세계 물동량의 3분의 1을 차지합니다. 게다가 엄청난 석유와 천연가스가 매장되어 있는 것으로 추정되어 '제2의 페르시아만'이라고도 불리고 있죠. 비록 미국의 지원이 미치고 있기는 하지만, 남중국해에는 일본 같은 강대국이 포함되어 있지 않다 보니 중국의 입김은 날로 강해지고 있습니다. 남중국해에서 베트남에 가까운 해역이 시사(西沙, the Paracels)군도인데, 1974년 이후 중국이 실효지배(實效支配)[1] 중이죠. 남중국해의 난사군도(the Spratlys)는 6개국이 서로 영유권을 다투는 곳인데, 2014년부터 중국은 이곳에 인공 구조물을 건설하고 해군기지로 만들어 중국군의 투사 범위를 확장하고 있습니다.

중국은 해군을 적극적으로 양성하면서 남중국해와 인도양 주변에 군사기지와 거점항구를 속속 건설하고 있습니다. 특히 아덴만에 위치한 지부티는 해상운송로이고 해적이 들끓는 소말리아 근처여서 전략적 요충지입니다. 지부티는 프랑스의 오랜 식민지이고 프랑스

----

1. 영토분쟁에서 어떤 나라가 실질적으로 해당 지역을 점유하거나 관리하는 상태를 뜻한다.

군대가 주둔해온 곳인데, 중국은 이곳에 첫 해외 군사기지를 건설하며 국제사회에 해양 세력으로서의 존재감을 드러내기도 했죠.

인도양을 낀 인도와 남중국해 주변국들은 중국이 해양 세력으로 부상하면서 충돌하고 있습니다. 중국은 오랜 시간 미국이 해양을 장악함으로써 세계 패권국가가 되는 과정을 연구하고 해군력에 투자를 계속 늘려왔습니다. 비록 아덴만 부근에 해외 기지를 확보했지만 아직까지는 미국의 힘이 워낙 압도적이라 제1도련선을 뚫는 것도 불가능한 상태입니다. 하지만 미국을 밀어내려는 중국과 자유로운 항해를 강조하는 미국의 힘겨루기는 시작에 불과하며, 앞으로 더욱 치열하게 전개될 전망입니다. 중국은 대서양 연안인 아프리카 적도기니에 해군기지 건설을 추진 중입니다. 극초음속 미사일에서 발사되는 무기 개발을 확대하면서 미국의 미사일 방어망을 뚫고 공격할 수 있는 전력도 키우고 있습니다. 아마도 중국은 인도양까지 영향력을 넓히려고 항구를 계속 확보해 나갈 것이고, 그로 인해 인도와의 갈등도 증폭될 것입니다.

중국은 어떤
미래를 꿈꾸는가?

근대에 들어 중국은 일찌감치 산업화에
성공한 서구 열강들의 침략에 시달렸습니다. 아편전쟁을 시작으로
물밀듯이 밀려오는 서양 세력의 공격에 당시 청나라 조정은 속수무
책이었죠. 잇따른 패전으로 한때 세계의 중심이라는 자부심은 땅에
떨어지고 맙니다. 이후 새로운 국가에 대한 염원 속에 탄생한 것이
바로 쑨원이 세운 중화민국이죠.

중국의 외교는
어떻게 변화해왔나?

쑨원이 사망한 후 장제스의 국민당과 마오쩌둥
이 이끄는 공산당은 20년간 내전을 벌입니다. 결국 공산당이 승리하

며 1949년 중화인민공화국이 탄생합니다. 중국은 1950~1960년대에는 소련과 동맹을 맺고 미일동맹에 대항했는데, 소련의 지원을 받으려 무리하게 한국전쟁에 참여해 수많은 사상자를 내기도 했죠.

스탈린 사망 후 소련은 스탈린을 비판하며 미국과 평화 공존을 모색하기도 했습니다. 이 일로 중국은 소련과 노선갈등을 벌였고, 국경분쟁까지 겹치며 1970년대에는 결국 적대국인 미국과 손을 잡습니다. 소련이 1968년 체코슬로바키아 침공을 정당화하자, 중국은 소련의 공격을 걱정하던 차였습니다. 당시 미국은 베트남전의 패배로 위기에 몰려 있었고, 소련과 중국의 연합만큼은 무슨 수를 써서라도 막아야 했죠. 서로 이해관계가 맞아떨어지며 미국은 소련의 팽창을 우려하는 중국을 자기편으로 끌어들입니다.

1980년대에는 소련의 아프가니스탄 침공으로 미소 갈등이 심화된 한편 미국과 일본의 동맹은 강화되었죠. 미국을 믿기 어려워진 중국은 소련과의 분쟁이 중국 경제에 좋지 않다는 판단하에 소련과 다시 관계를 개선합니다. 하지만 1990년대에 소련이 무너지면서 미국은 세계의 패권국가가 되죠. 너무나 막강해진 미국을 견제하기 위해 러시아와 중국은 서로 협력합니다.

소련 붕괴 후 본래 소련에 대한 집단안전 보장이라는 목적이 무색하게 NATO가 동유럽으로 확장됩니다. 중국은 미국과 일본이 동맹을 통해서 자신들을 포위해오는 것에 위기를 느끼고 적대국이던 베트남, 라오스, 한국과도 비로소 국교를 맺습니다. 이때부터 교류가 비약적으로 증가하며 중국은 우리나라를 비롯해 동남아국가들의 가장 중요한 교역국이 되었죠.

중국은 1991년에 아시아태평양경제협력체(APEC)에, 2001년에 WTO에 가입하는 등 국제기구에서 활약하기 시작합니다. 경제 위상이 높아질수록 저개발국가 원조를 확대했고, 나아가 미국처럼 영향력을 키우기 위해 아시아은행(AIIB)을 창설하고 상하이협력기구를 통해 러시아와 중앙아시아까지 경제적 협력 범위를 넓혀갔죠. 이제 세계 곳곳에 공자학원을 세우고 중국어방송을 확대하는 등 중국의 우수성을 널리 알리기 위해 노력하고 있습니다.

세계에 우뚝 선 중국의 과학과 군사력

1992년 소련 해체 후 덩샤오핑은 국제관계 전략으로 도광양회(韜光養晦)를 내세우고, 2004년에는 유소작위(有所作爲)를 제시합니다. 도광양회란 "재능을 감추고 때를 기다린다."는 뜻이며, 유소작위는 "하고 싶은 일을 한다."는 뜻입니다. 덩샤오핑은 미국과의 직접적인 대결은 앞으로 100년간 피하라고 말했죠.

하지만 중국이 빠르게 성장하며 세계 2위의 대국이 되자 시진핑 주석은 도광양회를 버리고 분발작위(奮發作爲)를 내세웁니다. 즉 "떨쳐 일어나 해야 할 일을 한다."는 뜻이죠. 중국 내에서는 시진핑이 도광양회를 버리는 바람에 미국과 무역전쟁이 일어난 게 아니냐는 일부 비난의 목소리도 있습니다. 하지만 미국은 위험한 경쟁상대는 예외 없이 무너뜨려온 패권국인 만큼 어차피 피할 수 없는 싸움이라는 것이 대체적인 평가입니다.

중국은 자국의 과학기술 신장을 위해 중국 시장에 들어오려는 외국 기업에 기술이전 조건을 내걸었습니다. 그리고 스마트폰처럼 기술 수준이 높아지면 중국 시장은 화웨이, 샤오미와 같은 자국기업으로 교체됐죠. 거대한 내수시장을 바탕으로 성장한 중국 기업들은 세계의 중저가 시장을 휩쓸었고, 이제 임금이 상승하자 고부가가치인 첨단제품 시장까지 넘보고 있습니다.

무기생산 기술도 이미 무시하기 어려운 수준입니다. 그 계기가 된 것이 바로 2008년 세계 금융위기죠. 당시 미국과 서방의 중소형 방위산업체들이 도산 위기에 처하자 중국 투자회사들이 이들을 인수하면서 방위산업이 급성장합니다. 중국 방위산업체는 정부의 지원으로 당이 운영하므로 이윤이 적어도 싼값에 수출하는데, 파키스탄이나 베네수엘라 등 미국과 관계가 껄끄러운 국가들에 중국산 장비와 무기가 유입되고 있죠. 그러자 미국은 자칫하면 중국에게 군사 패권을 뺏길 수 있다는 위기감을 느끼며 중국을 직접 견제하기 시작했습니다. 우선 서방의 첨단 과학기술과 부품생산 기술을 빼가지 못하도록 노력하고 있죠.

선진국의 첨단 기술을 가져오기가 점점 더 어려워진 상황에서 중국의 과학기술이 계속 향상되려면 무엇이 필요할까요? 기술 패권을 차지하려면 먼저 미국이 그랬던 것처럼 전 세계의 뛰어난 인재들을 끌어들일 만큼 매력적인 이민자 사회여야 합니다. 하지만 중국은 여전히 부패가 심각하고, 심지어 해외 유학을 마친 중국의 인재들조차 귀국을 망설이며 외국에 남고 싶어 하는 실정입니다. 미국의 견제가 심해질수록 중국공산당은 사상교육을 강화하는 한편, 금융과 민간 기업 등 모든 분야를 더욱 강하게 통제하고 있습니다. 이러한 조치로 인해 외국 기업과 자본도 중국을 떠나고 있죠.

만주와
한반도의 지정학

장기적으로는 중국은 아편전쟁 후 러시아에 빼앗긴 외만주 지역의 지배권을 회복하려 할 것입니다. 중국이 흔들리던 시기에 아이훈조약(1858년)과 베이징조약(1860년)으로 오호츠크해와 동해로 가는 길이 차단되었습니다. 하지만 연해주를 비롯한 극동지역에서 러시아의 힘이 소련 시절보다 약해졌고, 게다가 러시아는 대도시를 제외한 전 지역의 인구가 감소하고 있습니다.

특히 러시아 극동지역의 인구는 600만 명 아래로 계속 줄고 있죠. 일자리, 의료, 교육, 문화여건 등이 열악하기 때문입니다. 이미 많은 중국인들이 이곳을 오가며 교류 중이고, 심지어 불법체류 중국인들까지 늘면서 일자리를 차지하고 있습니다. 더구나 중국은 배후지인 헤이룽장(흑룡강)성, 지린(길림)성, 랴오닝(요령)성 등 동북 3

성에만 무려 1억 가까운 인구가 살고 있죠.

중국이 공산화된 후 북한의 김일성은 1950년 러시아의 승인하에 한반도를 차지하려는 전쟁을 벌입니다. 한국전쟁이 일어난거죠. 당시 미국이 그은 방위선(애치슨선)은 우리나라가 포함되지 않은 일본까지였기에 미국이 적극 개입하지 않을 것이라는 계산도 있었을 것입니다. 하지만 예상과 달리 미국은 소련의 공산주의 세력을 견제하기 위해 적극 개입합니다.

중국에게 북한은 국공내전 때 군대와 무기를 지원한 혈맹입니다. 북한군이 압록강까지 밀리며 수세에 몰리자 마오쩌둥은 60만 대군을 보내주었죠. 중국 입장에서 북한은 요동과의 접경지역이자 해양 세력인 미국의 영향력을 막아주는 완충지역입니다. 결국 이 전쟁은 한반도를 황폐화시키고, 수많은 희생자들만 낸 채 휴전으로 마무리 되었습니다.

중국, 러시아와 국경을 마주한 북한은 해방 이후 중국의 위성국이 되지 않고 등거리 외교를 통해 균형을 잡습니다. 그런데 1990년대에 소련이 무너지자 의지할 곳은 중국뿐이었죠. 하지만 중국의 힘이 갈수록 너무 강력해지자 북한은 역으로 중국의 팽창주의를 우려해 미국과의 협력도 모색하고 있습니다. 김정일 때부터 핵을 개발하고 대륙간 탄도미사일까지 개발한 것도 미국과의 협상 카드를 만들려는 의도로 해석하는 견해도 있으니까요.

이렇듯 중국이 막강해진 상황에서 만약 극동지역이 중국의 땅이라면 아마 서해와 동해는 중국 어선과 해군들의 앞마당이 되었을 것입니다. 중국 동북지방에서 바다로 나가려면 황해까지 돌아서 가야 하므로 중국은 몽골과 중국 북부를 연결하고 동해로 진출하기 위해서 북한의 나진시와 교통로를 개설했죠. 만약 향후 북한에 대한 경제제재가 풀린다면 두만강 하류지역은 중국과 러시아가 만나는 국제항으로 크게 성장할 가능성이 있습니다. 러시아 또한 한국과 일본을 극동 개발에 참여시키고 천연가스를 공급하면서 이 지역의 인구를 늘리고 동아시아에 대한 영향력도 키우고 싶어 합니다. 따라서 러시아는 남북관계가 안정되어 한반도를 통과하는 가스관과 철도사업이 진척되기를 기대하고 있죠.

중국 밖으로
생활공간을 넓혀라!

중국은 지리적으로 사막이 전 국토의 3분의 1을 차지하며, 토양유실이 심한 지역도 3분의 1 이상입니다. 게다가 급속한 경제발전 과정에서 농경지는 계속 줄어들었고, 환경 파괴도 심각한 수준입니다. 중국은 물론 우리까지 괴롭히는 중국발 미세먼지도 단기간에 급속히 발전하며 생긴 문제이죠.

인구가 밀집한 중부 황허강 유역부터 동남 연해, 양쯔강 유역만으로는 더 이상 거대한 중국 인구를 먹여 살리기에 역부족입니다. 물 수요가 급증하며 황허강은 점차 말라가고 있고, 하천과 대기오

염도 심각한 상태죠.

특히 갈 길이 바쁜 중국에게 안정적인 에너지의 확보는 지상과제입니다. 우선 대내적으로는 대기오염을 막고 대량의 전기를 생산하는 방법으로 태양력, 풍력, 수력발전과 원자력발전을 육성하고 있습니다. 특히 해안을 따라 100기 이상 원전을 건설할 계획을 추진하고 있습니다. 심지어 서해에 해상 원전을 추진 중입니다. 이는 가장 가까운 우리나라의 안전도 위협받을 수 있는 중요한 문제입니다. 그리고 대외적으로는 아프리카, 중앙아시아, 중동 지역으로 투자와 협력을 늘리고 있죠. 또한 인구를 늘릴 수 있는 동북지역에 역량을 집중할 가능성이 매우 높습니다. 물론 쉬운 일은 아닙니다. 동북3성은 중국에서 전통적 중화학공업 지역이지만, 자원 고갈과 구조조정, 북한과의 교류 감소 등으로 인해 어려움을 겪고 있습니다. 게다가 겨울이 길고 매우 추운 지역이라 주민들이 따뜻하고 경제가 발전한 남부 연해지역으로 계속 이주하면서 인구가 줄고 있죠. 그렇지만 장기적으로는 청나라 때 러시아에 빼앗긴 극동지역으로 세력을 계속 넓혀갈 것입니다.

중국은 역사적으로 러시아의 지배를 받아온 중앙아시아에 대규모 투자를 하면서 자국의 영향력을 키워가고 있습니다. 러시아는 군사력이 강하지만 중앙아시아 기반시설에 투자할 만한 여력은 없기 때문에 이미 카자흐스탄과 우즈베키스탄은 중국과 경제적으로 더욱 밀접해지고 있죠. 물론 중국이 중앙아시아에 건설할 거대한 도로와 철도는 지역 주민들에게도 도움이 될 것입니다. 하지만 이런 사업의 궁극적인 목표는 결국 중국의 생활권 확보입니다. 중국으로서는 카자흐스탄처럼 땅은 넓은데 인구밀도가 낮고 자원이 풍부한 지역을 결코 놓칠 수 없으니까요. 중앙아시아는 중국 생산물량을 수출하는 한편 자원을 확보할 곳이기도 합니다. 중국은 러시아와 벨라루스에도 신실크로드 사업을 제안했습니다. 러시아는 미국의 지정학적 봉쇄를 뚫기 위해 중국에 협력하는 모양새이지만, 한편으론 중국의 일대일로 사업을 경계하고 있죠.

현대의 중국은 대륙은 물론 해양 세력으로도 급성장했습니다. 앞으로 중국이 동중국해, 남중국해를 지배하고 인도양을 장악한다면 어떤 일이 벌어질까요? 아마 태평양과 대서양의 지배자인 미국과 거의 대등한 해양 세력을 이룰 것입니다. 그렇기 때문에 미국은 중국을 견제하기 위해 오바마 대통령 때부터 중동의 군사력을 아시아로 돌려 아시아에 60%의 군대를 주둔하는 아시아우선정책을 내세웠던 거죠.

미국은 그동안 IS, 시리아, 이란, 이스라엘 문제 등이 산적해 있어 전력을 집중하기가 쉽지 않았죠. 하지만 이제 미국은 중동의 군사력을 철수하고 힘을 모아 인도-태평양 전략으로 대응하려 합니다. 경제력이 급성장하는 인도를 중심에 놓고 일본, 오스트레일리아와 함께 봉쇄선을 강화하겠다는 전략이죠(131쪽 그림 참조). 아직은 미국의 해군력이 중국을 압도하지만, 동남아 해양에 집중하고 있는 중국 해군력의 성장세가 만만치 않은 만큼 미국에게는 큰 도전이 되고 있습니다.

앞으로 육상으로 자유로운 에너지와 물자 수송이 가능해지고 아시아의 바다마저 통제하게 되면 중국은 미국의 압력에서 거의 자유로워질 것입니다. 아마 그때가 되면 중국은 우리나라와 동남아국가들에 대해 미중 사이에서 노골적으로 선택을 강요할 것입니다. 예컨대 2016년, 우리나라에 사드(THAAD · 고고도미사일방어체계) 배치를 결정하자 중국은 우리에게 각종 보복 조치를 시행하기도 했죠. 사드 배치를 막고자 중국은 경제 보복을 포함해 다양한 방법으로 우리나라를 압박했고, 이로 인해 한국에서는 중국을 믿기 어렵다는 분위기가 한층 강해졌습니다.

현재 우리는 미국산 셰일가스와 셰일원유 수입을 대폭 늘리고 있습니다. 하지만 중국이 기존의 에너지 수입 항로마저 장악하고 우리를 압박해온다면 아마도 중국의 지배력을 벗어나기란 어려울 것입니다. 중국의 위협이 커지면서 중국 주변의 타이완해협, 동국중해, 남중국해에서의 긴장감도 높아지고 있습니다. 이에 대해 일본, 한국, 오스트레일리아 등 미국의 동맹국들이 군사력을 늘려 대응하면서 미국이 주도하는 중국 포위망도 한층 강해지고 있습니다.

일본은 우리와 한자, 불교, 유교 등 공유하는 문화도 많지만, 역사 문제와 독도 영유권 주장 등 아직 갈등하는 영역이 많죠. 1980년대 말만 해도 일본이 곧 미국을 능가할 거라는 전망이 있었습니다. 당시 도쿄를 다 팔면 미국을 살 수 있다고 할 만큼 부동산 가격이 엄청났죠. 일반인들도 돈이 넘쳐나 해외여행과 명품 쇼핑을 즐겼고, 일본의 가전제품과 첨단제품은 세계시장을 주름잡았습니다. 그러나 1990년대부터 거품경제가 무너지면서 일본은 아직도 불황의 늪에서 벗어나지 못하고 있습니다.

일본이 주춤한 사이 급성장한 중국의 경제규모는 이제 일본보다 3배 정도 커졌고, 이전처럼 중국을 무시할 수 없게 되었죠. 우리나라도 인구 규모에서만 밀릴 뿐 실질소득에서 일본을 능가할 정도로 성장했습니다. 이에 초조해진 일본은 한국경제를 견제하려고 성급히 무역제재를 가하기도 했죠. 우리나라가 일본 대중문화를 개방하기 시작한 1998년만 해도 일본문화에 압도당할까 걱정하는 목소리가 높았죠. 개방과 함께 우리나라의 청소년들은 일본의 대중가요, 만화, 애니메이션, 게임 등을 본격적으로 즐겼지만, 우려한 일은 일어나지 않았습니다. 오히려 한국의 대중가요, 웹툰, 드라마 등의 K-콘텐츠들이 일본의 대중문화를 넘어 세계에서도 주목받고 있죠. 앞으로 두 나라의 문화에 서로 친근한 젊은 세대가 성장하고 우리의 세계적 위상이 더 올라가 일본과의 관계도 개선되길 바라며, 우리에겐 가깝고도 먼 나라, 일본에 대해 좀 더 알아봅시다.

CHAPTER 04

가깝고도 먼 나라 일본

부활을 꿈꾸는
해양강국 일본

해양강국이 된 섬나라
일본의 지리적 특성

    '일본' 하면 섬나라, 화산, 온천, 지진 등의 지리적 특성이 떠오를 것입니다. 아마 '일본열도(日本列島)'라는 말을 들어보았을 텐데, 열도란 "길게 줄지은 모양으로 늘어선 여러 개의 섬"을 말합니다.

험준한 지형과
끊이지 않는 자연재해

    일본은 본토인 홋카이도(北海道), 혼슈(本州), 시코쿠(四國), 규슈(九州)의 4개 섬 말고도 북방 영토의 여러 섬, 오가사와라(小笠原)제도, 난세이(南西)제도 등 6,852개의 수많은 섬으로 이루어진 나라이며, 각 지형은 대체로 높고 험준합니다.

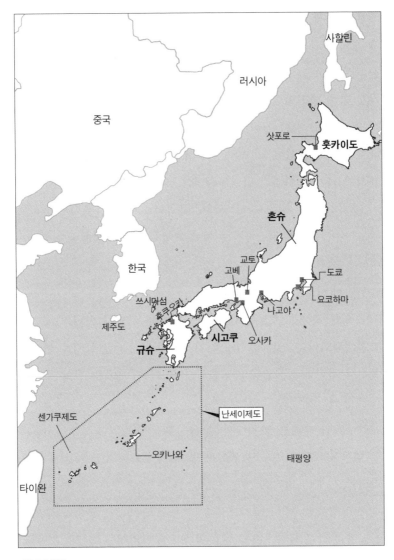

섬나라 일본

일본은 홋카이도, 혼슈, 시코쿠, 규슈의 4개 큰 섬과 그 주변으로 무수히 많은 작은 섬들이 마치 활모양으로 펼쳐진 열도입니다.

일본은 전체 국토의 70%가 산지입니다. 혼슈의 중부지방을 지나는 세 개의 산맥에는 3,000m를 넘는 산들이 21개나 있죠. 이처럼 험준한 지형으로 인해 지역 간 이동이 어려울 뿐만 아니라, 겨울에 눈이라도 많이 내리면 고립되는 지역도 있습니다. 또 여러 섬으로 나뉘어 있는 데다 강의 길이도 짧아서 넓은 지역을 수운으로 연결하기에도 여의치 않았죠. 이러한 지리적 특성으로 인해 일본은 중앙집권적인 국가를 이루기 어려웠습니다. 사람들이 살 만한 비옥한 땅이 넓지 않고 큰 평야도 몇 군데에 불과하다 보니 산줄기를 사이에 두고 지역의 세력들이 각각의 영지를 지배하는 봉건제가 오랫동안 이어졌습니다. 오랜 시간 각 지역이 각자 경지를 넓히고, 군사력을 키우면서 서로 경쟁하며 살아갔죠.

또 일본 하면 떠오르는 대표적인 지리적 특징 중 하나가 극심한 자연재해입니다. 일본은 4개의 지각판이 만나는 불안정한 위치에 있어서 지진과 화산활동이 심합니다. 무려 전 세계 지진의 약 20%가 일본에서 발생하고 있으니까요.

비극적인 재해는 늘 심각한 후유증을 남겼습니다. 20세기에 가장 심각한 지진은 1923년 간토(관동) 대지진으로 도쿄 도심부가 붕괴되었고, 30만 가옥이 사라졌으며, 14만 명 이상의 사망자와 실종자가 발생했죠. 물이 끊기고 혼란한 상황 속에서 일본인들은 조선인들이 방화와 폭탄테러를 하고 있다는 유언비어를 퍼트렸고, 이로 인해 수많은 재일동포가 학살되기도 했습니다.

2011년에는 동일본대지진이 발생했죠. 이로 인해 지진, 대형 쓰

나미, 후쿠시마 원전폭발, 방사능물질과 오염수 방출 등 대재앙이 일어났습니다. 40만 채 이상의 건물이 파괴되었고, 2만 명에 가까운 사망자와 실종자가 발생하는 등 크나큰 상처를 남겼죠. 일본 정치인들은 후쿠시마가 회복되었다며 주민들을 돌아오게 했지만, 아마 앞으로 수십 년이 지나도 원전 처리와 방사능 오염수 문제는 완전히 해결되기 어려울 것입니다.

섬나라인 일본은 바다로 둘러싸여 있어서 장마와 태풍, 계절풍의 영향도 크고, 풍수해가 심합니다. 집중호우 때는 산사태도 자주 발생하죠. 험한 지형으로 인해 대기는 불안정하기 쉽고, 돌풍과 우박 등의 기상재해도 잦습니다.

하지만 이러한 기상재해는 때론 일본에 득이 되기도 했습니다. 일본제국 시대에 제1대 천황 이래로 외국과의 전쟁에서 패배해본 적이 없다고 말할 때 꼭 언급되는 사건들이 있습니다. 원나라의 쿠빌라이 칸이 고려와 함께 13세기에 두 차례나 원정대를 일본에 보냈으나 태풍으로 인해 실패로 돌아간 거죠. 또 제2차 세계대전 때 사람이 탄 채 비행기를 몰고 자살 공격을 한 일본군 특공대를 '신의 바람'이라는 뜻의 가미가제(神風) 특공대로 불렀던 것도 바로 이 태풍에서 유래한 말입니다.

아무래도 자연재해로 인한 장점보다는 단점이 훨씬 더 많죠. 특히 현대에도 지속되는 잦은 자연재해는 일본이 첨단 정보화 사회로 나아가는 데 걸림돌이 되고 있습니다. 예컨대 심각한 자연재해가 워낙 빈번하게 일어나다 보니, 이로 인해 전산망이 마비되는 경우가 흔한 편입니다. 이런 때는 전자결제나 신용카드 승인도 종종 먹통이 될 수 있어 일본인들은 지금도 현금을 많이 사용하고 있죠. 우리나라에 비해 일본은 정보화가 더디다 보니 전염병 유행 등 위기 상황에서의 대응 속도가 느려 코로나19 대유행 초반에는 특히 더 어려움을 겪어야 했습니다. 더욱이 2020년 개최 예정이었으나, 코로나19 대유행으로 연기되어 2021년에 열린 도쿄올림픽도 관중 없이 진행되는 등 여러 악재까지 겹치며, 일본의 국제적 위상은 더 약해지고 경제적 부담마저 가중되었죠.

오랜 세월 자연재해를 겪으며 살다 보니 일본은 재난대비나 대피 훈련이 가장 잘 된 나라인데, 최근에는 정부 재정 적자가 커지면서 예전보다 피해복구가 늦어지고 있다고 합니다. 또 한때 일본의 고성장 시대를 이끌던 단카이세대(團塊世代)[1]가 은퇴하면서 본격적으로 고령화된 것 또한 경제 전망을 어둡게 합니다.

너무 오랫동안 이어진 저성장으로 침체의 늪에서 좀처럼 헤어나지 못하고 있는 일본은 최근 더욱 보수화되고 있고, 우익 세력이 더욱 강해지고 있으며, 경제 또한 활기를 잃어가고 있습니다. 역사 문제와 무역제재 등의 문제로 우리나라와의 관계도 그리 좋지 않죠. 하지만 일본은 자신들의 지정학적 강점을 살려 한때 세계 2위의 경제대국이었고, 지금도 주변 강대국과의 연대로 끊임없이 재도약의 기회를 모색하고 있습니다.

....
1. 제2차 세계대전 이후 1947년에서 1949년 사이에 출산율이 폭발하면서 태어난 베이비붐 세대. 바로 이들이 1970년대와 1980년대 일본의 고도성장을 이끌어낸 주역이다.

일본은 어떻게
해양강국이 되었나?

일본은 홋카이도(북해도), 혼슈, 시코쿠, 규슈 등 네 개의 큰 섬과 주변의 작은 섬들이 수천 킬로미터 이상 활모양으로 펼쳐져 있습니다. 하지만 전체 인구의 80%는 혼슈에 집중되어 있죠. 도쿄 남쪽으로는 이즈제도, 더 아래에는 오가사와라제도가 있고, 남서쪽으로는 오키나와가 있는 난세이제도가 타이완 가까이에 있습니다. 중국이 태평양으로 진출하려면 난세이제도에 자리한 미군과 일본군의 방어선을 통과해야 하죠.

한편 북쪽의 홋카이도는 러시아 땅인 쿠릴열도, 사할린 섬과 마주하고 있습니다. 미국의 입장에서 일본은 러시아와 중국이 태평양으로 뻗어 나오는 것을 견제하고 막아내기에 알맞은 지정학적 요충지입니다. 실제로 일본은 미국의 인도-태평양 정책에서 빼놓을 수 없는 협의체인 쿼드(Quad)의 4개국(미국·인도·일본·오스트레일리아) 중 하나입니다.

일본은 대륙과 떨어진 섬나라입니다. 과거 일본은 한반도와 대륙에서 선진 문물을 받아들이고 교역하는 한편, 섬이라는 지리적 특성을 살려 다른 나라와 일정한 거리를 두고 독자적인 세계에서 살아왔습니다. 섬나라 영국이 유럽대륙의 분쟁에서 비교적 자유로울 수 있었던 것처럼 일본 또한 오랜 시간 대륙 세력의 침략을 거의 받지 않았죠. 대륙과 해양 세력 사이에 끼어 늘 부침이 끊이지 않았던 우리나라와는 대조적입니다.

일본은 이런 지정학적 특성으로 인해 바다를 통해 세계정세의 변화를 잘 파악하고, 주변의 강한 세력에 대항하기 위해 영국과 미국처럼 해양 강대국들과 일찍부터 동맹을 맺었습니다. 서구의 문물을 빨리 받아들이면서 강력한 해양 세력으로 성장하자 일본인들은 자신들이 아시아를 벗어나 서구의 일부가 된 특별한 나라라고 생각했죠.

일본은 태평양에도 넓게 분포하는 섬들로 인해 엄청난 영해와 배타적 경제수역[2]을 차지하고 있습니다. 일본 영역 밖의 무인도를 자국 영토로 편입하기도 했죠. 우리나라와 오랜 시간 독도 영유권을 두고 갈등하는 주요 이유도 배타적 경제수역과 무관하지 않습니다. 또한 독도는 군사적 가치도 높기 때문에 집요하게 차지하려고 하고 있죠.

일찍부터 일본은 바다의 중요성을 알고 영토를 넓히며 세계와 교류하였고, 교역로를 지키기 위해 오늘날에도 막강한 해군력을 갖추고 있습니다.

---

2. 유엔 국제해양법상의 수역. 자국 연안에서 200해리까지의 모든 자원에 대해 독점적 권리를 행사할 수 있다.

근대 일본의 탄생,
전국시대에서 메이지유신

일본은 19세기 말과 20세기 초, 청나라와 러시아와의 전쟁에서 연이어 승리하며 본격적인 제국주의 야망을 드러냅니다. 하지만 그전까지 일본은 오랜 시간 세계사에서 딱히 존재감을 드러내지 못했습니다. 섬나라라는 지리적 특성 탓에 외부의 침략에서도 안전한 편이었죠. 메이지유신으로 조선이나 중국보다 빨리 근대화에 성공했지만, 꽤 오래 폐쇄적인 세월을 보냈습니다.

전국시대를 통일한
도요토미 히데요시

15세기 말부터 서양 여러 나라는 신항로를 개척하고 앞다투어 식민지 쟁탈전을 벌였습니다. 그중 포르투갈은 마카오를 차지하고 중국과 무역을 하였는데, 중국(명나라)은 은을 화폐로 사용하고 있었죠. 당시 일본은 세계 최고의 은 생산국이었기에 포르투갈은 일본과도 거래하기 시작합니다.

15~16세기의 일본은 다이묘(영주)[3]들이 패권을 놓고 서로 전쟁을 벌이던 전국시대(1467~1590)였습니다. 이러한 전쟁에서 우위를 차지하려면 서양의 총 같은 신식 무기가 필요했죠. 조총[4]을 수입하기 위해 다이묘들은 포르투갈이 원하는 대로 성당을 세우고 천주교(가톨릭)의 전파를 허용합니다. 이렇게 일본으로 들어온 천주교는 빈민부터 점차 여러 계층으로 퍼져 나갔습니다. 다이묘가 천주교로 개종하면 그 지역의 백성들도 따라서 개종하였기에 곳곳에 거대한 천주교 세력이 형성됩니다. 이 무렵 전국시대의 최강자로 불렸던 오다 노부나가(1534~1582)도 천주교를 허용했습니다. 그는 막강한 조총 부대를 운용하면서 경쟁자들을 제압하고, 전국 통일의 기반을 마련했죠. 하지만 통일을 거의 눈앞에 두고, 부하의 배신으로 죽음을 맞게 됩니다.

임진왜란 때 우리나라를 침략한 도요토미 히데요시(1536~1598)는 오다 노부나가의 신하였습니다. 노부나가가 사망한 후에 그는 배신자를 바로 처단하고, 100년간 분열되었던 일본의 전국시대를 통

....
3. 다이묘는 영지인 번(藩)을 다스리는 지방의 영주를 뜻한다.
4. 노끈에 불을 붙여 탄환을 발사하는 총을 '화승총'이라고도 부른다. 조총(鳥銃)은 하늘을 나는 새도 잡는다는 뜻으로 처음 도입된 중국 명나라에서 붙인 이름이다. 일본에서는 철포(鉄砲)라 불렸다. 16~19세기에 중국, 일본, 조선으로 넓게 퍼져 사용되었다.

일합니다. 통일 후 민란 발생을 우려한 그는 농민 소유의 조총을 몰수해버렸고, 사무라이(무사)와 농민 계급을 확실하게 구별지었습니다. 왜냐하면 사무라이의 입장에서는 제대로 훈련받지 않은 농민도 총만 있으면 얼마든지 무사를 죽일 수 있다는 게 큰 불만이었기 때문이죠.

도요토미 히데요시는 나가사키에서 포르투갈 선교사와 천주교 신도들이 교류하면서 중앙정부와 상관없이 조총이 계속 수입되는 것에 놀랍니다. 어렵게 통일을 이루었는데, 조총을 통해 또다시 각자 군사력을 키운 다이묘들이 내전을 일으킬 수도 있으니까요. 이에 '바테렌 추방령(1578년)'을 내려 일본에서 모든 선교사들을 몰아내고 선교를 제한하지만, 이미 일본 내에 천주교 세력이 너무 커져버렸기 때문에 천주교를 완전히 탄압하지는 못했죠. 하지만 도요토미 히데요시는 패전한 다이묘들의 군대를 정리하는 한편, 중앙정부의 힘을 한층 강력하게 키워야 했습니다. 그래서 내부 결집을 도모하기 위해 선택한 것이 외국 침략이었죠.

히데요시는 예수회 신부를 만나서 조선과 명나라를 정복하여 성당을 세우도록 도와줄 테니 포르투갈 선박 2척을 지원해 달라고 요청하기도 했습니다. 당시 예수회 신부들은 규슈의 천주교 다이묘들과 합동작전을 제안하기도 했죠. 도요토미 히데요시는 전쟁의 승리를 확신했기에 아끼는 다이묘들을 출병시켰습니다. 또한 임진왜란의 선봉장인 고니시 유키나가를 비롯해 천주교 세력들을 전쟁터로 보내버렸습니다.

도쿠가와 이에야스와
에도 막부시대

도쿠가와 이에야스(1542~1616)는 오다 노부나가와 사돈관계로, 종교폭동을 진압하는 등의 공을 세우며 힘을 키웠습니다. 훗날 신하의 예를 취하기는 했지만, 오다 노부나가 사망 후 도요토미 히데요시와 일시적으로 대립하기도 했죠. 도요토미 히데요시는 자신에게 순순히 복종하지 않고 맞섰던 도쿠가와 이에야스를 못마땅해하며 견제했습니다. 임진왜란에서 도쿠가와를 제외한 것도 전쟁에서 공을 세우지 못하게 하려는 의도였죠. 도쿠가와가 다스리던 영지를 빼앗고, 낙후된 관동(간토)지방인 에도(지금의 도쿄)로 쫓아버립니다.

권력의 중심에서 변두리로 밀려난 도쿠가와 이에야스는 조용히 힘을 기릅니다. 지금이야 도쿄가 일본의 중심이지만, 당시만 해도 산비탈에 억새풀만 가득하고 바닷가 저지대는 갈대가 무성한 황무지에 불과했죠. 이에야스는 황무지를 개간하고 제방을 쌓아 물길을 정리했습니다. 또 주변 습지를 메우는 등의 간척과 농지 개발을 통해 일본에서 가장 넓고 비옥한 간토평야(관동평야)를 만드는 등 에도에는 점차 살기 좋은 땅이 늘어났죠. 어느새 에도는 전국에서 가장 부유한 지역이 되었습니다. 상수도를 정비하여 먼 산에서 물을 끌어와 제공하면서 물 부족 문제도 해결했죠. 기름진 땅이 늘어나면서 쌀 생산량이 늘자, 자연히 사람들이 모여들었습니다. 에도는 수상교통을 비롯해 사회기반시설을 두루 갖춘 신도시로 성장하게 됩니다. 기존 상인의 텃세도 없었기에 상업도 활발해졌죠.

당시 일본에서 쌀은 화폐였습니다. 다이묘는 자신의 관할 지역에서 생산되는 쌀만큼 사무라이를 거느릴 수 있었죠. 일본에서 힘 있는 다이묘의 관할 지역 내 연간 쌀 생산량은 50만 석에서 150만석 정도였는데, 에도 지역은 쌀 생산량이 133만 석 정도였습니다. 또한 유명한 금·은 광산도 많아서 막강한 경제력과 군사력을 함께 갖춰갔습니다. 1721년 무렵에는 에도의 인구가 100만에 달할 정도로 세계적인 거대도시로 성장했죠.

도쿠가와 이에야스가 차근차근 힘을 키우는 동안, 임진왜란에 실패한 도요토미 히데요시는 어린 아들을 남긴 채 1598년에 병으로 사망했습니다. 그가 죽은 후 일본은 다시 두 세력으로 분열됩니다. 급기야 도요토미 가문을 따르는 동군과 도쿠가와가 이끄는 서군으로 나뉘어 전쟁을 벌이는데, 이것이 세키가하라전투(1600년)입니다. 이 전쟁에서 도쿠가와 이에야스가 승리하면서 쇼군(장군)에 등극합니다. 쇼군은 메이지유신이 시작되기 전까지 권력 행사의 측면에서 명목상 최고 위치인 일왕(천황)보다 앞서는 실질적 지배자였죠. 쇼군이 된 도쿠가와 이에야스는 당시 수도였던 교토(京都)가 아닌 에도(지금의 도쿄)에서 에도 막부시대를 엽니다. 막부(幕府)는 실질적 최고 지배자인 쇼군을 중심으로 한 군부정권, 무신정권이라 할 수 있습니다. 에도에서 시작해서 에도 막부, 또는 도쿠가와 이름을 따서 도쿠가와 막부라고도 합니다. 1603년에서 1868년까지 260년간 지속되었습니다. 이후 도쿠가와 이에야스는 더 이상 소모적인 전쟁이 일어나지 않도록 노력했습니다. 조선과의 관계도 정상화하면서 교역이 다시 시작되었고, 조선통신사도 다시 일본에 오게 되었죠.

근대화의 기틀을 다진 에도 막부시대

에도 막부는 조총 등 무기 밀수입의 진원지가 되었던 천주교 세력을 철저하게 탄압합니다. 만약 서양 무기가 각 다이묘들에 밀수입되면 또다시 곳곳에서 내란이 일어날 수 있기 때문이었죠. 그래서 지방 다이묘들이 외국과 개별적으로 교역을 할 수 없게 막았습니다. 대신 막부가 직접 네덜란드 동인도회사와 독점 교역을 합니다.

당시 개신교 세력인 네덜란드와 영국이 일본과 무역을 희망했습니다. 에도 막부 입장에서는 네덜란드가 스페인의 식민지 지배와 종교 탄압을 당한 나라이고, 천주교 탄압을 문제 삼지 않아서 더 마음에 들었죠. 오직 무역에만 관심을 두었기에 그만큼 정치적인 부담이 없었던 것입니다. 에도 막부는 나가사키 항구 앞에 인공섬 데지마(出島, 출도)를 만들어 오직 이곳에서만 교역을 허용하고 입항할 때마다 해외 정보를 제출하도록 했습니다. 서양 세력을 견제하는 동시에 필요한 국제 정보도 파악한 거죠.

이후 전국에 금교령(1614년)을 내려 성당을 부수고 천주교 신앙을 버리도록 강요하는 등 철저하게 천주교를 탄압합니다. 끝까지 천주교 신앙을 지키는 자들은 목숨을 잃었고, 개종하지 않는 천주교 다이묘는 선교사들과 함께 필리핀 마닐라로 추방해버렸습니다. 이후에도 천주교 세력은 철저하게 탄압받았습니다.

에도 막부는 다이묘들의 자치권을 보장하는 한편, 세력이 지나치게 커지는 것을 막는 두 가지 제도를 시행합니다. 첫째로 지방의 각 번(다이묘들이 통치하던 행정구역)들은 중앙정부에 세금을 내지는 않지만, 경제 규모에 따라 각종 토목공사에 노동력을 제공해야 했죠. 이를 통해 에도성을 쌓고, 하천과 운하망 정비, 상하수도 건설, 간척사업 등 사회기반시설을 하나둘 늘려갔습니다.

두 번째는 참근교대제인데, 쉽게 말해 다이묘들을 일정 기간 반드시 에도에 머무르게 했다가 다시 영지로 돌아가 업무를 보도록 한 제도입니다. 먼 지방의 다이묘들은 수백 명에 이르는 인원이 정해진 날까지 도착해야 했기 때문에 가는 도중에 도로를 정비하기도 했습니다. 그 결과 도로교통이 발달했죠. 또 이동하는 동안 많은 돈을 쓰면서 소비를 하다 보니 자연히 지방 경제에 활기를 불어넣습니다. 물론 에도에 도착해서 머무는 동안 쓰는 비용도 엄청났기 때문에 에도의 경제도 성장할 수밖에 없었죠. 이러다 보니 반대로 지방의 다이묘들은 항상 돈이 부족할 수밖에 없었습니다. 당연히 반란은 불가능했고 250년간 평화 시기가 이어졌죠. 사무라이도 '번교'라는 학교에서 교육을 받으며 학문을 익히게 됩니다.

하지만 겉으로만 평화로울 뿐, 각 영지의 농민들은 농업 생산량을 늘리기 위해 심하게 착취당해야 했습니다. 각 번들이 서로 경쟁적으로 농업 생산량을 늘리면서 에도 막부시대 초기 1,200만 명이던 일본 인구는 3,000만 명으로 크게 증가합니다. 갈수록 교통이 편리해지고 교류도 활발해지면서 상업이 성장하자 화폐 사용량도 크게 늘어났습니다. 또 관광객의 증가로 지역마다 료칸과 같은 숙박시설이나 다양한 관광상품, 유흥시설도 늘어났습니다. 17세기가 되자 일본은 이미 전 세계를 대상으로 한 무역이 이루어지는 무역강국이 되었습니다. 에도 막부시대는 일본의 교육, 경제적 기반을 다진 시기로 평가됩니다.

미국 흑선사건과 메이지유신

19세기 후반에 일본이 본격적으로 외세에 문호를 개방하고 근대화를 이룬 데는 뭐니 뭐니 해도 미국과 영국의 영향이 컸습니다. 새로운 시장을 활발히 개척하고 있던 미국은 일본의 닫힌 문을 거세게 두드립니다. 1853년 미국의 페리 제독이 이끄는 흑선(검은 배)이 함포를 발사하며 에도 막부에게 통상을 요구한 거죠. 당시 고메이 천황은 개항을 받아들이지 않았으나, 1858년에 막부가 독단적으로 '미일수호통상조약'이라는 불평등 조약을 맺고 개항을 합니다. 서양의 거대한 힘에 굴복한 굴욕적인 외교로 인해 막부의 권위는 땅에 떨어지고 말았죠.

조슈번과 사쓰마번(가고시마번)에서도 서양 세력과 충돌이 있었습니다. 이 지역의 사무라이들은 서구의 강력한 힘을 직접 체감하며, 서구 문물을 받아들이자는 입장으로 돌아섭니다. 변방에 있지만 서양과 밀무역이 활발하던 사쓰마번과 나가사키가 있는 조슈번은 원래 사이가 좋지 않았지만, 사카모토 료마(1836~1867)의 중재로 삿초동맹(1855년)을 맺습니다. 당시 미국은 남북전쟁(1861~1865년)으로 파괴된 도시를 재건할 비용이 필요했습니다. 전쟁 후 남아도는 무기들을 팔아치울 곳을 찾던 미국에게 일본은 더없이 좋은 시장이었죠. 사카모토 료마는 영국 무역상인의 지원을 받아서 서양의 최신식 총과 대포, 영국 전함 등을 수입해서 막부와 보신전쟁(1868~1869)을 벌여 막부를 몰아내는 데 결정적 공을 세웠습니다. 드디어 일본 메이지 왕 때에도 막부가 패배하며 신정부가 탄생합니다.

신정부는 권력을 다시 왕에게 돌려주는 왕정복고를 이루지만, 결국 서양 문물이 필요하다는 것을 인정하고, 적극적으로 서구사회로부터 많은 것을 배우고 받아들였죠. 메이지시대 지도자들은 국가를 개혁하기 위해 노력합니다. 즉 현대식 군대 양성, 법 개편, 사회시설의 현대화, 교육체계 개편, 봉건제도 폐지 등을 통해 강한 국가를 만들고자 했죠. 이것이 바로 메이지유신인데, 메이지 왕 때 낡은 제도를 새롭게 고쳐서 사회를 혁신하고자 한 것입니다.

메이지유신 이후 일본 정계와 조선 침략을 이끌었던 중심 세력은 영국과 관련이 깊습니다. 본격적으로 일본이 해외에 문호를 개방하기 전에 영국은 중국 상하이에서 큰 이익을 내고 있었기에 가까운 일본도 개항하기 위해 인재들을 찾고 있었죠. 이때 조슈번의 젊은 사무라이 다섯 명이 쇄국령을 어기고, 1863년 런던으로 몰래 유학을 떠났습니다. 이들 중에는 일본 초대 수상이자 초대 조선통감에 오른 이토 히로부미(1841~1909) 등 메이지유신을 이끌며 우리나라를 식민지로 만든 주역들이 포함되어 있었죠. 일본은 하급 사무라이이거나 몰락한 실업자들이 개혁의 중심 세력을 이루며, 기존 체제를 과감히 뒤집어엎고 급속한 산업화와 근대화를 이루었습니다.

문호 개방 후 일본은 더 많은 인재들을 서양 선진국으로 보냈고, 만 명에 달하는 각 분야의 외국 전문가들을 초빙해서 빠르게 서양의 문물을 받아들였습니다. 또한 헌법을 제정하여 근대 산업국가의 모습을 갖춰 나갔습니다. 그뿐만 아니라 육군은 독일, 해군은 영국 전문가에게 훈련을 받으며 막강한 군사력도 키웠습니다.

커져버린 제국주의 야망과
일본의 패망

서구 제국주의 국가들이 식민지를 점령했던 방법을 배운 일본은 1876년에 조선과 강화도조약[5]을 맺으면서 조선 침략을 시작했습니다. 1894년 조선에 동학운동이 일어났을 때, 조선 정부는 청나라에 동학군을 막아달라고 부탁했죠. 이에 청나라 군대가 조선에 상륙하자 일본은 이를 빌미로 조선에 쳐들어와 경복궁을 점령하고 청나라와 충돌하면서 청·일 전쟁을 벌여 승리합니다. 이후 '시모노세키조약'을 맺어 조선을 중국으로부터 떼어내고, 타이완을 식민지로 삼았죠. 이 조약은 결과적으로 일본이 조선을 지배할 빌미를 제공합니다.

....
5. 조선과 일본이 강화도에서 체결한 조약으로 군사력을 동원한 일본에 의해 강압적으로 체결된 불평등 조약이다. 주요 내용은 조선의 부산과 원산과 인천 항구의 개항, 일본인에 대한 치외 법권을 인정, 일본의 조선의 연안 측량 허용, 상호 외교사절 파견 및 일본 화폐의 통용과 무관세 무역을 인정 등이다.

강대국과의 잇따른 대결과 승전, 불붙은 제국주의 야망

19세기, 러시아는 동쪽으로 영토를 넓히고 중국으로부터 연해주를 차지한 한편, 부동항(얼지 않는 항구)이 있는 한반도에까지 눈독을 들이고 있었습니다. 이 무렵부터 미국, 영국, 네덜란드 등 세계열강들이 조선에 개항을 거세게 요구하고 있었죠. 청일전쟁 이후 일본의 강한 압박에 시달리고, 명성왕후마저 살해당하자 고종은 러시아와 손을 잡습니다.

당시 세계는 러시아가 남쪽으로 내려오지 못하도록 견제하고 있었습니다. 특히 러시아의 남하정책을 가장 견제한 나라는 영국이었습니다. 이때 영국과 러시아는 '그레이트 게임'[6]을 벌이고 있었죠. 영국은 잠시 조선의 거문도를 점령한 적은 있지만, 아프리카와 인도, 동남아까지 식민지를 넓히느라 동아시아에서 러시아를 감당하기 버거웠습니다. 미국도 남북전쟁이 끝나고 뒷마무리를 하면서 확장된 영토를 정비해야 하는 상황이었죠. 동아시아에서 러시아를 막아줄 세력이 필요했던 미국과 영국은 지정학적으로 러시아를 견제할 위치에 있고 근대화에도 성공한 일본과 손을 잡습니다. 영국은 일본과 두 차례 동맹을 맺고 인도와 한반도의 지배를 서로 인정해줍니다. 일본은 일찌감치 이런 국제정세의 흐름을 꿰뚫고 해군력을

6. 19~20세기 초 영국과 러시아 간에 중앙아시아 내륙의 주도권을 두고 벌인 패권다툼이다.

키워왔던 것입니다. 일본은 영국과 미국의 자금 지원을 받으며 러일전쟁(1904~1905년)에서 승리합니다.

러일전쟁은 산업혁명 이후 황인종이 백인 강대국을 이긴 최초의 사건으로 기록되며 전 세계에 충격을 안겨주었고, 일본은 강대국으로 인정받습니다. 미국은 바로 일본과 가쓰라-태프트밀약(1905년)을 체결하여 미국이 필리핀을 지배하는 것을 인정받는 대신에 일본에게 한반도를 독점할 권리를 승인했죠. 결국 일본은 국제사회의 지지를 받으며 한반도를 지배하게 된 것입니다. 나아가 러일전쟁으로 얻은 뤼순 등의 조차지[7]나 남만주 철도의 경영권을 기반으로 만주 침략을 준비합니다.

거대한 청을 무릎 꿇리고, 세계 최강이라 불리던 러시아마저 물리치자 승리에 도취된 일본은 더더욱 힘을 과시하기 시작했습니다. 1차 세계대전에서 영일동맹을 근거로 독일에 선전포고를 하고, 산둥반도의 칭다오와 남태평양의 섬들을 점령합니다. 1차 세계대전을 조정하기 위해 미국에서 워싱턴 회의(1921~1922년)가 열렸는데, 일본은 승전국으로서 중국에서의 이권을 요구했죠. 하지만 일본의 바람과 달리 서구 세력은 일본에게 산둥반도를 중국에 반환하게 하고, 미국과 영국을 능가하지 못하도록 군함 보유량도 제한합니다. 중국에서 엄청난 이권을 챙겨가던 서구 열강이었기에, 중국을 노리는 일본은 이제 견제의 대상이 된 것입니다.

....
7. 한 나라가 다른 나라로부터 일정 기간 빌려서 통치하는 영토.

경제 수준이 크게 올라가고 민주주의 운동이 확산되면서 일본에서도 전쟁을 멀리하려는 사회 분위기가 무르익은 적이 있습니다. 하지만 1931년 세계대공항이 밀려오자 독일이 그랬듯이 일본도 군국주의[8]의 길로 나아갑니다. 일본의 군부가 전쟁을 주도한 데에는 일본의 불완전한 정치 체제가 원인이라는 분석도 있습니다. 메이지유신 때 천황이 최고의 지위로 복권되었기 때문에 정부에서 천황을 견제하기 어려웠습니다. 입헌군주제인 일본은 수상이 실권을 갖고 있기는 하지만, 천황이 재판관을 임명하고 군대 통수권마저 갖고 있기 때문에 정부의 힘이 속속들이 미치기 어려운 구조였습니다. 이에 군부는 전쟁을 막으려는 여러 정치인과 수상을 암살하기도 했죠. 더구나 메이지유신을 이끈 조슈번의 기병대가 육군의 핵심이었고, 해군은 사쓰마번이 중심이었기에 서로 경쟁하듯 전쟁을 주도해 나갔습니다.

1931년에 일본은 관동군을 중심으로 만주전쟁을 일으키고 만주국을 세웠습니다. 이때까지는 일본의 도발이 신경 쓰이기는 해도 러시아를 견제하는 측면도 있었기 때문에 서구 열강과의 마찰은 그리 심하지 않았습니다. 그러나 머지않아 일본은 대륙국가로 발돋움하려는 오랜 지정학적 야심을 드러냅니다. 1937년 일본은 중일전쟁을 일으키며, 중국의 해안지역과 주요 도시를 공격합니다.

....
8. 국가의 모든 분야에서 전쟁과 전쟁준비를 위해 군사력을 기르는 것을 최우선 목표를 삼는 사상을 말한다.

2차 세계대전과
일본의 진주만 공격

일본이 제국으로 나아가는 데 가장 어려운 점은 역시 자원의 확보였습니다. 당시에 미국은 세계적인 석유 수출국이었는데, 일본도 석유 대부분을 미국에서 수입했죠. 그런데 일본이 중일전쟁을 일으키자 미국은 석유를 비롯해 군수물자 수출을 막아버립니다. 이에 일본은 석유와 원자재 확보 등을 위해 동남아시아를 노리게 되었죠. 특히 미국이 차지한 필리핀이 동남아시아의 길목에 있기 때문에 필리핀을 점령함으로써 미 해군의 진출을 어렵게 만들고자 했습니다.

일본 내에는 미국의 잠재력을 간파하며 맞서기를 반대하던 온건파도 있었습니다. 그들은 경제력 면에서 일본이 미국에 뒤처진다는 걸 잘 알고 있었죠. 하지만 연이은 승전에 도취해 자신감 넘치던 강경파에게는 이러한 반대가 전혀 통하지 않았습니다. 당시 일본은 경제가 성장하고 이미 여러 재벌이 등장했죠. 항공모함과 최고 성능의 젠 전투기를 보유하는 등 군사력도 미국 못지않았습니다.

그러나 일본도 장기전에서는 미국을 이길 수 없다는 걸 알고 있었습니다. 일본은 이미 중국을 비롯해 여러 곳에서 전쟁을 벌이고 있었기에 미국과 전면전을 벌이면 패할 수밖에 없었죠. 그래서 일본은 기습 공격으로 태평양함대의 중심지인 하와이 진주만기지를 파괴하면 미 해군이 큰 타격을 입을 거라고 생각했습니다. 한 2년 정도 미국이 해군력을 회복하는 동안 협상을 통해 최대한 양보를 받아내겠다는 전략을 구상한 거죠. 한편 미국은 설마 일본군이 멀리 떨어진 하와이까지 무모하게 공격하지는 않을 거라고 방심했습니다. 하지만 일본은 선전포고도 없이 항공모함을 이용해 1941년 12월에 진주만을 기습했습니다.

그런데 일본의 예상과 달리 미국의 피해는 생각보다 그리 크지 않았습니다. 항공모함은 마침 다른 곳에 있었고, 석유보관시설도 폭격을 피했기 때문에 미국은 금방 태평양에서 작전을 펼칠 수 있었죠. 미국의 산업생산력은 놀라웠습니다. 그야말로 군함을 찍어내는 수준으로 해군력을 키웠던 거죠. 얼마 후 1942년 6월 5일, 하와이 북서쪽에서 벌어진 미드웨이 해전에서 일본은 미군에 패배합니다. 이로 인해 전쟁의 주도권은 미국으로 넘어갔지만, 일본은 호락호락 항복할 수 없었죠.

전략적 항복을 선택한 일본과 남북으로 갈라진 한반도

미드웨이 해전으로 일본 해군을 궤멸시킨 미국과 연합군은 태평양에 있는 주요 섬들을 점령하면서 일본 주위를 강하게 포위해 들어갔습니다. 특히 치열했던 이오지마전투에서는 미군의 사상자가 일본군보다 많았던 만큼 피해가 매우 컸지만,

진격을 멈추지 않았죠. 미군의 폭격으로 도쿄의 건물들이 거의 사라질 지경이었으나, 일본 군부는 버티기 작전으로 휴전을 끌어내려했습니다. 이미 독일과의 전쟁으로 지쳐버린 서양 국민들이 더 이상 전쟁이 길어지기를 원치 않을 거라고 생각했던 것입니다.

미군이 일본에 상륙하기란 쉽지 않았습니다. 가까운 한반도에 아직 일본군이 버티고 있었고, 일본을 공격하려면 하와이, 오키나와, 필리핀, 이오지마 등에서 출발해야 했지만, 거리가 너무 멀고 상륙선은 가미가제(자살 공격 특공대) 공격에 취약했죠. 그나마 상륙이 가능한 곳도 나가사키와 가고시마 지역이었기 때문에 이미 일본은 만반의 준비를 하고 있었습니다. 미국이 상륙작전을 강행하면 규슈는 점령되겠지만, 수십만 명에 이르는 미군도 함께 희생될 것이기에 일본은 미군이 도쿄까지는 진격하지 못할 것으로 예상했습니다.

결국 미국은 일본에 두 차례의 원자폭탄을 투하합니다. 이로 인해 수많은 민간인 희생자가 속출했고, 희생자 중에는 조선에서 강제로 끌려간 노동자들도 많았죠. 그럼에도 일본은 쉽게 항복하지않았습니다. 사실 일본이 가장 두려워한 것은 독일과 전쟁을 끝낸소련이 만주와 한반도를 넘어 일본으로 쳐들어오는 것이었죠. 미국이라면 천황제를 허락할 수도 있지만, 만약 공산국가인 소련에게점령당하면 일본의 미래가 더 어둡다고 판단한 거죠.

다른 한편으론 패전을 앞둔 일본의 지정학적 전략도 있었습니다. 만약 미국이 단독으로 일본을 점령하면 일본은 다시 일어나지 못할수도 있었습니다. 그래서 일본은 소련을 전쟁에 끌어들일 필요가 있었죠. 일본은 의도적으로 만주와 북한 지역의 일본 군사력을 빼면서 소련에 공격할 틈을 내어주는 한편, 미국이 쉽게 한반도 남부 지역에 들어오지 못하도록 필사적으로 방어했습니다. 그 결과 미국의 예상보다 너무 빠르게 소련군이 한반도 북부까지 내려오게 됩니다. 일본은 소련이 미국과 태평양을 마주하게 되면 미국도 소련을 방어하기 위해 어쩔 수 없이 일본을 키워줄 거라고 계산했던 것입니다. 결국 일본은 미국과 소련 두 나라가 끼어들 때까지 항복을 미루다가, 1945년 8월 15일에 항복을 선언합니다. 이후 우리나라는 광복을 맞이하기는 했지만, 남과 북으로 나뉘어 미국과 소련의 신탁통치를 받게 되었습니다.

일본의 지정학적
전략은 무엇인가?

        2차 세계대전의 패전 후 일본은 전범국으로 미국과 소련에 의해 독일처럼 나라가 분할될 처지에 놓였습니다. 그러나 일본은 소련을 견제하려는 미국의 의도를 간파하고 있었죠. 일본은 만약 소련이 일본의 북부를 차지하면 미국의 태평양 안보가 위험해질 거라고 강조합니다. 그래서 일본을 분할하는 대신에 우리나라, 즉 한반도를 분할하도록 설득하는 데 성공하죠.

패전 이후
일본의 급속한 경제성장

    처음에 맥아더가 이끄는 미군정은 일본이 다시는 일어서지 못하도록 일본을 그들의 식민지였던 곳보다도 못한 가난한 농업국가로 만들 계획이었습니다. 평화헌법[9]을 만들어 일본이 군대를 갖지 못하고, 감히 침략전쟁을 벌이지 못하게 못을 박았죠. 미국은 미군정이 끝난 이후에도 일본의 정치인들이 미군 주둔을 반대하거나 중국, 소련과 가까이 지내려는 움직임을 보이지 못하도록 강한 영향력을 행사해왔습니다.

국제사회에서는 누군가의 비극이 또 다른 누군가에게는 기회가 되기도 합니다. 우리에게는 민족의 비극으로 기록된 한국전쟁이 일본에게는 엄청난 성장의 기회가 되었죠. 일본 패전 후 미국과 소련에 의해 남북으로 나뉘게 된 우리나라는 남북이 각각 정부를 수립하였는데, 한반도의 분단은 불행히도 결국 한국전쟁(1950~1953년)으로 이어졌습니다.

미-소 양강의 냉전시대에 미국은 소련을 견제하는 것이 무엇보다 중요했습니다. 그래서 일본을 성장시켜서 소련에 대응하기로 전략을 바꾸었죠. 일본은 태평양의 요충지로 군수물자를 공급하기에 적합한 지리적 위치였으니까요. 미국의 보호 아래 일본은 비약적인 경제성장을 이룹니다. 그 이후부터 일본은 미국에 안보를 맡긴 채 오직 경제를 키우는 데 힘을 쏟았습니다. 일본은 1970년대의 석유파동마저도 미국과 유럽 시장에 대한 수출의 비약적 증대와 함께 극복하였고, 1980년대에는 세계적인 제조업 강국이 되었습니다. 일본의 전자, 자동차 등이 전 세계를 휩쓸며 시장을 장악하게 된 거

....
9. 일본 헌법 제9조에 전쟁 포기, 군대 보유 금지, 무력행사를 포기한다는 내용이 있어 평화헌법으로 불린다.

죠. 그렇게 일본은 마침내 세계 2위의 경제대국으로 성장하며, 미국마저 곧 추월할 것처럼 위협적인 존재가 되었습니다.

미국의 견제와 함께 시작된
일본의 경제침체

일본의 제조업이 세계시장을 휩쓸수록, 미국의 제조업은 경쟁력을 잃고 실업자도 크게 늘어났습니다. 최근 미국과 중국의 패권전쟁에서도 볼 수 있듯이, 역사적으로 미국은 자신의 패권에 도전하는 나라는 가만두지 않았습니다. 당시의 일본도 예외는 아니었죠.

1985년, 미국은 무역적자가 심각해지자 자국의 안보를 미국에게 맡긴 채 엄청난 경제성장을 이룬 일본과 독일을 불러모았습니다. 미국은 너무 높은 달러로 인해 수출경쟁력이 떨어지자 달러의 가치를 하락시켜서 무역수지 적자를 개선하려고 했죠. 그래서 일본 엔화와 독일 마르크화의 가치를 상승시키라는 플라자합의[10]를 이끌어냅니다. 달러 가치가 하락하면 미국 수출품의 가격이 낮아지기 때문에 미국 기업의 경쟁력이 높아집니다. 반면 엔화 가치가 오르면 일본의 수출품 가격은 상승하게 되죠. 이러한 조치로 일본 제품

---

10. 미국이 무역적자를 해결하기 위해서 1985년 9월 22일 뉴욕에 있는 플라자 호텔에서 프랑스, 서독, 일본, 미국, 영국 등 5개국의 재무장관, 중앙은행총재들을 모아놓고 했던 정책합의.

의 수출경쟁력이 떨어지자 일본은 국내 내수시장을 살리기 위해 저금리정책을 추진합니다. 그러자 주식시장으로 돈이 몰리고 부동산 가격이 폭등하는 등 버블경제 문제가 나타났습니다.

당시 하루가 다르게 치솟는 부동산 가격에 사람들은 너도나도 대출을 받으며 투자 열풍에 빠져들었죠. 놀란 일본 정부가 1989년부터 여러 차례 금리를 올려 기준금리는 2.5%에서 6%가 됩니다. 이로 인해 주식과 부동산 거래가 줄고 갑자기 가격이 폭락하면서 일본 경기는 그야말로 꽁꽁 얼어붙게 됩니다. 1991년부터 버블 붕괴로 많은 금융기관이 부동산을 담보로 대출해준 돈을 돌려받지 못해 도산했고, 기업은 자금줄이 막혀버렸죠. 자연히 소비도 움츠러들면서 일본은 이후 오랫동안 불황의 늪에 빠져버립니다.

한편 미국은 정보통신산업을 중심으로 세계 경제를 선도하게 되었죠. 일본도 수출 증대에 힘입어 경기의 불씨가 잠시 살아나는 듯했으나, 2008년 미국발 금융 위기와 2011년 동일본 대지진의 피해가 잇따르며 다시 꺼져버렸습니다.

아베노믹스와 코로나19

민심이 악화되자 진보적인 민주당 정권은 무너지고, 2012년에 아베 신조가 이끄는 우익성향의 자유민주당(자민당)이 다시 정권을 차지합니다. 아베는 장기불황과 디플레이션 탈출을 위해 무제한으로 돈을 찍어내는 통화정책을 내세운 '아베노믹스'로 경기회복을 꾀하였죠. 다소 무모해 보이는 정책이지만, 성과가 전혀 없었던 것은 아닙니다. 엔화의 가치를 낮춰서 수출이 늘어나고 기업 실적이 좋아지면서 어느 정도 경기회복과 고용 증가가 나타났죠. 하지만 일본중앙은행이 주식을 사모아서 주가를 억지로 끌어올리는 등 겉만 화려한 정책이었습니다. 더구나 코로나19 대유행으로 또다시 발목을 잡히고 맙니다. 감염병 확산을 막기 위해 긴급사태가 발효되면서 여행, 외식과 같은 서비스 부문에 대한 소비가 급격히 위축되었고, 도쿄올림픽에 쏟아부은 대규모 투자마저 실패하고 맙니다. 이미 늘어난 정부의 재정적자도 어마어마한 수준이라 한계에 부딪힌 거죠.

　다시 일본은 불황 속으로 빠졌지만, 야당은 분열되고 신뢰를 잃었기 때문에 여론은 현 여당인 보수정권을 계속 지지하는 분위기입니다. 2020년 아베 신조가 총리직을 사임한 후, 스가의 뒤를 이어 2021년에 총리직에 오른 기시다 후미오까지 모두 보수 인사입니다. 깊어지는 침체 속에서 일본 사람들은 보수화되고 우익 세력은 강해지고 있습니다. 이렇듯 일본이 제자리걸음을 하는 동안 무섭게 성장한 중국이 일본을 제치고 경제규모 2위의 대국이 되었죠.

　한때 일본에는 세계 어느 나라도 넘볼 수 없는 최고 품질의 첨단제품이 많았습니다. 물론 지금도 기초과학 수준과 소재 분야 등에서는 세계 최고이지만, IT시대로 넘어가면서 한국에게도 밀리는 모양새죠. 미국이 일본의 산업을 규제하면서 과거 일본이 지배해온 반도체는 한국에 역전당했고, 마지막 남은 자동차 산업마저 도요타를 제외하면 예전 같지 않습니다. 미국은 늘 그렇듯 동아시아의 그 어떤 국가도 미국을 위협하는 수준으로 강해지기를 원치 않죠.

일본의 지정학적 가치와 미래

19세기 말의 일본은 서구 열강 대신 러시아를 견제하는 역할을 맡으면서 조선과 만주를 차지하였고, 대륙국가의 야망을 서슴없이 펼쳤습니다. 1945년 2차 세계대전에서 패전한 이후에는 후진국으로 전락할 수 있는 위기에 놓이기도 했지만, 일본은 공산주의 소련을 견제하는 지정학적인 위치를 내세우며 미국을 설득하는 데 성공하죠. 이후 미국의 군사력에 의존하면서 경제력을 회복했고, 엄청난 성장을 이루었습니다. 하지만 너무 빠른 성장으로 인해, 도리어 미국의 견제를 받게 되면서 일본 경제는 수십 년간 침체되고 말았습니다.

앞으로는 어떻게 될까요? 북한과 중국의 위협이 커질수록 미국에게 일본의 지정학적 가치는 커집니다. 일본은 미국과 협력하여 군사력을 기르고 '평화헌법'을 폐기할 명분을 차곡차곡 쌓고 있죠. 사실 인도-태평양에서 인도, 일본, 오스트레일리아, 미국을 묶으며

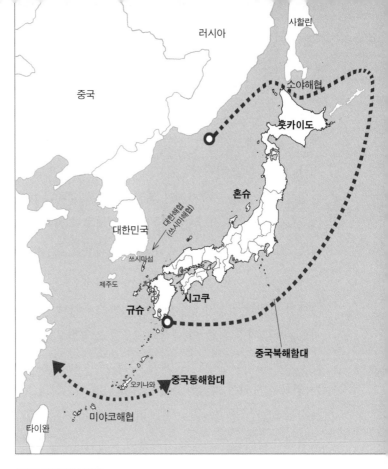

중국군 일본해상 포위도

일본은 미국과 함께 인도-태평양에서 중국을 견제하고 있습니다. 이에 중국은 동중국해를 방어하기 위한 동해함대는 물론, 서해와 남중국해를 관할하는 북해함대로 맞서고 있습니다.

중국을 견제하는 안보 그룹인 쿼드(Quad)는 일본의 구상에서 시작된 것입니다. 현재 일본은 해외 작전 능력을 키우면서 미국을 중심으로 여러 국가들과 합동 군사훈련을 실시하고 있죠.

섬나라 일본에게 해상교통로는 생명줄이나 마찬가지입니다. 수에즈운하를 지나 홍해를 벗어나기 전 아프리카 북부에 위치한 지부티에는 미국, 프랑스, 중국, 일본군 기지가 있습니다. 지부티는 수에즈운하와 페르시아만, 소말리아까지 작전을 할 수 있는 해상교통의 요지이기 때문입니다.

일본은 중국과 분쟁지역인 센카쿠열도를 비롯하여 동중국해 여러 섬에서 충돌할 가능성이 높습니다. 이곳 주변 섬들에 군사기지가 늘어나고 있는 것은 일본이 미국 중심으로 더 기울어진 증거로 볼 수도 있죠. 타이완 역시 중요합니다. 일본, 중국, 한국 모두 남중국해와 타이완을 지나 필요한 에너지와 물품 등을 교류하고 있으니까요. 만약 가장 빠른 이 해상교역로가 막히면 세 나라 중 어느 나라도 무사할 수 없습니다. 따라서 일본은 점점 더 타이완을 지원하는 역할을 하면서 자국의 해군력도 강화해 나갈 것입니다. 만약 중국이 타이완을 공격하려고 한다면 일본은 미국, 오스트레일리아와 협력해서 타이완을 지원할 가능성이 높습니다.

한편 일본이 중국에 대해 적대적 입장만 취하고 있는 것은 아닙니다. 2018년 미국과 중국 간의 무역전쟁을 기점으로 일본은 중국의 일대일로에 참여하고, 양국의 통화 스와프 협정을 체결하는 등 협력하며 양국 관계의 진전을 이루기도 했으니까요.

이러한 일본의 태도에서 보듯 미국과 중국 모두 일본의 무역과 안보에 있어 가장 중요한 국가들입니다. 비록 미국에 의존하고 있지만, 일본은 중국과도 어느 정도 협력하면서 미국을 견제하고 중국의 반발을 약하게 하려고 노력해왔습니다. 미국과 중국만이 아닙니다. 일본은 러시아라는 강한 상대와도 마주하고 있으므로 지정학적 이해관계는 복잡해질 수밖에 없습니다.

근대 일본은 섬나라의 장점을 살려 부흥했습니다. 하지만 현재 일본은 오랜 시간 경제성장이 정체되고 동일본 대지진과 같은 천재지변까지 겪으며 더욱 극우화되었죠. 중국과 북한의 위협이 커질수록 일본은 안전을 강조하면서 군사력을 강화하려고 할 것입니다. 미국은 장기적으로 일본에게 주변국들에 대한 견제를 맡길 가능성이 높습니다. 만약 중국이 패권을 쥔다면 일본은 관계 개선에 나서겠지만, 분쟁지역의 이익이 일본의 생존과도 맞물려 있는 만큼 쉽게 물러나지 않을 것입니다.

동북아시아에서
우리나라의 중요성

일본은 여전히 대륙국가의 원대한 꿈을 버리지 못하고 있습니다. 과거 이 꿈을 이루기 위해 일으킨 임진왜란을 비롯해서 청일전쟁, 러일전쟁으로 이어지는 분쟁은 모두 우리 한반도를 할퀴고 지나갔죠. 만약에 한반도가 공산화된다면 일본은 커다란 위협에 처하게 됩니다. 일본이 박정희 정권 때부터 한국과 협력한 것은 이런 지정학적 이유 때문이라고 할 수 있죠. 그래서 일본은 한반도가 지금처럼 남북으로 분단된 채로 남한이 대륙 세력과 일본

사이의 완충지대로 남아 있기를 원합니다.

향후 미국은 한·중·일의 균형을 위해 한국의 발전을 도울 가능성이 높습니다. 한국은 일본보다 근대 산업혁명에서는 뒤졌지만, 현재 반도체와 배터리 등 첨단산업 공급망의 핵심국가가 되었습니다. 이렇게 첨단화된 우리나라는 미국에게도 전략적으로 중요한 국가입니다. 특히 한국의 미군기지는 중국의 베이징과 가장 가까이에 있습니다. 한국에 무기제한을 풀고 장거리 미사일과 항공모함 등 전략 무기들을 생산할 수 있게 허용한 것도 이런 측면에서 이해할 수 있습니다. 앞으로 한국은 한반도에서 평화를 일구고, 나아가 통일을 이루어 자주권을 회복하는 것이 우선입니다. 사실 한반도는 지정학적 특수성으로 인해 중국과 일본 중 어느 지역에서건 패권국가가 등장할 때마다 피해를 입었고, 앞으로도 그러한 일은 또다시 일어날 수 있습니다.

현재 우리나라는 여전히 복잡한 이해관계 속에 놓여 있습니다. 미국의 강력한 견제를 받고 있는 중국은 한국을 자기 편으로 두고 싶어 합니다. 심지어 동북공정을 앞세워 한국이 과거부터 중국의 일부였다는 그릇된 역사 인식마저 강요하려고 하죠. 한편 일본은 한국이 중국 편이라며 한미관계를 분열시키려고 합니다. 그래야 일본이 중국을 견제하는 역할을 주도하는 나라가 되어서 또다시 도약의 기회를 잡을 수 있다고 보기 때문이죠. 그렇다면 미국의 입장은 어떨까요? 과거에도, 지금도 또 앞으로도 미국은 새로운 패권국가의 탄생을 원하지 않을 것입니다. 패권국가는 태평양을 차지하려

할 것이고, 이는 결국 미국의 안보에 위협이 된다는 것을 잘 알고 있으니까요. 그렇기 때문에 미국은 앞으로도 중국의 일대일로에 대응하여 인도-태평양 항로의 안전을 강화하고 동남아, 인도 등과의 연대를 강화해 나갈 것입니다. 이런 상황에서 앞으로 우리나라는 한미 동맹관계 속에 일본을 묶어두고, 중국의 동북공정을 견제하는 한편, 교역로로 연결되는 주요 지역들에 더 관심을 기울일 필요가 있습니다. 세계가 미국과 중국 중심의 경제 블록으로 나뉠수록 우리는 첨단산업 등 미래 핵심분야의 경쟁력을 더욱 키우고 국방력을 강화하기 위해 노력하고 있습니다. 우리나라가 경제와 문화면에서도 인정받고 패권국들도 협력하고 싶어하는 중요한 위치에 선다면, 한반도와 동북아의 평화도 그리 머지않을 것입니다.

러시아는 땅덩이가 너무 넓어서 고민인 나라입니다. 하지만 혹독한 자연환경으로 인해 사람이 거의 살지 않는 지역이 대부분이며, 인구의 약 80%가 우랄산맥 서쪽인 유럽 러시아에 쏠려 있습니다. 나머지 인구도 식량 생산이 가능한 남부지역에 집중되어 있죠.

러시아는 거대한 영토를 서로 연결하고 사람들로 채워서 골고루 발전하기를 원하고 있습니다. 20세기 초에 시베리아 횡단철도가 등장하기 전까지만 해도 시베리아와 극동지역은 인구와 자원을 이동하기조차 어려운 곳이었습니다. 당시 시베리아는 정치범들을 보내는 유배지였죠. 하지만 시베리아와 극동에는 어마어마한 천연가스와 석유 등 풍부한 천연자원이 묻혀 있습니다. 바로 이를 개발하고 이 지역을 아시아와 함께 성장시키는 데 러시아의 미래가 달려 있습니다.

유라시아 제국의 부활을 꿈꾸는 러시아

부활을 모색하는
러시아의 팽창과 쇠퇴

러시아 하면 톨스토이, 도스토옙스키 등 수많은 거장들을 배출한 러시아 문학, 크렘린궁전, 바실리성당 등도 떠오르지만, 뭐니 뭐니해도 '시베리아 벌판'을 빼놓을 수 없습니다.

모피를 찾아서
시베리아로

시베리아는 자원이 풍부하지만, 매우 춥고 인구가 희박합니다. 개발할 땅은 광활한데, 워낙 생활하기에 힘든 척박한 환경이다 보니 인구는 적은 편이죠. 러시아가 이 얼어붙은 땅을 지나 유라시아대륙의 동쪽 끝으로 영토를 넓힌 중요한 이유는 바로 모피 때문입니다. 중세부터 유럽 왕족과 귀족의 오랜 사랑을 받은 모피는 16세기 이후 부의 상징으로 중산층까지 사로잡았습니다. 1580년대 초 스트로가노프가(家)는 황제(차르)에게 시베리아를 정복해 모피무역을 하자고 제안했고, 이반 대제(Ivan IV)가 이를 수락했습니다. 카자크(코사크, Kazak)들은 용병으로 고용되어 시베리아에서 정복활동을 펼쳤습니다. 유럽국가들이 해양을 통해 식민지를 개척하는 시기에 러시아는 대륙 동쪽으로 영토를 넓혀갔죠.

영토 확장전쟁을 위해서는 군인으로 뽑을 농민들이 필요했습니다. 그러려면 농민들을 한곳에 묶어두어야 했습니다. 과거 농민은 땅주인에게 일정한 지대만 바치고 살면서 이동이 자유로웠는데, 이반 대제는 농민들이 1년 중 딱 한 번, 겨울에만 이동하도록 제약했죠. 러시아 농노제는 여기에서 시작되었습니다.[1] 1649년에는 농민의 이동을 법으로 금지했는데, 러시아혁명 때까지도 농노제가 남아 있던 후진국이었죠.

에카트리나 대제(1762~1796) 때는 우크라이나, 벨라루스, 리투아니아를 점령합니다. 남쪽으로는 흑해의 크림반도, 동쪽으로는 시베리아와 캄차카반도를 넘어 알래스카까지 영토를 넓혔죠. 러시아가 시베리아와 극동지역을 쉽게 차지할 수 있었던 까닭은 워낙 인구 밀도가 낮았기 때문입니다. 러시아는 1640년대에 아무르강에 도달했고, 1650년대에는 만주 헤이룽강까지 진출해 요새를 건설했습니다. 이때 중국의 청은 조선에 파병을 요청했고 조선은 총수(銃手)들

---

1. 농민을 토지에 구속시켜 각종 부역, 공납 등 의무를 강요한 농노제는 16세기 말~17세기 전반에 확립

을 뽑아 나선(羅禪, 러시아) 원정대를 파견함으로써 러시아와 조선이 처음 만나게 되었죠.

시베리아 정복의 주역인 '카자크'는 남러시아의 기마전사 집단입니다. 방랑자라는 뜻처럼 자유롭고 열정적인 성격의 그들은 러시아 황실의 지원하에 정복활동을 벌였지만, 한편으론 권력으로부터 멀리 떨어진 곳으로 가서 자유롭게 살고 싶은 욕망도 있었습니다. 러시아는 시베리아인들이 현물세로 모피를 내면 안전을 보장해주었고, 매년 수십 만 장 이상의 모피를 공납받았죠.

카자크 부대는 원주민에겐 없는 현대화된 무기가 있었습니다. 게다가 고립되어 있던 시베리아인들과 달리 전염병에 대한 면역력도 있었죠. 시베리아인들은 전염병으로 엄청난 피해를 입었습니다. 러시아가 알래스카를 정복할 때도 절반 이상의 원주민이 전염병으로 사망한 사실과 비슷하죠. 카자크들은 시베리아인의 토지를 강탈하거나 노예로 삼는 등의 잔혹행위를 자주했기에 19세기 중엽이 되어서야 시베리아인들과 겨우 화해할 수 있었습니다.

유럽으로 열린 창, 상트페테르부르크

러시아인들이 가장 존경하는 차르는 표트르 1세입니다. 그는 북유럽 최강국이던 스웨덴과의 전쟁으로 북방영토를 차지했고, 그곳에 상트페테르부르크를 건설했죠. 흑해 아래로도 진출하려 했지만 오스만제국의 벽을 넘지는 못했습니다. 흑해 아래로 진출하려 했던 가장 큰 이유는 겨울에도 얼지 않는 부동항(不凍港)을 얻기 위해서였습니다. 그뿐만 아니라 제2의 로마였던 이스탄불(콘스탄티노플)을 되찾아 정교도들을 이슬람으로부터 해방하려는 목적도 있었습니다. 그래서 유럽의 기독교국가들과 힘을 합쳐 오스만제국을 공격하려고 했죠. 당시 오스만은 최강이었기에 어느 나라도 섣불리 러시아를 도우려 하지 않았습니다.

표트르 대제는 목표를 수정합니다. 가난한 농업국가인 러시아를 유럽으로 변신시켜 강국으로 만들려 한 거죠. 방문단을 조직하고 자신도 그 일원이 되어서 유럽 여러 나라를 직접 방문해 조선업과 선진기술을 배우고, 수많은 기술자와 학자, 예술가들을 데려왔습니다. 유럽의 문화와 제도를 도입하고 군사력을 키운 거죠. 당시 러시아 상류층은 프랑스어를 사용할 정도로 유럽을 닮기 위해 노력했습니다. 볼쇼이와 마린스키 발레가 유명한 것도 같은 이유입니다. 이탈리아에서 시작되어 프랑스에서 꽃을 피운 발레는 러시아에서 세계 최고 수준으로 발전했으니까요.

여기에 머물지 않고 표트르 대제는 아예 멋진 유럽풍 도시를 건설하는데, 운하와 습지에 돌로 지반을 다지며 건설한 도시가 바로 상트페테르부르크입니다. 표트르는 1712년 수도를 모스크바에서 이곳으로 옮겼죠. 아이러니하게도 러시아 황실은 상트페테르부르크에서 종말을 맞이합니다. 이곳에서 세계 최초의 공산주의 혁명이 일어나 소비에트연방(소련)이 탄생했으니까요. 1924년 레닌이 죽자 그를 기념해 레닌그라드로 불리다가, 1991년 다시 옛이름을 찾았습니다.

상트페테르부르크는 현재 수도인 모스크바에 이어 러시아 제2의 도시입니다. 그리고 이곳은 표트르 대제와 종종 비교되곤 하는 블라디미르 푸틴 러시아 대통령의 고향이기도 하죠. 특히 푸틴은 부

상트페테르부르크
러시아 황실은 이곳에서 종말을 맞이합니다.

시장이던 1997년에 상트페테르부르크 국제경제포럼(SPIEF)을 출범시켰습니다. 그는 대통령이 된 뒤에도 이를 스위스의 다보스 포럼(Davos Forum)에 대응하는 국제 회의로 키워냈습니다. 이 포럼을 통해 유럽 각국과 협력관계를 확대하는 한편, 중동과 아시아 국가들과도 함께 발전하는 방안을 논의하고 있죠.

러시아는 그리스와 동로마제국의 후예로서 같은 키릴문자를 사용하고 정교회국가라는 공통점으로 가까워지고 있습니다. 독일과 프랑스 등의 유럽국가에는 발트해를 통과하는 송유관을 통해 러시아 천연가스를 공급하고 있죠. 미국은 셰일가스를 유럽에 판매할 계획이므로 러시아와 유럽의 관계가 가까워지는 것을 경계하고 있습니다. 하지만 미국의 강력한 경제제재에도 불구하고 소련 해체 후 움츠러들었던 러시아는 조금씩 영향력을 키워가고 있습니다. 프랑스는 시리아사태에서 러시아와 터키, 이란이 함께 시리아 재건을 추진하는 것을 인정했죠. 이제 러시아의 영향력은 흑해 아래 아랍 지역까지 확장되고 있습니다. 그리고 그 중심에 유럽과 서남아시아로 열린 창, 상트페테르부르크가 있습니다.

만약 미국에 알래스카를 팔지 않았다면?

북위 60°~70°에 위치한 알래스카는 미국 국토 면적의 5분의 1을 차지하는 거대한 땅입니다. 제정러시아는 1867년 3월에 이곳을 미국에 팔아버렸죠. 왜 러시아는 이 땅을 720만 달러의 헐값에 넘겼을까요?

현재 미국과 러시아는 베링해 중앙의 두 섬을 사이에 두고 4km 정도 거리에 있습니다. 미국은 알래스카를 구입한 뒤 금광과 석유,

석탄 등 막대한 자원으로 엄청난 이익을 보았죠. 장기적으로 북극해가 개발되면 항로와 자원개발 등으로 얻게 될 이득 또한 엄청날 것입니다. 알래스카는 군사적으로도 요충지입니다. 냉전시대에 미국은 알래스카에 미사일기지를 두고 소련을 견제했죠. 만약 알래스카가 소련의 영토였다면 굳이 쿠바에 미사일기지를 건설해서 미국을 압박할 필요 없이 알래스카에서도 얼마든지 미국 본토로 미사일 공격을 할 수 있었을 것입니다. 아무리 생각해도 러시아의 입장에서는 알래스카를 미국에 내어준 게 두고두고 뼈아플 것입니다.

알래스카가 러시아의 땅에서 미국의 땅이 된 과정

1639년 러시아의 정복 부대는 태평양 연안까지 도달합니다. 탐험가 베링은 러시아 황제의 명으로 유라시아대륙과 아메리카대륙이 연결되어 있는지 확인하다가 1728년 두 대륙 사이의 해협을 확인했는데, 이곳이 지금의 베링해협입니다. 시베리아에서 점점 더 귀해지는 모피를 찾아 베링해로 넘어온 러시아인들은 이 지역을 식민지로 삼았죠. 1740년대 알래스카에 정착지를 마련했고, 1810년에는 캘리포니아 북부에까지 도달했습니다. 세계 최초로 유럽, 아시아, 아메리카를 잇는 거대한 제국이 탄생한 거죠.

19세기 러시아 상인들은 원주민들과의 물물교환으로 구할 수 있는 바다코끼리 상아와 값비싼 해달 모피를 찾아 알래스카로 몰려들었습니다. 이 사업은 제정러시아의 무역회사 '러시아-아메리카회사(RAC)'가 전담했는데, 당시 알래스카의 지도자 알렉산드르 바라노프는 뛰어난 상인이자 알류트족 족장의 딸과 결혼할 만큼 알래스카를 아끼는 사람이었습니다. 학교, 조선소, 공장을 세우고, 원주민과도 좋은 관계를 유지하며 모피사업을 확장했죠.

그런데 알래스카에서 유럽으로 모피를 공급할 때는 대서양 연안보다 운송비가 비쌌습니다. 그러다 보니 영국 회사들에게 가격경쟁에서 밀렸죠. 바라노프 은퇴 후 회사사정은 최악으로 치달았습니다. 해군장교들로 교체된 경영진은 막대한 봉급을 챙기며, 원주민에게 구입하던 모피가격을 반으로 깎아버려서 원주민들은 더 많은 모피를 구해야 했죠. 그 결과 해달의 씨가 마르며 가장 중요한 수입원이던 모피산업이 무너집니다. 생활마저 궁핍해진 현지인들이 폭동을 일으키자 러시아인들은 군함에서 해안 마을로 포탄을 쏘면서 무력진압하기도 했죠. 장교들은 얼음과 차 무역으로 모자라는 수익을 채우려 했지만 역부족이었고, 결국 회사는 파산에 내몰렸습니다. 러시아 정부의 지원에도 회복될 기미가 보이지 않았죠.

그 무렵 러시아는 흑해에 부동항을 얻고 중동 지역에 진출하려고 오스만제국과 크림전쟁(1854~1856년)을 벌였습니다. 오스만제국은 러시아의 남하를 견제하는 영국과 프랑스의 지원을 받으며 승리했고, 패배한 러시아는 국가 재정이 바닥났죠. 크림전쟁 당시 영국 해군이 캄차카 반도와 알래스카 일대를 공격하기도 했는데, 1860년대에 영국은 알래스카와 인접한 브리티시컬럼비아(British Columbia)를 정복하고 캐나다로 합병시킬 계획을 추진 중이었습니다. 러시아는 영국이 해로를 막고 알래스카를 공격한다면 영토를 뺏길까 봐 걱정했죠. 만약 영국이 이곳을 차지하기라도 하면 시베리아의 안보마저 위태로워 보였습니다. 결국 러시아 황제와 관리들이 머리를 맞댄 끝에 알래스카를 포기하기로 합니다. 석탄 매장량이 적고, 금 생산도 대단치 않으며, 모피 생산 전망도 밝지 않다고 본 거죠. 당시 미국은 영국과 대결관계이며 러시아와는 우호관계였기 때문에 러시아는 미국에 알래스카를 팔기로 합니다.

미국도 처음에는 알래스카 구입에 관심이 없었습니다. 국내의 불화와 뒤따른 남북전쟁으로 정신이 없었으니까요. 하지만 전쟁이 끝난 후 알래스카에 대한 관심이 높아졌죠. 러시아의 태평양 진출을 억제하는 동시에 영국의 북미대륙 진출을 막기 위해 알래스카를 구입하자는 의견이 높아진 것입니다. 미국은 알래스카를 구입해서 아시아와 무역할 때 연료보급 기지로 이용할 계획을 세웠습니다. 하지만 5만 명의 에스키모[2] 야민인이 사는 쓸모없는 냉장고를 왜 굳이 돈 주고 사느냐는 일부 내부 비판도 있었죠. 온갖 잡음 속에서 알래스카는 결국 미국이 차지합니다. 결과적으로 미국이 세계 최강의 국가로 도약한 데는 러시아의 공이 지대한 셈입니다.

알래스카 문제를 정리한 러시아는 땅을 매각한 자금으로 동아시아에 눈을 돌렸죠. 당시 중국은 2차 아편전쟁으로 시장을 개방해 서구 열강들이 4억의 중국 시장을 두고 서로 경쟁하고 있었습니다. 영국은 홍콩을, 프랑스는 상하이를 중심으로 중국 남부로 세력을

----

2. 원주민을 생고기를 먹는 야만인이라고 낮잡아 부르는 말이다. 현재는 사람이란 뜻의 이누이트로 부른다.

키워갔죠. 러시아는 1860년 베이징조약으로 연해주를 획득하며 한반도의 부동항을 이용해서 중국 해안지대 일대로 세력을 넓히는 전략을 구상했습니다. 이러한 과정에서 영국은 러시아를 견제하기 위해 일본과 손을 잡게 됩니다.

러일전쟁에서 러시아가 패배한 이유

여러분도 러일전쟁에 대해 들어보았을 것입니다. 러시아와 일본이 만주와 한반도를 놓고 벌인 한판 승부죠. 전쟁의 이면을 더 깊이 파고들어가면 러시아의 남하를 견제하는 서양 세력의 지원을 등에 업은 일본이 승리한 전쟁입니다. 영국은 러시아를 견제하는 동시에 동아시아의 이권을 나눠 가지려고 일본과 1902년 제1차 영일동맹을 맺었는데, 미국과 영국 두 나라는 일본의 국채를 매입해 일본의 전쟁 자금을 지원했고, 일본은 재정을 탈탈 털어서 전쟁에 나서죠. 만약 이 전쟁이 몇 개월만 더 길어졌어도 일본은 파산했을지 모릅니다.

일본은 선전포고도 없이 기습적으로 1904년 2월 8일 중국 뤼순항과 인천항에 있던 러시아 군함을 공격합니다. 이전부터 러시아의 전력을 면밀히 조사하고 준비한 일본이 승리를 거두며 만주의 중심 도시인 봉천(현재 심양)을 장악합니다. 일본은 러시아 주재 무관들을 통해 러시아 내 무장봉기를 지원하고, 아시아로 병력투입이 늦어지게 만들었죠. 이후 일본이 연승을 거두며 뤼순까지 점령하자 러시아는 당시 세계 최강으로 불리던 발틱함대를 출전시킵니다. 하지만 한시가 급한 상황에서 발틱함대가 한반도까지 오는 데는 무려 9개월이나 걸렸죠. 영국이 수에즈운하를 막아버리는 통에 아프리카를 빙 돌아가야 했으니까요. 그 무렵 세계 주요 근거지는 영국이 장악하고 있다 보니 러시아 함대는 보급조차 여의치 않았죠. 러시아 함대가 꾸물거리는 동안 영국에서 정보를 입수한 일본은 철저한 준비로 발틱함대마저 무너뜨리며, 모두의 예상을 깨고 러일전쟁에서 승리를 거둡니다.

일본은 러시아를 상대하기 위해서 한반도를 장악하여 세력 안에 두고 동해와 대한해협에 대한 지배권을 강화했습니다. 만약 일본이 쓰시마 해전에서 패배했다면 러시아가 해상 통제권을 쥐었을 테니 일본이 만주로 병력과 군수물자를 보낼 수 없었을 것이고, 만주전쟁을 일으킬 수 없었을지도 모르죠.

1905년 7월 미국과 일본은 가쓰라-태프트밀약을 맺고 미국은 필리핀, 일본은 조선의 지배를 서로 인정하죠. 영국은 그해 8월에 제2차 영일동맹을 맺고 일본의 조선 지배를 인정합니다. 러시아와 일본은 미국의 중재로 포츠머스조약을 맺고 전쟁을 종결하죠. 열강들의 세력다툼 속에 우리나라는 결국 일본의 지배를 받게 됩니다. 러일전쟁 이후 동아시아의 판세는 달라졌습니다. 전쟁에서 이기며 한껏 고양된 일본은 군국주의의 길을 걷게 되죠.

소련,
다민족 다문화사회의 탄생

러시아제국은 1차 세계대전 중인 1917년 혁명으로 무너졌습니다. 레닌이 이끄는 가장 급진적인 사회주의자들인 볼셰비키들은 1차 세계대전으로 괴로워하는 국민에게 평화를 약속하며 지지를 이끌어냈죠. 처음에는 귀족과 노동자가 연합한 임시정부가 세워졌는데, 볼셰비키가 임시정부를 무너뜨리고 1922년 세계 최초의 공산주의 국가인 소련을 건설했습니다. 소련은 러시아를 주

1988년 서울올림픽, 공산주의 진영에 충격을 주다!

2차 세계대전 이후 세계는 미국과 소련으로 양분되었다. 서로 이념, 경제는 물론 군사력과 우주개발에서도 대결했다. 동서 냉전은 스포츠 대회마저 분열시켰는데, 1980년 모스크바올림픽은 소련의 아프가니스탄 침공에 대한 항의로 서구진영이 거부했고, 1984년 로스앤젤레스올림픽은 공산주의국가들이 불참했다. 1985년 소련공산당 서기장 고르바초프는 소련의 경제위기에 대응하기 위해 페레스트로이카(개혁)와 개방정책으로 동서화해를 시도했는데, 1988년 서울올림픽은 두 진영이 오랜만에 만난 대회였다.

당시에는 식민지에서 해방된 후진국 중 자본주의와 공산주의 체제를 통틀어서 경제발전에 성공한 사례가 드물었다. 전쟁으로 폐허가 된 남한은 자본주의 체제를 받아들여 놀랍게 성장했다. 북한과 대조되는 한국의 발전상을 직접 눈으로 지켜본 소련과 동유럽 위성국들은 큰 충격을 받았다. 서울올림픽이야말로 공산 진영의 붕괴에 지대한 영향을 준 국제 대회였다.

축으로 우크라이나, 카자흐스탄 등의 중앙아시아 국가 등이 연합체를 이룬 다민족 다문화사회입니다.

레닌은 왕조의 상징인 상트페테르부르크를 떠나 모스크바로 수도를 옮겼죠. 평등을 중시했기에 각 민족의 지역과 문화 등을 고려하지 않고 행정구역을 설정했는데, 이는 이후 민족 갈등의 씨앗이 됩니다. 게다가 레닌은 1924년 지병으로 너무 일찍 사망하면서 야심가인 스탈린이 권력을 차지하는 것을 막지 못했죠. 스탈린은 중앙아시아의 이슬람문화를 약화시키고 각 지역 민족의 힘을 분산시키려고 했고, 이에 수많은 민족들이 강제 이주를 당했습니다.

소련은 러시아제국의 영토를 이어받았고, 1939년 독소협약으로 발트해 3국도 병합합니다. 1945년 2차 세계대전 승리 후 독일에서 칼리닌그라드, 일본에서 사할린을 넘겨받죠. 전 세계 육지의 6분의 1에 이르는 거대한 나라가 탄생한 것입니다. 이때부터 소련을 중심으로 한 동쪽 공산주의 진영과 미국을 중심으로 한 서쪽 자본주의 진영의 대립이 시작되는데, 이미 수차례 이야기한 냉전시대입니다.

아프가니스탄전쟁과 소련의 해체

1960년대와 1970년대는 소련의 전성기였죠. 유가 상승으로 소련의 국력은 더욱 강해졌습니다. 당시 소련은 사우디아라비아에 이은 최대 산유국이며, 국가 수출의 약 3분의 2가 석유와 천연가스였으니까요. 1973년 중동전쟁으로 인한 1차 오일쇼크로 유가가 4배 이상 뛰었고, 1979년 이란혁명과 이란·이라크 전쟁으로 유가가 급등하며 2차 오일쇼크가 발생했습니다.

고유가의 수혜로 경제적 여유가 생긴 소련은 군비를 증강해 1979년 아프가니스탄을 침공했죠. 소련은 이 전쟁을 통해 아라비아해로 가는 부동항을 연결하려고 했습니다. 문제는 당시 중국과의 관계였죠. 러시아, 몽골에 이어 공산화된 중국은 형제국가였지만, 1960년대에 소련과 노선 갈등을 빚었습니다. 특히 1969년 우수리강을 사이에 둔 영토분쟁으로 감정의 골이 깊어졌죠. 미국도 베트남전쟁 실패로 중국과 손을 잡고 싶어 했습니다. 1972년 미중 수교로 소련은 동아시아에서 고립되고 맙니다. 이에 소련은 중국과 국경인 아프가니스탄을 영향권 안에 두고 파키스탄까지 지배력을 떨쳐 이슬람 세력의 확산을 막고자 아라비아해로 진출하려 했죠.

전쟁이 장기화되면 아무리 강대국이라도 경제가 파탄날 수밖에 없습니다. 소련판 베트남전쟁으로 불리는 아프가니스탄전쟁은 10년 가까이 이어지며 소련 경제를 무너뜨립니다. 여기에 베트남 원조까지 더해져 GNP의 20% 가까이를 국방비로 지출하게 되죠. 심지어 1986년에는 우크라이나 체르노빌 원자로가 폭발하면서 미래에 대한 불안감마저 증폭되었습니다.

무엇보다 소련이 흔들린 원인은 1980년대 유가 하락입니다. 배럴당 70달러였던 유가가 1980년대 말에는 20달러 아래로 하락하는

데, 배후에는 역시 경쟁자인 미국이 있었죠. 사우디아라비아와의 밀약을 통해 석유 공급량을 4배로 증가시켰고, 서유럽·일본과 함께 손잡고 석유 비축유를 방출한 것입니다. 그 결과 국제 유가가 폭락하자 소련의 외환보유액은 빠르게 고갈되었습니다.

1981년부터 8년간 미국을 이끈 도널드 레이건 대통령은 트럼프와 비슷한 정책을 펼친 인물입니다. 그는 위대한 미국을 외치면서 소련을 이기자며 국방비를 늘렸죠. 계속되는 군사적 압박에 소련도 별 수 없이 군비를 계속 늘려야 했고, 이는 가뜩이나 어렵던 소련 경제를 거덜내고 맙니다. 결국 소련은 외국에 대한 재정지원을 포기하기에 이르죠. 소련 중앙정부의 지원에 기대서 생활해온 동유럽과 중앙아시아 위성국가들의 경제사정도 연쇄적으로 악화되는데, 이러한 경제난은 소련 내 연합국들이 15개 독립국가로 쪼개지는 소련 해체의 주요 원인이 됩니다.

동유럽의 독립에는 소련의 군대철수도 한몫했습니다. 미국과 서독은 소련 군대가 동유럽에서 철수해도 NATO는 동유럽을 차지하지 않겠다며 서면약속을 했죠. 소련의 고르바초프 서기장은 그 약속을 믿고 군대를 철수합니다. 물론 이 약속은 지켜지지 않았죠. 1989년 11월 동독이 무너지고 다음해에 독일은 통일을 맞이하는데, 이후 마치 도미노처럼 동유럽은 소련의 그늘에서 벗어나 자본주의 체제로 빠르게 돌아서게 됩니다.

결국 소련 내에서 쿠데타가 일어나 고르바초프는 실각했고, 소련도 해체됩니다. 혼란한 상황에서 쿠데타 세력을 물리친 러시아 대통령 옐친이 새로운 영웅으로 떠올랐습니다. 하지만 옐친이 이끌던 1991년부터 1999년까지 자본주의와 시장경제가 도입되는 과도기의 러시아는 치안과 경제가 모두 무너지며 후진국으로 전락하고 말았습니다. 이로서 미국은 경쟁자조차 없는 세계 최강국이 된 것입니다. 중국이 무섭게 추격해 오기 전까지는 말이죠.

동구권을 집어삼킨 나토와 러시아의 반발

1990년 2월 동서독 통일협상에서 미국과 서독은 러시아의 위협에 대항하는 군사동맹인 NATO를 동독과 동유럽으로 더 이상 확대하지 않겠다고 약속했지만, 소련이 무너지자 미국은 이 약속을 무시해버립니다. 미국의 목표는 러시아와 국경을 맞닿은 나라들을 NATO와 EU로 끌어들이고 흑해 주변까지 러시아를 꽁꽁 봉쇄하는 것이었습니다. 미국은 동유럽국가들에 대한 경제적 지원은 물론 러시아의 위협으로부터 안전을 약속하며 하나씩 끌어들였죠. 러시아가 더 이상 과거처럼 힘을 발휘하지 못하도록 아예 싹을 잘라버리려 한 것입니다. 우크라이나와 조지아 등 흑해 주변국가들마저 러시아에 등을 돌린다면 러시아는 바닷길이 막힌 채 내륙국가로 고립될 테니까요.

미국의 계획대로 동유럽국가들은 차례로 NATO에 가입했습니

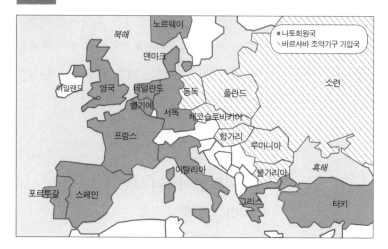

1990년

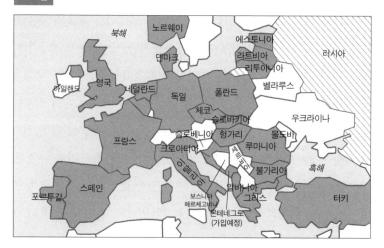

2015년

※자료:《국민일보》, 2016년 5월 6일 참고

나토 회원국과 러시아

미국은 러시아 주변국들을 나토로 끌어들여 러시아를 봉쇄하려 했습니다.

다. 폴란드, 루마니아 등 러시아와 지리적으로 가까운 국가들도 우크라이나 등이 EU와 NATO에 가입해서 러시아와 자국 사이에 중간지대가 만들어지기를 원했죠.

그런데 서방이 러시아를 봉쇄하려 하고 국경이 맞닿은 우크라이나와 조지아(과거 그루지아)마저 친서방정책으로 돌아서자 러시아는 더 이상 가만히 두고 볼 수 없었습니다. 무엇보다 우크라이나는 프랑스의 나폴레옹과 독일의 나치군이 러시아를 침략한 통로였으니까요. 게다가 우크라이나는 경제적으로도 러시아의 핵심지역입니다. 우크라이나는 비옥한 흑토로 유명한데, 과거 소련 시대에도 그랬고 지금도 농산물이 부족한 러시아에게 우크라이나는 중요한 농업 생산기지입니다. 또한 우크라이나는 러시아에서 유럽으로 가는 천연가스 파이프라인이 지나가는 전략적 요충지이기도 합니다.

절대 양보할 수 없는
전략적 요충지들

러시아는 과거 소련 시절에 비하면 국력이 크게 약해졌지만, 끊임없이 재도약의 기회를 엿보고 있습니다. 인구 감소나 경제 문제를 해결하고 다시 일어서기 위해서는 무엇보다 전략적 요충지를 차지해야만 합니다. 앞서 잠깐 우크라이나에 대해 이야기했지만, 지금부터 러시아에 전략적으로 중요한 지역들과 그 이유에 대해 좀 더 자세히 살펴보겠습니다.

유럽 속 러시아,
칼리닌그라드

러시아에서 가장 서쪽 영토인 칼리닌그라드 주(州)는 러시아 본토와 떨어져 있습니다. 이곳은 폴란드, 리투아니아, 벨라루스에 둘러싸여 있죠(226쪽 지도 참조). 2004년 폴란드와 리투아니아가 EU에 가입하고, 1999년과 2004년에 각각 NATO 회원국이 되며 칼리닌그라드는 러시아 본토와 분리되었습니다. 주변국들이 연쇄적으로 EU에 가입하자 러시아는 칼리닌그라드에서 분리 독립운동이 일어날까 걱정했고, EU는 혹시 가난한 칼리닌그라드 주민들이 밀려들어올까 봐 통행을 막았죠. 러시아는 칼리닌그라드 주민들이 러시아와 통행할 수 있도록 EU와 협상했고, 2002년부터 러시아 본토로 자유롭게 여행할 수 있게 되었습니다.

칼리닌그라드는 과거 독일의 영토로 프로이센의 수도인 쾨니히스베르크가 자리한 유서 깊은 곳입니다. 독일의 철학자 칸트가 살았던 곳으로도 유명하죠. 1차 세계대전 이후 베르사유조약으로 독일과 동프로이센으로 나뉘고 단치히회랑을 사이에 두고 분리됩니다. 하지만 독일은 이곳을 회복하려고 폴란드를 침공했고, 이는 2차 세계대전의 시발점이 되었죠. 독일의 패전으로 동프로이센은 폴란드 땅이 되었고, 그중 일부를 떼어 구소련에게 내준 것이 바로 칼리닌그라드입니다.

칼리닌그라드는 소련 시절, NATO와 바르샤바조약기구가 대립하던 곳이었습니다. 유럽의 중앙에 위치하고, 부동항이므로 러시아 발틱함대의 근거지였죠. 냉전 후에는 독일, 리투아니아, 폴란드 등이 이곳에 투자하며 상업 항구로 바뀌었습니다. 또한 칼리닌그라드는 발트해 원유도 생산하고 있는데, 지금은 주변 동유럽 정도로 소득 수준이 높아졌습니다.

최근 서방세계와 러시아 간의 군사적 긴장이 높아지며 칼리닌그라드는 다시금 주목받고 있습니다. 지금도 핵기지와 공군기지가 있으며 러시아는 이곳의 군사력을 강화해 NATO를 견제하고 있죠. 칼리닌그라드는 유럽과 러시아의 관계가 어떤지 보여주는 곳입니다. 이곳이 개방되느냐 군사적 분쟁으로 달려가느냐를 통해 유럽의 미래를 예측해볼 수도 있을 것입니다.

지정학적 요충지,
캅카스

캅카프(카프카스) 또는 영어로 코카서스(Caucasus)라 불리는 이곳은 유럽의 동쪽, 아시아의 서쪽에 위치한 흑해와 카스피해 사이에 위치한 지역입니다. 러시아, 터키, 이란이 인접해 있고, 코카서스 3국으로 알려진 조지아, 아르메니아, 아제르바이잔이 위치해 있죠. 흑해에서 불어온 따뜻한 바람과 온화한 기후 덕분에 농산물이 풍부하고 장수촌도 많습니다.

캅카스산맥은 예로부터 동양과 서양, 유럽과 아시아, 기독교와 이슬람문명의 경계선 역할을 했죠. 중앙아시아 초원길을 지나 비단길을 따라오던 사람들은 캅카스산맥을 넘어야 했습니다. 열강은 이 땅을 탐냈고, 수많은 전쟁으로 주인이 바뀌면서 민족의 이동이 계속 일어났습니다. 그러다 보니 캅카스산맥은 골짜기 하나 사이로 사람들의 생김새와 언어가 달라진다는 말이 있을 정도입니다.

칸카스 지역은 유럽과 러시아, 중동을 연결하므로 지정학적으로도 매우 중요합니다. 과거 이란, 투르크, 몽골 등의 지배를 받았던 곳이 많고 19세기에는 러시아, 20세기에는 소련의 지배를 받았죠. 소련에 속한 지역에서는 소련 해체 후 소수민족들의 독립 요구로 분쟁이 끊이지 않았습니다. 조지아(과거 그루지야), 아르메니아, 아제르바이잔, 체첸 등 분쟁이 잦은 나라들이 모여 있죠. 또한 이곳은 에너지 자원이 풍부한 카스피해가 근접해 있어서 미국과 러시아가 치열하게 경쟁하고 있습니다.

소련 시대에 스탈린은 중앙아시아를 비롯한 러시아 남부지역이 이슬람으로 똘똘 뭉치는 것을 막으려고 여러 지역의 국경을 애매하게 나눠버립니다. 그 결과 아르메니아와 아제르바이잔처럼 영토 문제로 서로 원수가 되기도 했죠.

대부분이 이슬람국가인 칸카스 지역에서 아르메니아와 조지아는 기독교인이 다수를 차지하는 국가입니다. 특히 아르메니아는 로마에 앞서 301년 기독교를 국교로 받아들였죠. 1차 세계대전 와중에는 터키의 무자비한 학살로 150만 명가량이 희생되는 대참사를 겪기도 했습니다. 당시 살아남은 아르메니아인들이 러시아, 미국 등지에 흩어져 살고 있죠.

문제는 90% 이상이 기독교를 믿는 아르메니아인이 거주하는 나고르노카라바흐 자치주가 터키계 이슬람국가인 아제르바이잔 내에 있다는 것입니다. 1988년 나고르노카라바흐 자치주가 독립을

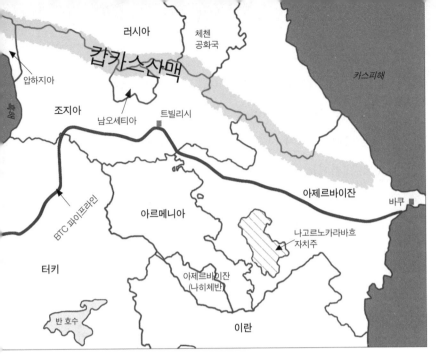

캅카스 지역
이 지역은 유럽과 러시아, 중동을 연결하므로 지정학적으로도 매우 중요합니다.

선언하면서 시작된 내전이 6년간 지속되었죠. 1994년 러시아의 중재로 휴전협정을 맺었지만, 이후에도 간헐적 분쟁은 이어졌습니다. 나고르노카라바흐 자치주는 독립을 선언했지만 국제법상으로는 아제르바이잔의 영토입니다. 지금도 두 나라 국민들은 서로를 원수처럼 여기며 으르렁대고 있습니다.

아제르바이잔은 카스피해 실크로드의 중심지로 수도는 바쿠이며, 국민의 90%는 아제르바이잔인입니다. 19세기 초 유전을 개발해 1차 세계대전 이전까지 전 세계 석유 수출의 50% 가량을 차지했고, 현재도 세계적인 원유 생산지입니다. 주민의 대부분이 이슬람교 시아파에 속하며, 터키어를 씁니다. 아제르바이잔은 터키와 동맹국이며, 이들 두 나라는 한 민족이라는 의식이 높습니다. 아제르바이잔은 21세기에 들어 석유 개발에 힘쓰는 한편, 석유를 수출할 통로를 찾으려 했죠. 터키를 통과하는 파이프라인을 설치하면 지중해와 유럽까지 수출이 가능하다는 생각에 이릅니다. 아르메니아를 통과하면 가장 짧은 경로이지만 적대국이라서 포기하고, 조지아를 거쳐 터키로 연결되는 BTC 라인을 설치합니다(244쪽 지도 참조).

아르메니아-아제르바이잔 전쟁 이후 아제르바이잔은 조지아, 터키 등 주변국과 유럽에도 에너지를 공급하는 중요한 국가로 떠올랐습니다. 이스라엘도 아제르바이잔 파이프라인에서 공급되는 원유를 수입하면서 아제르바이잔의 중요성은 더 높아졌죠. 이스라엘은 아제르바이잔에 경제적 투자와 함께 무기 공급도 해줍니다. 터키는 드론 공격기를 비롯해 첨단 무기들을 공급해주었죠. 결국 2차 전쟁 (2020년) 때는 유럽마저 아르메니아를 외면하였습니다. 결국 아제르바이잔의 공격에 고립된 아르메니아는 처참하게 패배하고 말았죠. 아르메니아가 이전 전쟁으로 빼앗았던 지역은 모두 아제르바이잔의 땅이 되었고, 러시아가 평화유지군으로 지키고 있는 나고르노카라바흐 자치구의 미래도 장담하기 어렵습니다. 이 전쟁으로 인해 아제르바이잔은 분리되었던 나히체반 지역을 연결하는 통로를 확보하면서 터키와도 직접 접하게 되었죠. 이와 함께 터키는 점점 주변지역에 영향력 있는 강대국으로 성장하고 있습니다.

조지아는 아제르바이잔의 석유와 가스 수송망이 흑해와 터키로

가는 통로입니다. 따라서 미국과 러시아도 이 지역을 놓고 경쟁하고 있죠. 러시아로서는 카스피해와 중앙아시아에서 생산되는 원유와 가스를 러시아를 거치지 않고 서방에 수출하는 게 영 마땅치 않았습니다. 그러던 중 친러국가였던 조지아에 장미혁명(2004년)[3] 이후 친미정권이 들어섭니다.

조지아의 고민은 분리 독립을 외치는 자치공화국 압하지야와 남오세티야입니다. 러시아계 인구가 많은 남오세티야 자치주는 2006년 조지아 정부에 반발해 독립 찬반투표를 실시했고, 그 결과 압도적으로 독립을 지지했습니다. 하지만 이러한 결과에 대해 조지아 정부는 러시아의 음모라고 비난하며 군사적 긴장이 고조되기도 했습니다. 2008년 NATO는 우크라이나와 조지아의 가입을 논의하고 12월에 결론을 내기로 했죠.

조지아 정부는 매년 군사지원을 해온 미국과 NATO를 믿고 2008년 8월에 남오세티야를 공격했고, 그 과정에서 UN평화유지군으로 주둔하던 러시아군 몇 명이 사망했습니다. 러시아는 자국민 보호라는 명목으로 곧장 군대를 보냈고, 4일 만에 승리합니다. 이 전쟁은 과거 소련의 위성국가들에게 큰 충격을 안겨줍니다. 미국은 너무나 멀리 떨어져 있는 반면, 코앞에 위치한 러시아의 군사력은 매우 위협적이었던 거죠. 그 영향으로 이후 동유럽국가들에서 친러후보들이 대통령으로 선출되는 변화가 나타났습니다.

....
3. 조지아의 대통령이던 에두아르드 세바르드나제를 퇴진시킨 무혈혁명. 장미혁명의 이름은 시민들이 대통령의 부정선거에 항의해 장미를 들고 시위를 벌인 데서 붙여졌다.

체첸,
어렵게 찾은 평화

오랜 세월 러시아에 가장 거세게 저항한 곳은 체첸입니다. 북캅카스산맥 남동부에 위치한 체첸은 남쪽으로 갈수록 험한 산악지대가 펼쳐집니다. 인구 90만 명 정도의 소국이지만, 1850년대 유전이 발견되며 20세기 들어 주요 공업도시로 성장했습니다. 체첸은 카스피해 유전에서 생산된 석유가 러시아와 유럽으로 공급되는 주요 길목입니다. 과거 실크로드가 지나던 곳으로 석유와 천연가스가 풍부해 주변 강대국들이 항상 눈독을 들여왔죠.

1991년 소련 해체 후 체첸은 독립을 선언합니다. 당시 보리스 옐친이 이끌던 러시아 정부는 1994년 1차 체첸전쟁을 했지만, 체첸군에 밀려서 물러났죠. 이후 바샤예프가 이끄는 체첸반군이 체첸-다게스탄 이슬람공화국을 수립하겠다며 다게스탄을 침공했고, 1999년에 모스크바 등 러시아 전역에서 폭탄테러가 이어졌습니다. 이때 총리로 임명된 푸틴이 체첸을 전격 공격했죠. 2차 체첸전쟁은 1차 전쟁과는 양상이 달랐습니다. 민간인 희생을 고려하지 않고 수도인 그로즈니에 무차별 폭격을 가했던 것입니다. 그 결과 도시는 파괴되었고, 수십 만의 사상자와 난민이 발생했죠. 2차 전쟁 후 결국 러시아가 대부분의 지역을 장악했습니다. 이 전쟁의 승리로 푸틴은 러시아의 국민적 영웅으로 떠올랐고, 2000년 3월 대선에서 대통령으로 당선되었습니다.

러시아연방이지만 지금도 체첸공화국의 국경은 경비가 삼엄합니다. 전쟁으로 러시아인은 모두 떠났고, 인구의 95%가 체첸인이며 그중 90%가 수니파 이슬람신도입니다. 반군들의 과격한 테러가 시민들의 지지를 얻지 못하면서 2010년 이후 빠르게 안정되었죠. 정세가 안정되자 외국인 투자가 늘어났고, 현재 캅카스에서 가장 빠르게 발전하고 있습니다. 새로운 공원과 학교, 관광단지가 조성되고 있고, 30만 인구의 그로즈니에는 화려한 빌딩이 우뚝 솟았죠. 러시아 최대의 이슬람 사원, '아흐마드 카디로브 모스크'도 들어섰습니다. 그러나 화려한 겉모습 이면에는 아직도 테러와 분쟁의 불씨가 도사리고 있습니다.

우크라이나는
왜 러시아에게 중요한가?

러시아는 우크라이나의 수도인 키예프를 자신들의 뿌리로 보며 우크라이나를 독립된 국가로 여기지 않습니다. 998년 키예프 루시(키예프공국)가 동방정교회를 받아들이면서 러시아가 시작되었다고 보기 때문이죠. 우크라이나의 크림반도 역시 키예프공국의 블라디미르 대공이 정교회 첫 세례를 받은 곳으로 러시아정교회의 성지입니다.

조지아전쟁 다음해인 2009년, 미국은 프랑스와 함께 우크라이나의 NATO 가입을 은밀히 논의했습니다. 2013년 EU는 우크라이나에 경제지원을 제안했죠. 우크라이나와 자유무역협정(FTA)을 맺고 NATO로 끌어들이기 위해서였습니다. 하지만 러시아는 모스크바와 가까운 우크라이나가 유럽 편으로 돌아서는 것을 가만히 두고 볼 수 없었죠. 게다가 우크라이나는 서부유럽으로 연결된 다수의 가스관이 지나가기도 합니다. 푸틴 대통령이 EU에 대응해 2010년 벨라루스, 카자흐스탄과 맺은 관세동맹에도 우크라이나의 참여가 필요했죠. 당시 우크라이나의 야누코비치 대통령(재임 2010.2~2014.2)은 EU와 러시아 사이에서 러시아를 선택합니다. 그러자 반러파 시위대가 수도 키예프에서 격렬한 시위를 벌였고, 의회를 장악한 야당에 의해 대통령은 쫓겨나고 말았죠. 이후 정권을 잡은 우크라이나계는 러시아와 관계를 끊는데, 이로 인해 동부의 러시아계 주민들이 반발하게 됩니다.

우크라이나는 드네프르강을 중심으로 동서갈등이 심한 나라입니다. 리비프를 중심으로 한 서부지역은 과거 합스부르크제국의 영향으로 가톨릭이 우세하고 러시아를 배척하며 유럽에 호의적입니다. 도네츠크를 중심으로 한 공업지대인 동부는 '친(親)러시아' 정서가 강하고, 정교회가 다수이며, 러시아계 주민의 비율도 높죠. 도네츠크 지역은 탄광업, 중공업, 전력산업 등을 중심으로 국가 재정의 75% 이상을 차지하는 핵심지역입니다. 동서 두 지역은 각자 지지하는 정당에 몰표를 던질 만큼 전혀 다른 정서를 갖고 있죠.

특히 동쪽 주민들이 친서방 세력에 반발하는 데는 나름 사연이

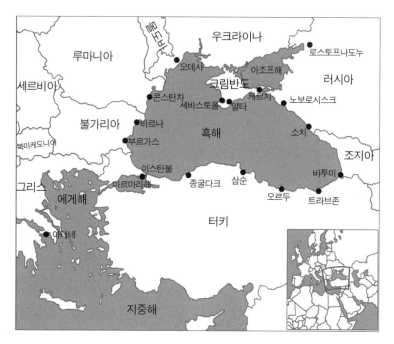

흑해 주변
러시아는 우크라이나로부터 크림반도를 합병했습니다. 60년 만에 크림반도를 되찾은 푸틴은 위대한 지도자로 칭송받았죠.

있습니다. 우크라이나의 가장 서쪽은 1939년 소련에 병합되었는데, 1941년 독일 침공 때 나치군을 환영했다가 독일 패망 후 나치를 도운 자들은 미국으로 망명했죠. 그랬던 이들이 1991년 우크라이나가 독립하자 귀국해 민주화운동을 이끌었던 것입니다. 하지만 숭고한 희생으로 히틀러를 물리쳤다는 자부심을 가진 동쪽 주민들로서는 나치주의자들이 동부 출신의 대통령을 러시아로 쫓아낸 것을 참을 수 없었죠. 이에 동부 주민들은 분리 독립을 위한 무장투쟁을 벌였고, 이를 러시아가 뒤에서 지원한 것입니다. 우크라이나 동부지역의 산업기반은 러시아 경제에 이득이 될 것입니다. 장기적으로 러시아는 아예 동부 우크라이나를 분열시켜서 러시아에 포함시킬 가능성도 배제할 수 없습니다. 심지어 러시아군이 우크라이나를 무력 침공할 수 있다는 가능성마저 제기되고 있죠.

우크라이나는 2019년 대선에서 정치를 전혀 해본 적이 없는 코미디언 젤렌스키가 대통령에 당선되었습니다. 기성 정치인들의 부정부패에 시달려온 국민들이 새로운 인물을 뽑은 거죠. 우크라이나의 혼란한 현실을 잘 보여주는 사건입니다.

러시아의 성지 탈환, 크림반도 점령

크림반도(크리미아)는 우크라이나의 남쪽으로 튀어나온 흑해 북부에 위치한 반도입니다. 다양한 민족이 거주하지만 러시아인이 150만 명(약 70%)으로 가장 많죠. 러시아는 이슬람제국으로부터 정교회의 성지인 크림반도를 회복하려고 애썼습니다. 흑해 주변을 놓고 벌어진 러시아와 오스만제국의 대결은 종교전쟁이기도 하죠. 17세기 이래 크림반도에는 남하하려는 러시아와 이를 저지하는 오스만제국과 유럽 세력이 계속 충돌해왔습니다. 예카트리나 대제 때 러시아-투르크전쟁(1770~1774)에서 승리하고 크림과

캅카스를 할양받아 영토를 넓혔으며, 1783년에는 크림반도를 오스만제국으로부터 되찾았죠. 러시아의 승리로 오스만제국은 쇠퇴의 길을 걷게 됩니다. 흑해와 카스피해를 장악한 러시아는 이슬람 세계의 지식과 문화도 흡수했죠. 19세기에는 러시아 남부지역을 통해 이슬람과 연결되었고 인도양으로 나아가는 발판을 마련했습니다. 이후 소련 시대에는 무려 발칸반도에서 시베리아까지 광대한 이슬람 지역을 다스리게 되었죠.

러시아는 서쪽으로도 힘을 떨쳤습니다. 1611년 모스크바를 함락시켰던 폴란드를 프로이센, 오스트리아와 함께 분할하며 1795년 폴란드를 지도상에서 사라지게 했죠. 러시아의 남하를 경계한 영국은 크림반도를 빼앗으려고 했습니다. 영국은 프랑스와 함께 크림전쟁(1854~1856년)에서 오스만제국을 지원했고, 결국 러시아는 전쟁에서 패해 크림반도를 빼앗기고 맙니다. 러시아는 이후에도 오스만제국과 수차례 전쟁을 벌였는데, 1877년 마침내 러시아가 승리하면서 크림반도, 캅카스, 중앙아시아까지 차지하게 됩니다.

그런데 1954년에 소련 지도부는 우크라이나의 러시아 편입(1654년) 300주년을 기념해 크림반도를 우크라이나공화국에게 선물로 주었습니다. 당시에는 같은 연방국가였기에 아무런 문제가 없었지만, 소련 해체 후 우크라이나의 독립으로 인해 요충지인 크림반도가 우크라이나의 영토가 되면서 러시아와 갈등이 시작되었습니다. 흑해함대 기지도 이곳에 있었기 때문이죠.

이후 친러파인 야누코비치 대통령이 탄핵당하자 크림은 반발하면서 우크라이나에 독립을 선언했고, 크림 당국이 실시한 주민투표에서 95.6%가 러시아 편입에 찬성했습니다. 2014년 푸틴은 크림반도를 강제로 합병하면서 60년 만에 크림반도를 되찾습니다. 이로 인해 푸틴은 러시아정교회로부터 성지를 되찾은 위대한 지도자로 칭송받았죠. 이를 계기로 푸틴은 강력한 러시아를 이끌어갈 지도자로 다시금 인정받으며 장기 집권의 발판을 마련했습니다.

하지만 우크라이나와 서방은 영토에 관한 결정은 국민투표를 통해 한다는 우크라이나 헌법에 따라, 크림의 주민투표를 인정하지 않고 있습니다. 그리고 미국은 러시아에 전 방위 경제제재를 가했고, EU 국가들까지 미국의 눈치를 살피며 이에 동참했죠.

미국도 러시아도 쉽게 포기할 수 없을 만큼 크림반도는 지중해와 유럽을 잇는 전략적 요충지입니다. 러시아는 우크라이나에 친미정부가 들어서면 크림반도에 미군함대와 미사일기지가 배치될까 우려했죠. 러시아는 크림반도를 합병하면서 크림의 분리는 우크라이나 내부 문제이며 서방에서 쿠데타를 지원한 데 책임이 있다고 주장합니다. 그러면서도 자국의 이익과 직결된 요충지에 문제가 발생할 때마다 '평화유지군'이라는 명목으로 군대를 파견하고 있습니다. 실제로 러시아는 러시아계 주민이 많은 우크라이나 동부지역의 반군을 지원하며 우크라이나를 압박하는 이중적인 태도를 보이고 있죠.

유라시아를 가로지르는
에너지 파이프라인

유럽의 에너지 안보는 러시아와 직결된 문제입니다. EU는 2008년 미국발 금융위기에 이어 남유럽 경제위기까지 겪고 있는 상황입니다. 이 와중에 러시아의 천연가스마저 끊어지면 큰일이기 때문에 EU가 러시아를 적극적으로 제재하지 못하는 것입니다.

석유와 가스,
파이프라인의 지정학

실제로 러시아는 서유럽이 소비하는 천연가스의 30%를 공급하고 있습니다. 더구나 EU의 북해유전 가스 생산량은 급격히 감소하는 추세이고, 핀란드·체코·불가리아·우크라이나는 가스 대부분을 러시아에 의존하고 있습니다. 러시아 입장에서도 가장 큰 수익을 내고 있는 가스와 원유 수출은 매우 중요합니다. 러시아의 천연가스 중 절반 이상이 우크라이나의 파이프라인을 통해 유럽에 공급되고 있죠. 그뿐만 아니라 러시아 제조업 교역도 우크라이나를 통과합니다. 러시아와의 분쟁 이후 우크라이나는 러시아 송유관을 전부 국유화해버렸습니다.

이에 러시아는 우크라이나를 거치지 않는 가스망을 구상하고 건설해왔습니다. 발트해를 거쳐 독일로 연결하는 가스관과 흑해를 통과해 터키로 바로 연결하는 가스관을 건설해 유럽으로 가스를 공급하는 방안입니다. 만약 러시아의 계획대로 추진된다면 러시아의 유럽에 대한 영향력은 더욱 강화될 것입니다.

2006년 1월과 2009년 1월에 러시아와 우크라이나 사이의 가스 가격분쟁으로 인해 우크라이나를 거쳐서 유럽으로 공급되는 러시아 가스관이 정말로 차단되었습니다. 때마침 겨울이라 동사자가 발생하는 등 유럽의 피해는 막대했죠. 특히 발전과 주거용 난방을 러시아 가스에 크게 의존해온 남동부유럽의 피해가 컸습니다.

통과세 문제로 벨라루스와, 우크라이나 등이 러시아와 자주 갈등을 빚자 유럽국가들은 러시아와 직통으로 연결된 가스관 건설을 추진했죠. 2011년 러시아에서 발트해를 통과해 독일로 바로 연결되는 세계 최장 해저가스관(Nord stream)이 완공됩니다. 비슷한 길이의 '노르트스트림-2(Nord Stream-2)'도 2019년 말에 완공될 예정이었지만, 러시아의 영향력을 줄이려는 미국의 제재로 인해 2021년에 와서

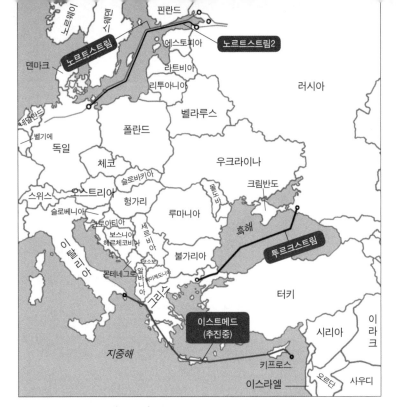

바다를 통과하여 유럽과 연결되는 가스관

유럽은 러시아와 연결되는 노르트스트림, 투르크스트림 외에 이스라엘과 이스메트 가스관
건설도 추진하고 있습니다.

야 완공됩니다. 러시아의 가스 생산지도 서부 시베리아에서 세계 최
대 매장량을 자랑하는 북극해 인근의 북부지역으로 이전되고 있습
니다. 이 가스망이 연결되면 EU의 에너지 수요를 안정적으로 충족
시킬 수 있죠. 또 새로운 가스관은 50년 이상 낡은 가스관보다 운송
비도 절반 정도이므로 가스 가격도 낮아질 것입니다.

또한 러시아 남부에서 흑해 해저를 통해 터키 서부, 러시아로 연
결되는 '투르크스트림(Turk Stream)' 가스관도 2020년부터 운영 중

입니다. 러시아의 대규모 가스 매장지를 터키의 가스 운송 네트워크에 직접 연결하므로 터키와 유럽에 대한 안정적인 에너지 공급에 도움이 됩니다. 이와 함께 러시아의 영향력은 더욱 커지게 되었죠.

노르트스트림에 대해 독일과 오스트리아, 프랑스, 스칸디나비아 국가 등은 에너지의 안정적 확보 차원에서 환영하는 입장입니다. 하지만 러시아를 두려워하는 동부 EU 국가들은 크게 반발했죠. 특히 체코, 폴란드 등은 독일이 EU의 에너지 패권을 쥐고 동유럽회원국에게 압력을 행사할까 염려합니다. 발트 3국 등 발트해 주변국들도 러시아의 영향력이 커지는 것을 우려했죠. 러시아는 투르크스트림으로 동유럽을 연결하고, 노르트스트림2로는 서유럽을 연결하게 되었습니다. 러시아는 우크라이나를 지나지 않는 새로운 가스관을 통해 우크라이나를 압박하고 있죠. 물론 EU 국가들도 러시아 에너지를 대체할 대안을 고민 중입니다. 예컨대 대규모 천연가스가 발견된 이스라엘 해상 가스전에서 지중해를 거쳐 그리스, 이탈리아까지 오는 2,000km 길이의 '이스트메드(EastMed)' 가스관 건립을 추진하는 등 또 다른 노선을 모색하고 있죠.

미국의 러시아 고립 전략도 계속 이어질 전망입니다. 미국은 유럽에서 러시아의 에너지 영향력이 더 이상 커지지 않길 바라니까요. 그런데 유럽은 미국이 NATO를 확대해 무리하게 러시아를 압박한다고 생각하는 반면, 미국은 유럽 문제에 자신들이 총대를 메고 고생하고 있다며 생색을 내고 있죠. 러시아는 형제국 우크라이나가 미국편으로 돌아선 것을 배신으로 여기므로 앞으로도 이 지역

문제는 쉽사리 해결되지 않을 것으로 보입니다.

이 책의 1쇄 출간 직후 우려한 대로 러시아가 우크라이나를 침략했습니다. 러시아는 그동안 유럽이 소비하는 천연가스의 40% 정도를 공급해 왔습니다. 그러나 우크라이나 전쟁으로 유럽은 값싼 러시아 에너지를 쓸 수 없게 되어 경제적으로 매우 힘들어졌습니다. 유럽은 기후온난화에 대응해서 신재생에너지로 전환하는 중이었지만, 상당 기간 에너지 문제로 어려움을 겪을 것입니다.

동북아와 러시아의 에너지 지정학

현재 러시아에게 유럽보다 더 거대한 시장은 중국, 한국, 일본 등 동북아 3국입니다. 이곳에 러시아산 가스와 원유를 수출하게 되면 러시아의 경제는 한 단계 도약할 수 있죠. 동북아 3국은 세계 최대 에너지 소비국이기 때문입니다. 하지만 북미나 유럽에 비해 동북아는 지리적 지정학적 이유로 인해 안정적인 에너지 공급이 어렵습니다. 예컨대 한국은 남북분단으로 대륙과 단절되어 있고, 일본은 섬나라이니까요.

동북아 3국 중 러시아와 먼저 파이프라인을 연결한 것은 중국입니다. 서방이 발칸반도 문제로 러시아에 전 방위 제재를 가하자 러시아는 아시아로 눈을 돌렸죠. 중국을 비롯한 동아시아와 인도 등

시베리아 가스관(2021년 기준)

중국은 러시아와의 파이프라인을 통해 미국의 지배권에서 벗어나 안정적 에너지 수입로를 모색하고자 합니다.

남아시아를 연결하는 에너지 협력사업으로 고립을 돌파하려는 전략입니다. 실은 러시아의 송유관을 놓고 중국과 일본이 서로 경합을 벌였는데, 일본은 러시아 측에 송유관 건설과 유전 탐사 등에 드는 자금 지원을 약속했지만, 결국 러시아는 중국과 사업을 시작했죠. 일본은 지금도 사할린에서 도쿄만으로 연결되는 파이프라인 천연가스(PNG) 설치를 러시아 측에 계속 제안 중입니다.

중국이 러시아 파이프라인에 목을 매는 이유는 역시 지정학적 이유가 큽니다. 중국은 아직 중동산 원유 수입 의존도가 높은데, 중동산 원유의 해상수송은 동남아 군사요충지인 말라카해협을 경유하고 있죠. 즉 미국의 해상 지배권하에서 이루어진다는 뜻입니다. 중국은 미국의 해상 지배권에서 벗어나 안정적인 에너지 수입로를 확보하기 위해 다양한 해상 수송로를 개발하고 있으며, 그중 하나인 러시아 파이프라인 연결 사업 추진으로 천연가스 수요의 20% 이상을 해결했습니다. 이제 러시아의 동북아시아 영향력도 늘어나고 있습니다.[4]

러시아 파이프라인을 한국에 연결한다면?

한반도에 러시아의 천연가스 파이프라인을 연결하려는 논의는 푸틴 정부 초기부터 있었습니다. 만약 러시아와 북한을 거쳐 파이프라인이 연결되면 기존 LNG의 4분의 1 가격으로 이용할 수 있죠. 그런데 왜 아직까지 사업이 진행되지 못한 걸까요?

우선, 북한이 국제 제재를 받고 있기 때문입니다. 둘째는 성사된다고 해도 북한의 사정에 따라 남한으로 향하는 파이프라인이 잠길 수 있다는 우려 때문이죠. 우크라이나 사태 때 유럽으로 향하는 가스관이 잠긴 것을 보면 충분히 예상할 수 있을 것입니다. 셋째는 파이프라인이 북한을 경유할 때 통과 수수료를 지불하는데, 이 자금이 북한의 무기개발에 이용될 수 있다며 반대하는 서방의 견제 때문이죠.

따라서 분단국가인 우리나라가 러시아산 원유와 천연가스를 파이프라인을 통해 공급받으려면 남북관계의 발전과 북한 핵 문제 해

....
4. 러시아 시베리아 아무르주 스코보로디노(Skovorodino)에서 중국 다칭(大慶)을 잇는 송유관이 건설돼 2011년 1월부터 원유 수송이 시작됐고, 두 번째 송유관 건설 사업도 추진 중이다.

결이 급선무입니다. 아마도 오랫동안 한반도 평화에 대한 이야기를 들으면서도 그저 막연히 동의할 뿐, 그게 왜 우리의 미래에 중요한지에 관해서는 잘 몰랐을지도 모릅니다. 하지만 남북 문제의 해결은 우리의 미래 에너지 안보와도 직접 연관되어 있습니다.

동북아 에너지 협력이 이루어지면 동북아의 지정학적 긴장도 완화될 것입니다. 일본은 후쿠시마 원전 사고 이후 천연가스의 수요가 크게 증가했죠. 중국도 미세먼지 해소를 위해 전기발전에 석탄 대신 천연가스 사용을 늘리려는 추세입니다. 우리나라도 노후화된 석탄발전소를 닫고 LNG 발전 비중을 계속 증가시킬 계획이죠. 향후 안정적으로 천연가스를 확보하기 위해 극동지역의 개발에 참여하는 방안도 구상하고 있습니다. 한반도의 안보 여건이 안정되면 남 · 북 · 러 PNG(Pipeline Natural Gas) 가스관 사업도 진행될 수 있습니다.

우리와 마찬가지로 원유와 천연가스를 해외 수입에 의존하고 있는 일본은 2018년 5월부터 셰일가스로 만들어진 미국산 LNG를 수입하고 있습니다. 또한 원유는 90% 가까이, 천연가스는 20% 이상을 중동에서 수입하고 있죠. 앞으로 남중국해를 거쳐 들어오는 원유 수입로가 국제정세의 변화로 인해 문제가 생긴다면 일본의 에너지 안보는 위험해질 것입니다. 그렇기 때문에 일본은 러시아, 미국 등 여러 경로로 에너지 수입을 다각화하려는 것입니다. 우리나라의 처지 역시 크게 다르지 않습니다. 그렇기 때문에 향후 러시아 가스관이 연결된다고 해도 러시아의 에너지 영향력을 견제하기 위해 미국산 원유와 LNG 수입 또한 계속 유지할 가능성이 높습니다.

러시아는 어떤
지정학적 문제를 안고 있나?

세계에서 가장 넓은 땅덩어리를 자랑하는 러시아. 특히 광활한 시베리아 벌판은 러시아의 상징이기도 하죠. 하지만 이런 지리적 특성은 국가 안보나 경제발전에 걸림돌이 되기도 합니다. 이 장을 시작하면서 이야기했지만, 러시아의 드넓은 땅 중 실제 인구가 거주하는 지역은 극히 한정적이며, 인구 또한 계속 감소하는 추세입니다. 이로 인해 러시아는 골머리를 앓고 있죠.

외세의 침략을
방어하기 어려운 지형

러시아는 동서양에 걸쳐 국경이 가장 긴 나라입니다. 러시아는 초원과 평원이 사방으로 너무 광활하게 이어지다

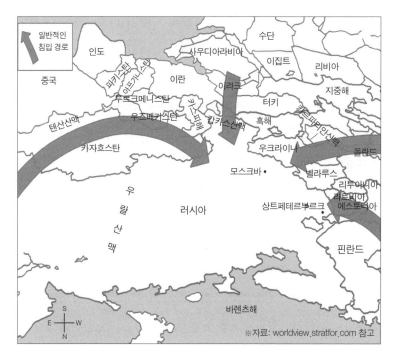

러시아 지형과 침입 경로

북쪽에서 남쪽을 향해 바라본 지도입니다.

보니 지형적으로 방어가 어려웠죠. 러시아는 초원을 달려온 몽골의 침략으로 키예프공국이 멸망한 후, 숲이 많은 북부의 모스크바로 수도를 옮겼지만, 여전히 방어하기가 쉽지 않았습니다.

반대로 지리적 이점도 있습니다. 광활한 국토 덕분에 유럽 정복을 꿈꾸던 나폴레옹과 히틀러의 잇따른 침략을 모두 막아냈으니까요. 비록 넓은 국토를 이용해 시간을 끄는 전략으로 이겼지만, 피해도 막심했습니다. 유럽의 공격을 막아줄 완충지대가 절실했죠.

늘 외부 세력의 침략에 대한 불안감에 시달려온 러시아는 국력이 강해지면 방어에 유리한 지리적 경계가 있는 곳까지 남쪽과 동쪽으로 영토를 넓혀 나갔습니다. 러시아 외교 안보 전략의 핵심은 바로 국경을 접한 국가를 완충지대(buffer zone)로 만드는 것입니다. 과거 소련 시절에는 중앙아시아와 캅카스 지역, 동유럽까지 소련의 일부 또는 동맹국이었습니다. 하지만 소련이 붕괴한 후에 과거 동맹국이던 유럽국가들은 하나둘 NATO에 가입했죠. 러시아가 우크라이나 사태에 적극 개입하는 이유도 서방 세력에 맞서는 완충지대를 절대로 포기할 수 없기 때문입니다.

현재 러시아는 NATO 회원국들에 둘러싸여 있고, 러시아에서 이탈하려는 조지아 · 우즈베키스탄 · 투르크메니스탄과도 긴장관계입니다. 중국과는 협력관계를 유지하고 있지만, 언젠가 대결을 피할 수 없는 경쟁자이며, 태평양으로는 가장 강력한 미국과 일본이 주변을 봉쇄하고 있죠. 과거부터 러시아는 대영제국과 미국의 봉쇄망을 뚫기 위해 끊임없이 부동항을 찾았습니다. 무리하게 크림반도를 합병한 것도 지중해로 나가는 유일한 부동항인 세바스토폴을 확보하기 위해서였죠.

푸틴 시대의 러시아는 '유라시아'라는 정체성을 강조하며 국경선을 서로 연결하고 협력하는 방향으로 나아가고 있습니다. 즉 대서양, 유라시아, 태평양 지역을 하나로 잇는 유라시아 중심국가가 되겠다는 야심만만한 구상입니다. 중국에서 유럽까지 연결하는 동서교통망과 러시아에서 중앙아시아를 거쳐 파키스탄으로 이어지는 남북교통망 건설에도 큰 관심을 갖고 있습니다.

비록 소련 시절만큼은 아니라도 러시아는 시리아 내전과 우크라이나 내전, 파키스탄 문제 등에 개입하며 여전히 국제사회에서 힘을 과시하고 있습니다. 다만 과거 냉전시대처럼 초강대국 미국과 단독으로 대결하려고 하지는 않습니다. 상하이협력기구(SCO)[5]와 유라시아경제연합(EEU)[6]을 통해 유라시아 경제를 연결하고 협력하고 있죠. 상하이협력기구 회원국은 러시아 남부 국경지대뿐만 아니라 인도, 파키스탄까지 확대되었습니다.

갈수록 줄어드는 인구와 인구구조의 위기

러시아는 한반도 넓이의 77배지만, 인구는 1억 4천만 명 수준으로 일본과 비슷합니다. 지속적인 인구 감소추세에 출

---

5. 상하이협력기구(SCO)는 미국 중심의 일방적인 국제 질서에 대응하기 위해서 중국과 러시아가 주축이 되어서 2001년에 출범하였다. 중앙아시아 4개국인 카자흐스탄, 키르기스스탄, 타지키스탄, 우즈베키스탄 등도 회원이다. 중국과 러시아 모두 경계하는 분리주의와 테러리즘, 극단주의에 대해 대응하고 다자간 협력으로 국경을 획정하고 국경 통제를 강화하였다. 회원국 간 정치, 경제, 에너지 등에서 협력하고 평화를 위한 공조 체제를 구축하기 위해 노력한다. 매년 정상회담을 통해 주요 사항을 결정하고 있다.
6. 유라시아경제연합(EEU)은 EU에 대응하는 기구 창설을 위해 러시아를 중심으로 옛 소련권 국가들의 연합체 카자흐스탄, 벨라루스, 키르기스스탄, 아르메니아 등 독립국가연합(CIS) 내 5개국으로 구성되어 있다. 회원국가들은 석유, 가스 등 풍부한 천연자원을 보유하고 있으며, 인구 1억 8,000만 명의 내수시장과 유럽과 아시아를 관통하는 지정학적 요지이다.

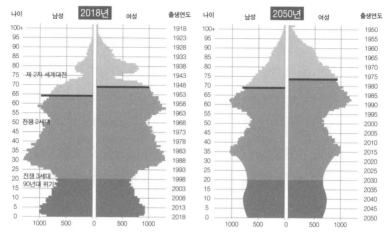

※자료 : the Russian Demographic Data Sheet 2019
2020년 인구 : 145,934,459명

러시아 연방 2018년 인구구조와 2050년 예상 인구구조
러시아는 2차 세계대전으로 수천만 명의 인구가 사망했고, 1990년대 위기 때에도 출산이 급
감했습니다. 굵은 선은 평균수명입니다. 좀처럼 늘지 않는 인구는 러시아의 고민거리입니다.

산 장려정책을 펼치고 있지만, 큰 효과는 거두지 못하고 있죠. 중앙
아시아 이민자들이 유입되거나 출생률이 급증하지 않는 한 2050년까
지 1억1,900만 명으로 감소할 것이라고 UN은 전망하고 있습니다. 인
구 고령화로 노동력이 감소하고 연금기금 적자가 심화되면서 2018
년에 연금 수령 나이를 65세로 높였지만, 곧장 반대시위가 벌어졌죠.
러시아는 평균 수명이 남성 65세, 여성 76세라[7] 남자들은 고작 1년만

....

7. 2020년 남성 68.1세, 여성 78.6세로 평균수명이 늘어났다. 남성의 평균수명이 여성보다 10
년 이상 짧은 것은 높은 흡연율, 음주 습관 등이 원인이다. 소득수준이 높고 환경이 좋은 대도
시의 평균수명이 지방보다 5년 이상 길다.

연금을 받으라는 것이냐며 분노의 목소리를 낸 것입니다.

유럽 지역에만 편중된 인구분포도 문제입니다. 시베리아와 극동지역은 러시아 면적의 77%를 차지하지만, 전체 인구의 20%만이 거주하고 있죠. 러시아 코앞인 연해주를 비롯한 극동지역 바로 옆 중국에는 인구 1억이 버티고 있습니다. 합법적·불법적으로 넘어오는 중국인이 계속 늘고 있어서 푸틴 대통령도 극동지역이 미래에 중국 땅이 될까 걱정할 지경입니다. 무엇보다 심각한 문제는 시베리아 등 변경지역의 인구 유출입니다. 러시아 극동지역의 면적은 한반도의 약 28배에 달하지만 인구는 고작 600만 명에도 미치지 못하며, 그나마도 빠르게 감소하고 있으니까요.

소련 시절에는 공업을 이전하고 자원개발을 위해 서부 주민들을 시베리아로 유배를 보내거나 강제로 이주시켰습니다. 하지만 오늘날 러시아 동부의 인구 감소 문제를 해결하려면 한반도와 일본의 자원개발과 투자가 절실합니다. 이런 이유로 푸틴이 우리나라와의 천연가스관 사업에 지대한 관심을 보이는 것입니다.

러시아는 거대한 영토를 얻은 대가로 다민족사회가 되었습니다. 러시아는 동슬라브계가 50%를 넘지만 140여 민족으로 이루어져 있습니다. 러시아인의 비중은 갈수록 줄어드는 반면 소수민족의 비중은 계속 높아지고 있죠. 비슬라브계 민족은 인종과 언어, 종교 등 많은 면에서 슬라브계와는 다릅니다. 전체 인구의 약 8% 정도를 차지하는 볼가-우랄 민족은 무슬림이 대부분입니다. 심지어 캅카스의 체첸인처럼 러시아에 적대적인 민족도 포함되어 있습니다. 또 시베리아 민족은 러시아보다는 몽골·중국 등과 더 가깝죠.

같은 다민족국가라도 중국은 소수민족의 비중이 약 8%에 불과합니다. 반면 러시아는 소수민족이 20%나 되고, 출생률도 슬라브계보다 훨씬 높습니다. 이대로라면 2050년경 러시아 최대 인구집단은 무슬림이 될 것이라는 전망입니다. 하지만 이슬람계 러시아인은 정체성이 사뭇 달라서 결국 러시아 사회와 분리될 가능성이 높습니다. 계속 슬라브계 인구가 줄어든다면 러시아가 현재의 거대한 영토를 유지하기란 더더욱 힘겨워질 전망입니다.

자원의 불균형과
부의 불평등

러시아는 자원이 매우 풍부한 나라입니다. 세계 최대의 숲이 있으며, 브라질 다음으로 담수 자원이 풍부하고, 천연가스 매장량도 세계 최고 수준이며, 석유 확인 매장량도 세계 5위이죠.

러시아 경제의 문제는 석유와 천연가스에 대한 의존도가 지나치게 높다는 것입니다. 유가가 높을 때는 호황을 누렸지만, 2014년부터 배럴당 100달러를 넘던 유가가 30달러 아래로 떨어지고 경제제재까지 겹쳐 어려움을 겪었죠. 미국의 셰일혁명으로 장기적으로 고유가 시대는 저물고 있습니다. 수입의 상당 부분을 천연가스 수출에 의존하는 러시아의 경제도 타격을 받을 것입니다. 그렇게 되면 군사력 강화를 위해 군의 현대화를 추진하는 비용도 감당하기 힘들어지겠죠. 미국이 본격적으로 LNG가스를 수출하고 유럽과 독립국가연합(CIS)국가들 역시 본격적으로 셰일가스를 생산하면 자원을 무기로 유럽을 압박하는 기존 외교 방식도 힘을 잃을 것입니다.

두 번째 문제는 부의 불평등입니다. 소련 붕괴 후 러시아는 국가의 부를 소수가 독점하고, 마피아가 경제를 장악하는 최악의 상황에 처합니다. 푸틴은 부당하게 분배된 일부 에너지기업들을 국유화하면서 국가 재정을 강화하고, 정상적인 경제활동을 가능하게 함으로써 높은 인기를 누렸죠. 그럼에도 여전히 러시아의 부정부패와 빈부격차는 극심합니다. 러시아 상위 1%가 국부의 70%를 차지할 정도이니까요.

러시아 학자가
한 · 러 공생국가론을 주장하는 이유

국력이 왕성할 때, 러시아는 청과 베이징조약을 맺고 연해주를 차지했습니다. 중국은 동쪽 바다가 막히게 되었고, 러시아는 동아시아에 자리를 잡을 수 있었죠. 극동지역의 중심지는 블라디보스토크인데, '동방을 지배하라'는 뜻을 담은 도시로 시베리아철도의 시작점이기도 합니다. 청일전쟁 이후 조선이 열리자 러시아는 한반도까지 영향권에 두게 됩니다. 이미 20세기 초에 시베리아 횡단철도를 한반도 동해안을 따라 남해안의 부산과 거제까지 연결하려는 야심만만한 계획을 세우기도 했죠. 만약 러시아의 뜻대로 계획이 착착 이루어졌다면 아마 거제도는 러시아의 국제 무역항이 되었을 것입니다.

예일대학교 역사학 교수 폴 케네디는(Paul Kennedy)는 저서 《강대국의 흥망》에서 "한 국가나 제국이 쇠퇴하는 것은 국제관계에 영향력을 행사할 수 있는 군사력과 그에 걸맞은 경제력이 불균형을 이룰 때 발생한다."고 언급했습니다. 러시아는 여전히 막강한 군사력을 보유한 강대국이지만, 거대한 영토를 제대로 운영할 만한 힘이 부족하죠. 인구와 경제력에 걸맞지 않은 거대한 영토는 자칫 러시아를 위험에 빠뜨리는 덫이 될 수도 있습니다.

오늘날 러시아 극동지역은 인구 부족과 재정 부족에서 벗어나려 안간힘을 쓰고 있죠. 아울러 밀려오는 중국 자본과 중국인들로 인해 행여 중국에게 이 땅을 다시 빼앗기지 않을까 걱정하고 있습니다. 러시아는 블라디보스토크를 중심으로 동아시아와 연계할 수 있는 길을 모색하고 있습니다. 러시아가 2015년 발효한 「블라디보스토크 자유항법」에는 비자발급 간소화, 24시간 통관업무, 거주자와 외국기업에 대한 각종 세금 혜택 등 파격적인 내용을 담고 있죠. 블라디보스토크를 완전히 개방해 홍콩 같은 자유지대로 만들어보겠다는 구상입니다. 이곳은 러시아에서 외국인에 대한 세금 혜택이 가장 좋은 도시입니다.

또 청년인구를 끌어들이기 위해 극동연방대학을 10개로 늘리고, 이 주민에게 5년간 토지를 임대하여, 정착한 사람에게는 땅을 무상으로 나눠주는 정책도 실시하고 있습니다. 앞으로 북극항로가 개척되면 블라디보스토크는 대륙 철도와 바다를 잇는 물류의 중심으로 떠오를 것입니다. 하지만 안타깝게도 시시각각 감소하는 인구와 더불어 러시아에는 그리 많은 시간이 남아 있지 않아 보입니다.

러시아의 사회학자 블라디미르 수린(Vladmir Syrin)은 2005년에 한국과 러시아가 공생국가를 이루어야 한다는 주장으로 주목을 받았습니다. 급격한 인구 감소로 국가 생존의 위기에 처한 러시아가 중국으로부터 영토를 지키고 살아남으려면 한국인들이 시베리아에 자유롭게 이주해 지역의 활력을 높여야 한다는 것입니다. 우리나라 또한 작은 반도에서 벗어나 대륙국가로 도약하고 시베리아의 에너지 자원을 확보해서 경제개발을 이루며, 나아가 남북통일도 이룰 수 있다는 주장입니다.

러시아는 전통적으로 유럽 지역에 인구와 기반시설이 집중되어 있지만, 러시아의 미래는 유럽과 아시아를 통합하는 유라시아제국 건설에 달려 있습니다. 앞으로 유럽뿐만 아니라 중동, 남부아시아, 동아시아로 에너지 수송관과 교통로 등을 적극 연결해 나가야 하죠. 특히 동아시아와 밀접한 관계를 맺어 나가면서 시베리아와 극동 지역을 함께 발전시켜야 합니다.

지금은 4차 산업혁명 시대입니다. 인공지능, 사물인터넷, 로봇과 무인차 등의 기술이 세계 경제의 판도를 바꾸고 있죠. 친환경 에너지혁명도 급격히 진행 중입니다. 러시아는 지금도 기초과학 분야와 군사, 항공우주, 해양수송 분야에서의 경쟁력은 세계적으로 손꼽힐 정도입니다. 4차 산업 분야에서도 무인트럭과 버스, 무인항공기 등의 분야는 상당히 앞서가고 있죠. 반면 자동차, 가전, IT 분야 등에서는 유명 러시아 제품이 딱히 없을 정도로 전반적인 기술혁신은 뒤처져 있습니다. 군사 강국이자 자원 대국이지만, 경제력과 혁신 면에서 동아시아국가들의 협력이 절실한 처지입니다. 만약 러시아가 지지부진한 상태로 계속 머물러 있다가는 재기하기는커녕 엄청난 위기를 맞게 될 것입니다.

북극항로와
러시아의 도약

지구온난화와 기후변화는 인류의 생존마저 위협하는 대재앙이 될 것이라는 전문가들의 예측과 함께, 이제 전 세계가 이 문제를 해결하기 위해 힘을 모으고 있습니다. 그런데 아이러니하게도 러시아에게 지구온난화는 생태 위기이자 한편으론 기회가 되고 있습니다. 즉 시베리아의 경우 고온현상으로 인해 침엽수림이 불타는 등 생태계 파괴가 일어나고 있지만, 온난화로 인해 여름에만 잠깐 녹던 북극해는 점점 항해 가능한 시기가 늘어나고 있고, 그 결과 북극해로 통하는 거대한 강들도 운항이 잦아지면서 주변지역 개발이 늘어나고 있으니까요. 꽁꽁 얼어붙어 방치되어온 광활한 땅이 새로운 농경지로 바뀌고, 시베리아와 북극해 주변의 석유, 천연가스, 셰일 가스 등 엄청난 에너지가 개발될 가능성이 한층 높아지고 있는 거죠.

북극해가 녹기 시작하자 러시아는 북극 주변 야말반도와 기단반도에 묻힌 세계 최대 규모의 천연가스를 시추하는 사업을 진행하고 있습니다. 북극해에서는 얼음을 깨며 항해하는 쇄빙선이 필요합니다. 우리나라는 쇄빙 기능이 있는 LNG 선박을 세계 최초로 건조하여 러시아에 수출했습니다. 이렇게 개발된 LNG는 주로 유럽으로 수출되고 있죠. 만약 2030년대에 북극항로가 완전히 뚫린다면 수에즈운하를 능가하는 새로운 바닷길이 될 것입니다. 우리나라와 유럽까지의 항해 거리도 32% 정도 단축되고, 화물수송 기간도 40일에서 30일로 줄어듭니다. 이 새로운 항로에서는 우리나라 부산이 싱가포르처럼 핵심항구로 떠오를 가능성이 높습니다.

장기적으로 시베리아와 극동지역마저 경제가 살아나고, 기반시설이 좋아지면서 인구 증가도 일어난다면 러시아는 유럽과 아시아를 아우르는 진정한 유라시아의 중심이 될 것입니다. 향후 지리적으로 북극해와 동토에 갇혀 있던 러시아가 깨어난다면 유럽과 아시아에서의 지정학적 영향력은 더욱 커질 전망입니다.

중동 지역은 석유와 천연가스의 가격에 따라 국가 경제가 좌우되는 곳입니다. 석유수출국기구(OPEC)의 핵심회원국들이 이 지역에 몰려 있죠. 특히 페르시아만 주변지역은 세계 최대의 원유 산지입니다. 1970~1980년대에 두 차례에 걸친 오일쇼크로 세계 경제가 휘청거릴 때 떼돈을 번 중동국가들은 소위 오일머니로 도로, 항만, 공장 등을 짓기 시작했죠. 한때 우리나라도 중동 건설에 뛰어들면서 현대와 같은 기업들이 급성장하였습니다.

중동이라고 모두 같은 모습은 아닙니다. 이란과 터키의 산악지대는 겨울에 눈이 많이 내려서 스키를 즐길 수도 있죠. 요르단처럼 석유가 나지 않는 나라도 있고, 산유국이어도 정치적인 문제로 국민들의 삶은 힘겹기 그지없는 나라들도 많습니다. 중동 지역은 세계 에너지 패권을 차지하기 위한 강대국들의 이해관계로 분쟁이 끊이지 않는 곳이기도 하죠. 마지막 장에서는 석유를 품은 땅, 하지만 그로 인해 분쟁이 끊이지 않는 중동에 대해 살펴보겠습니다.

신에너지 시대, 복잡해진 중동의 이해관계

중동의 다양한 얼굴과
복잡한 속내

　　중동 하면 이슬람, 사막, 낙타, 실크로드, 석유, 억만장자, 난민, 테러집단, 명예살인과 여성인권 같은 것들이 떠오릅니다. 중동과 관련된 이슈는 늘 세계를 떠들썩하게 하죠. 한때는 석유 자원을 무기로 국제 경제를 흔들었고, 지금도 국제사회에서 중동의 영향력은 여전히 무시할 수 없습니다. 특히 에너지 자원이 부족한 우리나라는 국제 유가에 따른 경제 영향이 클 수밖에 없죠.

아랍의 권위주의 문화는
어떻게 생겨났나?

　　7세기 초 중동 지역은 큰 변화를 겪게 됩니다. 바로 이슬람교의 창시자인 무함마드(마호메트)가 부족 중심의 아랍

사회를 이슬람문명으로 바꾼 것입니다. 이렇게 탄생한 이슬람제국은 북아프리카와 유럽의 이베리아반도를 지배했고, 비잔틴제국을 무너뜨리며 동지중해를 장악했습니다. 오늘날도 중동 지역은 전통문화와 이슬람교의 영향이 워낙 강해 서구와는 다른 가치관이 강하게 남아 있죠.

아랍의 권위주의적인 문화는 유목과도 깊은 관계가 있습니다. 건조한 아라비아반도에서 계절에 따라 이동하는 유목은 오아시스와 우물이 중요합니다. 이슬람 등장 이전부터 여러 부족들은 여름과 겨울을 나기 위한 오아시스를 놓고 치열하게 싸워야 했습니다. 물은 곧 생존과 직결되었기에 남자들은 칼을 차고 다니며 경쟁했죠. 힘 있는 가문은 군사 조직과 유사했고, 부족장의 권한은 막강했습니다. 이 과정에서 자연스럽게 남성 중심의 가부장적 권위주의 사회가 이루어졌다고 볼 수 있습니다. 개인과 가문의 명예를 중요시하는 것, 많은 부분에서 여성의 자유로운 활동을 제약하는 것 또한 이러한 전통과 무관하지 않습니다.

사우디아라비아(이하 사우디), 두바이, 카타르, 쿠웨이트 등 왕정국가들은 주요 가문의 수장이 왕과 고위관료를 거의 독점합니다. 중동에서는 왕이 죽을 때까지 권력을 놓지 않는데, 독재정권들도 힘으로 누르는 권위주의 문화를 이용해 대부분 장기 집권을 이어갔습니다. 하지만 오랜 독재정권하에서 가난에 시달려온 민중들이 반발하며 시작된 아랍의 민주화운동이 중동을 휩쓸면서 중동은 아직도 정치적 혼란에서 벗어나지 못하고 있죠.

수니파와 시아파의
오랜 갈등

중동 문제를 이야기할 때면 꼭 등장하는 것이 바로 수니파와 시아파의 갈등입니다. 같은 이슬람교이면서도 사이좋게 지내기는커녕 서로를 원수처럼 여기며 치열하게 싸우는 것이 이상해 보일 수도 있습니다. 시아파와 수니파의 갈등은 무려 천년의 역사를 거슬러 올라가야 합니다. 무함마드(마호메트)가 632년에 후계자를 정하지 못하고 사망하자, 지도자 선출 문제를 두고 두 파로 분열됩니다. 수니파는 무슬림의 80~85%를 차지하는 다수파로 이들은 무함마드의 후계자인 칼리프(예언자의 대리인)를 공동체에서 선출하죠. 한편 시아파는 분파라는 뜻으로 시아(Shia)로 불렸는데, 이들은 칼리프는 신성한 존재이므로 오직 무함마드의 친족만 자격이 있다고 생각합니다.

다수인 수니파는 무함마드의 오른팔이자 장인인 아부 바크르를 칼리프로 추대했고, 소수인 시아파는 무함마드의 사촌이자 사위인 알리를 추대했죠. 1대부터 3대 칼리프는 공동체에서 선출했습니다. 그런데 4대 칼리프로 알리가 선출되었지만 암살되었고, 알리의 장남인 하산마저 독살당하고, 차남인 후세인마저 수니파와 싸우다 사망하고 맙니다. 이후 소수파는 아라비아반도 서부에서 쫓겨나 오늘날 시리아와 이라크에 해당하는 북쪽지역과 이란에 해당하는 페르시아에 정착하게 됩니다.

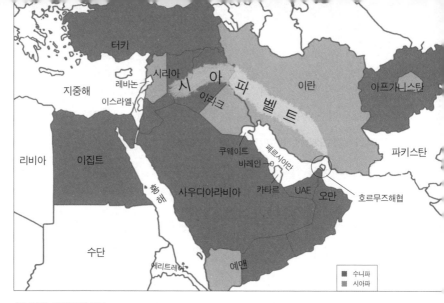

수니파와 시아파의 분포

중동은 오랜 세월 수니파와 시아파 간에 갈등이 지속되고 있습니다.

동서양을 연결하며
번성하다

중동은 인류 최초의 문명인 메소포타미아문명
과 나일강문명이 탄생한 곳입니다. 또한 고대부터 중동 상인들은
유럽과 아시아의 문명을 연결하는 역할을 해왔죠. 카라반이라 불리
는 대상(隊商)들은 도적떼로부터 상품을 지키려고 무리를 지어 다
녔는데, 낙타에 짐을 싣고 아라비아사막과 사하라사막을 건너 특산
물을 팔아 부를 쌓았습니다. 또한 계절풍을 이용해 인도양과 동아
시아의 바다를 오가며 해상무역도 했습니다. 이들이 이슬람교와 동
서양의 문물을 널리 전파했죠. 유럽이 대항해시대를 열고 아시아의

바다를 지배하기 전까지 중동은 아시아와 아프리카, 유럽 사이에서 중계무역으로 번성했습니다. 지금도 제조업보다는 상업을 선호합니다. 관리하기 쉽고 큰 거래 한 번으로 엄청난 돈을 벌 수 있으니까요. 그래서 현재도 이곳의 제조업 수준은 높지 않고, 주로 상업과 관광업 등이 발달했습니다.

이슬람교는 전통적으로 상업과 관계가 깊습니다. 3세기 사산왕조 페르시아는 동쪽으로 인도, 서쪽으로 비잔티움제국과 맞닿은 대제국을 이루고, 유일신 아후라 마즈다(Ahura Mazda)를 믿는 조로아스터교를 국교로 삼아 결속력을 다지려고 했습니다. 그런데 상인들은 종교가 서로 다른 지역과도 교역을 해야 했기 때문에 불교, 조로아스터교 등 여러 종교를 혼합한 마니교를 선호했고, 위협을 느낀 사산왕조는 마니교를 탄압했죠. 상인들은 종교 핍박을 피해서 홍해 연안의 헤자즈로 이동합니다. 그들은 사산왕조의 지배하에 있는 육로를 피해서 다른 해상교역로를 개발했죠. 이들이 개발한 무역로를 따라 메카와 같은 오아시스 도시들이 점차 발달했고, 지중해, 이집트, 시나이반도까지 교역로를 넓히며 육로와 해상로로 아시아와 유럽을 연결해 막대한 부를 쌓아갔습니다.

빈부격차가 사회문제로 떠오르던 시기에 등장한 예언자가 바로 이슬람교의 창시자 무함마드죠. 그는 부유한 상인으로 빈민가에서 자선활동을 했습니다. 무함마드는 610년경 메카에서 자선활동으로 거점을 넓히며 평등을 부르짖다가 622년 메카 세력에게 밀려 메디나로 피신합니다. 하지만 그는 세력을 키워 630년 메카를 정복하고 빈민들의 지지를 받았고, 이후 아라비아반도의 대부분을 통일하고 이슬람교를 믿게 했죠. 무함마드 사후에도 이슬람 세력은 동쪽으로 인도, 서쪽으로 이베리아반도, 남쪽으로 북아프리카까지 정복하며 이슬람교를 전파했습니다.

초기 이슬람교는 개방적이고 상업적이었는데, 만약 다른 종교를 믿고 싶으면 세금을 내라는 게 이슬람의 기본 교리입니다. 많은 사람들이 이슬람교로 개종했고, 정복전쟁과 교역을 통해 이슬람교는 동서로 빠르게 전파됩니다. 교역의 편리를 위해 화폐도 통일하였는데, 오스만제국이 멸망하기 전까지 하나의 경제권으로 통합되었죠. 경전인 코란을 기록한 아랍어는 이슬람권에서 국제어로 통했습니다. 이렇게 지식의 교류가 용이해진 이슬람권은 유럽부터 아시아의 여러 문명과 접하며 문화를 전달했습니다. 유럽에 중국의 화약, 제지법 등을 전달하고 르네상스 시대를 여는 데 크게 기여한 것 또한 이슬람입니다.

어디까지가 중동일까?

중동은 아랍, 서아시아, 이슬람권 등 다양한 이름으로 불립니다. 유럽인들은 처음에 유럽과 가까운 아시아라는 뜻으로 '근동(近東)'이라고 불렀습니다. 수에즈운하가 뚫리고 페르시

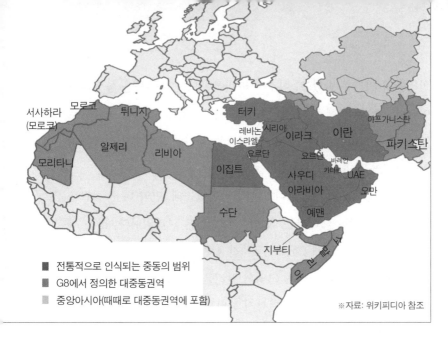

서사하라
(모로코)
모로코
튀니지
터키
레바논 시리아
이스라엘
이라크
이란
아프가니스탄
알제리
리비아
요르단
오르단
바레인
파키스탄
모리타니
이집트
사우디
아라비아
UAE
오만
카타르
수단
예맨
지부티

■ 전통적으로 인식되는 중동의 범위
■ G8에서 정의한 대중동권역
■ 중앙아시아(때때로 대중동권역에 포함)

※자료: 위키피디아 참조

중동의 범위
중동은 경우에 따라서 포괄하는 범위가 달라집니다.

아만(Persian Gulf)[1]의 석유에 관심이 쏠리며 중동이란 말을 쓰기 시작했죠.

19세기를 주름잡은 대영제국은 유럽과 가까운 발칸반도를 근동, 유럽과 멀리 떨어져 있는 동아시아를 극동, 그 중간지역인 터키, 아라비아반도, 이란을 중동이라고 불렀습니다. 이후 1930년 영국의

1. 우리나라와 일본이 동해의 명칭을 놓고 논쟁을 벌이는 것처럼 페르시아만은 논란이 많은 지명이다. 페르시아제국의 후예인 이란은 페르시아만을 주장하고 있고, 아라비아반도 국가들은 아라비아만이라 부른다. 외국에서 중립적으로 표현하기 위해 걸프(Gulf, 좁고 긴 만)만 떼어서 걸프만, 걸프해로 표시한다. 1991년 일어난 전쟁을 페르시아만 전쟁이라 하지 않고 걸프전이라고 부르는 것도 같은 이유이다.

중동사령부가 이집트로 이전하면서 이집트도 중동에 포함되었죠. 이렇듯 중동의 범위가 애매하다 보니 서남아시아와 북부아프리카라는 용어로 정리하기도 합니다.

아랍이란 민족, 언어, 문화적 개념을 통칭한 개념인데, 아랍국가라고 하면 아랍어를 사용하고 이슬람교를 국교로 삼은 국가입니다. 이스라엘과 터키, 이란을 제외한 중동 대부분의 국가가 여기에 해당하죠. 이스라엘은 유대교를 믿고 이스라엘어를 사용합니다. 터키와 이란도 각각 터키어와 페르시아어를 사용하죠. 초창기 아랍국가를 이끈 지도국은 이집트였습니다. 이집트는 아랍제국의 주권과 독립을 수호하기 위해 아랍연맹(1945년)을 창설했죠.[2] 그런데 사실 아랍인들은 아랍이나 이슬람권이라는 말을 선호하며, 중동이란 표현을 좋아하지 않습니다. 왜냐하면 중동에는 이스라엘이 자연스럽게 포함되므로 유대인들이 퍼트린 말이라고 생각하기 때문이죠.

....
2. 하지만 이집트는 1979년 이스라엘과 평화조약을 맺으며 아랍국가들의 지지를 잃고 말았다.

이스라엘과 팔레스타인의
끝나지 않은 전쟁

과거 중동은 셀주크투르크 뒤에 등장한 오스만제국(1299~1922)이 통치하던 곳이었습니다. 오스만제국은 터키 부근의 오스만이라는 소규모 부족들이 점차 발전하며 형성되었고, 14~15세기에 크게 성장했는데, 1453년 콘스탄티노플을 차지하며 지중해와 흑해의 패권을 거머쥡니다.

영국은 어떻게
오스만제국을 무너뜨렸나?

오스만제국은 중동과 발칸반도까지 차지하며 유럽을 능가하는 거대한 세력을 이루는데, 인도와 중국의 향료와 비단을 구하려면 오스만제국을 꼭 거쳐야 했죠. 1869년 프랑스와 영국의 자본으로 수에즈운하가 건설되자, 이전까지 아프리카를 빙 돌아가야 했던 항로가 단축되며 서구 열강은 수에즈운하의 통제권을 놓치지 않으려고 애를 썼죠. 이때부터 유럽 열강들은 중동 지역의 석유에 대해서도 지대한 관심을 갖기 시작합니다.

오스만제국은 산업혁명도 받아들여 20세기 초까지도 군사대국이었습니다. 영국과 프랑스, 러시아로 힘을 합친 연합군과 독일, 오스트리아로 뭉친 동맹국도 오스만제국을 서로 자기편으로 끌어들이려고 노력할 정도였죠. 그런데 러시아가 전쟁을 걸어오자 오스만제국은 결국 독일과 손을 잡습니다.

오스만제국과 적이 된 영국과 프랑스는 해결책을 고민했죠. 영국은 프랑스에게 중동을 분열시켜 오스만제국을 없애고 함께 나눠 갖자고 제안합니다. 영국은 600년간 오스만제국의 지배를 받아온 많은 아랍 부족들에게 오스만제국을 같이 흔들어주면 독립을 지원하겠다며 유혹했죠. 1915년 영국은 맥마흔선언[3]을 통해 참전하면 전쟁이 끝난 후에 아랍인의 독립국가 건설을 지지하겠다고 약속했습니다. 이에 호응한 아랍의 부족 세력들이 오스만제국에 저항하면서 오스만제국은 내부부터 무너져갑니다.

전쟁 규모가 커질수록 막대한 자금이 필요합니다. 영국과 독일은 전쟁자금을 확보하기 위해 유대인 자본이 필요했죠. 당시 유럽에서는 금융을 장악한 유대인만한 자금줄이 없었으니까요. 특히 미국이

....
3. 1차 세계대전 중(1915년) 영국 고등판무관 맥마흔과 샤리프 후세인 간의 왕복서신을 발표한 것.

대륙횡단 철도를 건설할 때 자본을 지원할 만큼 부유한 로스차일드 가문을 영국과 독일 양측에서 찾아갑니다. 원래 로스차일드는 1차 세계대전 전까지는 러시아가 유대인을 가장 박해했기 때문에 러시아가 속한 연합군 측인 영국보다는 독일에 자금을 대줄 생각이었죠. 그런데 당시 유대인들은 성서를 근거로 팔레스타인의 영토에 대한 권리를 주장하며 이곳에 유대 민족국가를 건설하자는 시오니즘(Zionism)이라는 유대 민족주의 운동이 활발했던 때였습니다. 돈 때문에 마음이 급해진 영국은 이를 돕겠다고 약속하죠. 1차 세계대전 중에 영국 외무장관인 벨푸어가 과거 유대인들이 거주하던 팔레스타인 영토를 돌려주겠다며 유대인 지도자 로스차일드 남작에게 편지를 보낸 것이 바로 벨푸어선언(1917년)입니다. 여기에는 미국계 유대인의 여론을 연합국 편으로 끌어들이고, 유대인이 팔레스타인에 정착하면 이집트의 수에즈운하로 접근하는 통로를 지키는 데도 유리하다는 계산이 깔려 있었죠.

열강들의 이권다툼에 조각조각 나눠진 중동

1차 세계대전 후 중동의 질서는 아랍민족의 의지와 무관하게 강대국의 이해관계에 따라 결정되었습니다. 1916년 영국, 프랑스, 러시아는 은밀하게 사이크스-피코협정을 맺죠. 영국이 석유가 풍부한 이라크와 요르단을 차지하고 프랑스는 시리아, 러시아는 터키 동부를 관할하며, 팔레스타인은 공동 관리지역으로 지정한다는 내용이었습니다. 연합군이 승리한 후 강대국들은 오스만제국이 사라진 중동 지역을 그저 고만고만한 사막지역이라고만 생각했죠. 역사, 문화, 종교, 민족 등을 전혀 고려하지 않았던 것입니다. 오직 유전과 이권만을 고려해 나눠 먹기 식으로 지도에 선을 그었고, 각 지역에서 궐기한 부족들의 영토로 결정해버렸죠. 사우디, 이라크, 시리아 등은 이렇게 탄생한 국가들입니다. 하지만 이렇게 잘못 그려진 국경으로 인해 같은 부족끼리 나뉘거나 한 나라에 다른 종파가 뒤섞이면서 갈등이 불거지게 됩니다. 시리아와 이라크의 종파 갈등 또한 바로 이렇게 시작된 것입니다.

유대인과 이스라엘 건국, 중동에 피바람을 일으키다

유럽인들은 예수를 죽였다는 이유로 오랫동안 유대인들을 억압하고 천대했습니다. 또한 돈만 밝힌다는 이미지도 있는데, 셰익스피어의 〈베니스의 상인〉에 나오는 사악한 고리대금업자 샤일록도 유대인으로 묘사되죠. 그런데 이들이 사채업에 많이 종사한 데는 나름 사정이 있습니다. 전통적으로 유대인은 토지 소유가 금지되어 할 일이 마땅치 않았죠. 성경에 동족에게 이자를 받지 말라고 되어 있어서 유럽인들은 외국인인 유대인에게 고리대금업을 맡겼습니다. 아이러니하게도 유대인들이 돈을 벌면 벌수록 반감은 커졌고, 이들을 추방 또는 약탈하는 일들이 반복되었죠.

유대인들은 주로 도시에 거주하며 상업과 금융업에서 활약했습니다. 자본주의의 성장과 함께 유대인들의 힘도 자연스럽게 강해집니다. 1차 세계화가 진행된 19세기 말에는 유대인에 대한 반감이 더욱 심화되었습니다. 잠깐 언급했지만, 당시에는 러시아에서 유대인 탄압이 가장 심했죠. 20세기 들어 나치는 유대인들이 유럽을 지배하려 한다고 선동했습니다. 때마침 대공황으로 경제적 궁핍에 시달리던 유럽의 여러 나라 사람들은 끓어오르는 분노의 화살을 유대인에게 돌리며 이들을 학살하는 데 동참했죠. 자신들에 대한 압박과 탄압이 심해질수록 유대인들의 국가 건설에 대한 열망은 커졌고, 팔레스타인의 비극도 싹트게 됩니다.

팔레스타인으로 몰려든 유대인들

팔레스타인은 아프리카, 유럽 그리고 아시아가 연결되는 지정학적 요충지입니다. 수천 년 동안 수많은 제국들이 이곳을 놓고 세력다툼을 벌였죠. 유대인이 로마와 여러 차례 전쟁을 벌이면서 쫓겨나고, 이 땅에는 소수의 유대인만 남게 되었습니다. 20세기 초만 해도 팔레스타인 지역에는 팔레스타인 주민들과 유대인들이 평화롭게 살고 있었습니다. 그런데 1차 세계대전 후 국제연맹은 팔레스타인에 대한 통치를 영국에 위임합니다. 1917년 팔레스타인에는 아랍인이 65만 명, 유대인은 5만 명 정도 살고 있었죠. 영국은 벨푸어선언을 지키려고 위임통치령인 팔레스타인에 임의로 국경선을 그었습니다. 1931년에서 1935년 사이에 유대인이 15만 명으로 크게 늘어납니다. 초기에는 유대인 거주지와 팔레스타인 거주지가 구분되었으나 점차 밀려드는 유대인으로 갈등이 빚어지기 시작했죠.

국제연합(UN)은 영국이 팔레스타인 자치구, 유대인 자치구를 관리하고 예루살렘 일부지역은 국제연합이 직접 관리하겠다고 제안합니다. 하지만 팔레스타인은 자신들의 땅을 맘대로 나누는 것을 도저히 받아들일 수 없었죠. 갈등의 골이 깊어지자 영국은 UN에 맡기고 손을 떼려 합니다. 1947년 UN은 팔레스타인에 아랍인과 유대인 국가를 각각 세우고, 성지인 예루살렘과 베들레헴은 UN의 특별관리하에 두게 했죠. 이때만 해도 팔레스타인 땅의 87%를 아랍계 주민들이 소유했고, 유대인의 땅은 6% 정도였습니다.

그런데 시온주의자들의 로비와 서구 여론의 부채질까지 더해져 UN은 1947년 11월에 아랍계 주민에게 42%, 유대인들에게 56%의 땅을 주는 분할안을 통과시켰죠. 이스라엘은 UN이 유대인 땅으로 설정한 이스라엘 자치구에서 군사작전을 펼쳐 아랍계 주민들을 쫓아냅니다. 영국의 위임통치가 끝난 1948년, 유대인들은 유대국가인 이스라엘을 건국하고 독립을 선언하죠. 전쟁과 인종청소가 이어졌고, 대규모 팔레스타인 난민이 발생합니다. 현재 주변국 난민촌 등에는 700만에 가까운 팔레스타인 난민들이 거주하고 있습니다. 시온주의자와 팔레스타인 사이의 갈등은 아직도 끝나지 않고 있죠.

전쟁터가 되어버린 중동과
미국의 헤게모니

과거 서양인에게 중동은 사막을 지나 오아시스
로 들어가는 신비롭고 낭만적인 땅이었습니다. 그러나 이스라엘의
등장과 함께 아랍과 서구 열강은 적대관계로 돌아섰죠. 아랍민족은
독립을 시켜주겠다는 서구 열강의 약속을 철석같이 믿고 오스만제
국과의 전쟁을 도왔는데, 팔레스타인 땅을 엉뚱한 유대인에게 나눠
주자 엄청난 배신감을 느꼈습니다.

이스라엘이 독립하자 1차 중동전쟁(1948년)이 발발합니다. 아랍
군 15만 명에 비해 이스라엘 진영은 3만 명 정도로 수적으로 열세
였지만, 유럽 곳곳에서 세계대전을 경험하며 실전에 잔뼈가 굵은
이스라엘 군대 앞에서 아랍연합군은 맥을 추지 못했죠. 다음 해에
양측은 휴전협정을 맺고 UN을 통해 오늘날 이스라엘의 국경선이
결정되었습니다.

그런데 이집트 대통령 가말 압둘 나세르가 수에즈운하 국유화를
선언하며 2차 중동전쟁(1956년)이 일어납니다. 바로 이때부터 중동
에 대한 미국과 소련의 줄다리기가 시작되죠. 수에즈운하 국유화에
반발한 영국과 프랑스, 이스라엘은 3국 동맹을 맺어 2차 중동전쟁
을 일으켰는데, 미국과 소련은 중동에 대한 영국과 프랑스의 입김
을 견제하기 위해 잠시 힘을 합칩니다. 미국의 압력으로 휴전을 맺
으며 수에즈운하를 점령한 3개국 군대는 철수했죠.

나세르 대통령은 비록 전쟁에서는 졌지만 외교적 승리를 거두었습니다. 그는 서구 세력에 도전한 아랍 민족주의의 상징이자 아랍 세계의 지도자로 부상했죠. 이때부터 이집트는 수에즈운하의 통행료 수입으로 국가 재정을 강화할 수 있었습니다. 또한 이스라엘은 비록 시나이반도를 이집트에 돌려주고 물러났지만 중동의 강대국으로 떠올랐죠. 바야흐로 프랑스와 영국의 시대는 저물고 미국이 세계를 주도하는 시대가 열립니다.

지리적으로 사막이 발달한 중동은 물이 매우 부족합니다. 3차 중동전쟁(1967년)도 물 문제로 시작되었죠. 시리아가 요르단강 상류이자 갈릴리호수의 수원지인 골란고원에 댐을 건설하려고 하자 물 부족을 우려한 이스라엘이 전쟁을 일으킨 것입니다. 결과는 이스라엘의 승리로 팔레스타인의 서안지구와 가자지구를 이스라엘이 차지합니다. 이스라엘은 팔레스타인 땅의 92%를 점령했고, 대규모 팔레스타인 난민이 발생했습니다. 인구 증가로 물 수요가 늘면서 요르단강의 유량은 점점 줄어들고 있습니다. 현재 이스라엘과 요르단은 요르단강의 공동 사용을 협의했지만, 물을 둘러싼 분쟁은 언제 또 일어날지 모르는 상황입니다.

4차 전쟁(1973년)은 소련의 대규모 지원을 받은 이집트가 만반의 준비를 갖추고 이스라엘을 기습 공격하면서 시작되었습니다. 이스라엘은 패전 직전까지 갔지만, 미국의 엄청난 물량공세에 힘입어 결국 승리를 거둡니다. 이때부터 에너지 안보가 중요하게 대두되었죠. 사우디는 미국의 이스라엘에 대한 군사적 지원을 막으려고 미국에 석유 수출을 중단하겠다며 위협합니다. 생산량이 줄면서 1차 오일쇼크가 발생했고, 세계 경제는 큰 타격을 받죠. 바로 이때부터 미국과 소련은 중동전쟁에 본격적으로 개입하게 됩니다. 그동안 아랍을 이끌어온 이집트는 이스라엘과 평화조약(1979년)을 맺으며 아랍국가들의 지지를 잃고 말죠.

이스라엘을 제외하고 가장 많은 유대인이 살고 있는 나라가 미국입니다. 이스라엘 인구 860만 명 중 75%가 유대교인데, 이는 미국에 거주하는 유대인 600만과 비슷한 수준이죠. 현대 미국 사회의 금융계와 언론, 유통을 장악하고 있는 것도 유대인입니다. '미국 이스라엘 공공단체 위원회'는 미국 정치권에 가장 막강한 영향력을 미치는 로비단체 중 하나죠. 미국은 이스라엘을 어느 나라보다 특별대우하면서 매년 아낌없는 지원을 하고 있습니다. 미국의 트럼프 대통령은 2017년 예루살렘을 이스라엘 수도로 인정한다는 폭탄 발언으로 세계 각국의 맹비난을 받기도 했죠. 이렇듯 이스라엘은 주변의 아랍국들과 달리 EU와 미국의 교역과 비호 속에서 성장해왔습니다.

이스라엘과
이슬람 극단 세력의 대결

이스라엘의 건국으로 시작된 중동의 유혈분쟁으로 인해서 중동 한가운데에 '이슬람국가(IS)'와 같은 극단 세력이 계속 등장합니다. 2019년 4월 스리랑카에서 일어난 부활절 테러 참사는 전 세계인을 경악시켰습니다. IS는 사건의 배후를 자처하며 테러 주동자들의 사진을 공개하기도 했죠. 이 사건을 논외로 하더라도 IS는 세계 곳곳에서 과격한 테러를 일삼는 것으로 악명 높습니다.

그런데 한때 이들의 문제를 해결할 실마리가 보인 적도 있죠. 미국 빌 클린턴 대통령 시절, 이스라엘 총리 이츠하크 라빈 총리와 팔레스타인해방기구(PLO) 의장 야세르 아라파트는 미국의 중재로 오슬로평화협정(1993년)을 맺었습니다. 협상의 내용은 2개월 내 이스라엘군이 요르단강 서안 예리코와 가자지구에서 철수하고 팔레스타인인들에게 이 지역의 자치를 맡기기로 한 것이었습니다. 평화와 영토를 맞바꾼 대단한 협상이었죠. 하지만 1995년 라빈 총리가 이스라엘 극우청년의 총에 암살당하고, 팔레스타인 무장단체인 하마스의 자살폭탄 테러 등이 일어나며 상황은 다시 혼란에 빠지고 맙니다. 이런 가운데 1996년 극우 강경파 네타냐후 총리가 당선된 이후 협정은 실행되지 않았죠. 지금도 팔레스타인과 이스라엘은 모두 강경파가 득세하고 있습니다. 심지어 팔레스타인 가자지구를 장악하고 있는 하마스 정권은 유대인을 몰살하고 자신들의 영토 회복을 원하고 있죠.

UN은 중동 문제의 해결책으로 2개 국가안을 제시합니다. 이스라엘 국경선을 제3차 중동전쟁 이전으로 되돌리고 그 지역에 팔레스타인이 독립국가를 세우자는 거죠. 하지만 아랍국들에 둘러싸인 채 생존 위협에 시달리는 이스라엘은 강하게 맞서고 있습니다. 2019년 4월 총선에서도 미국의 지지를 받는 네타냐후 총리가 이끄는 리쿠드당이 승리함으로써 강경보수파의 위세가 좀처럼 사그라질 기미가 보이지 않습니다. 한편 땅과 권리를 빼앗기고 억압당한 팔레스타인 강경파 집권 세력 역시 쉽게 물러설 것 같지 않습니다. 평화적인 해결은 멀어졌고 분쟁의 그림자는 점점 더 짙어졌습니다.

1차 세계대전 때 영국은 중동에 분쟁의 씨앗을 뿌렸죠. 이후 권한을 넘겨받은 미국은 이스라엘에 엄청난 지원을 하며 중동 지역을 관리해왔지만, 걸프전 이후에 중동 문제는 더 악화되었습니다. 무차별적인 테러는 2000년대 이후부터 나타난 현상입니다. 중동의 여러 나라는 이권만 따진 서방이 맘대로 국경을 그으면서 탄생한 신생국가들입니다. 그러다 보니 국민국가로 제대로 성숙하지 못하고 있죠. 아랍국가들은 다시 칼리프로 상징되는 강력한 힘을 가진 통일된 이슬람 사회를 꿈꾸고 있습니다.

중동의 끝없는 분쟁과
세력다툼 속으로

수천 년간 중동을 지배해온 3대 세력이 있습니다. 바로 이란(페르시아), 아랍, 투르크(터키)로 이들이 차례로 패권을 차지했죠. 오늘날도 시아파 이란과 수니파 아랍 그리고 세속주의 터키는 여전히 중동의 핵심 세력입니다.

복잡한 이해관계와
끊임없는 분쟁

중동의 분쟁과 비극은 오스만제국의 분열에서 시작되었다고 볼 수 있습니다. 특히 수에즈운하가 뚫리고 석유가 생산되면서 서구 열강의 관심이 집중되었죠. 지금도 유럽, 미국, 러시아, 중국 등 강대국들이 이곳에서 영향력을 다투고 있으며 강대

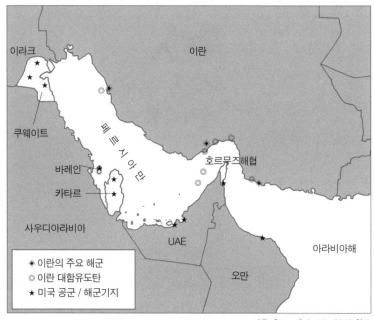

※자료: Sören Scholvin, 2016 참조

페르시아만과 호르무즈해협
이란은 주요 원유 수송로인 호르무즈해협 봉쇄라는 카드를 쥐고 있습니다. 이곳이 막히면 중국이나 터키 등은 큰 타격을 입게 됩니다.

국의 군대와 여러 무장 민병대, 테러단체가 뒤얽혀 싸우고 있죠. 현재도 시리아, 이라크, 예멘 등에서는 분쟁이 이어지고 있습니다.

그런데 이 모든 혼란과 깊이 연관된 두 나라가 있습니다. 바로 중동의 라이벌 이란과 사우디죠. 이들은 이라크와 시리아, 예멘 등 주변국의 내전을 지원하며 중동의 패권을 놓고 대결해왔습니다. 마치 미국과 소련이 냉전기에 세계 곳곳에서 독재자와 반군을 서로 지원하며 대리전을 벌였던 것처럼 말이죠.

과거에는 사우디와 이란이 모두 친미 정권이었습니다. 하지만 이란 혁명(1979년)이 일어나면서 이란은 미국에 등을 돌리게 됩니다. 이란 주변에는 인구 8,200만에 100만 대군을 거느린 이란을 감히 일대일로 대적할 만한 나라가 없었습니다. 이에 미국은 이라크를 지원함으로써 이란과 세력균형을 유지해왔지만, 2003년 미국이 후세인 정권을 무너뜨리며 이라크는 혼란에 빠지게 되었죠. 이란의 입장에서는 서쪽 국경으로부터의 침략 위협이 사라졌고, 남서쪽 페르시아만에 힘을 집중할 수 있게 된 것입니다. 이란은 맘만 먹으면 폭 34km에 불과한 호르무즈해협[4]을 봉쇄함으로써 에너지 수출을 막을 수도 있습니다.

미국은 중동에서 군대를 줄여 나가며 오바마 정권 때 이란과의 관계를 개선하기도 했습니다. 이란의 핵 개발을 동결하는 대신 경제제재를 풀었죠. 그런데 이로 인해서 이라크라는 완충지대가 약해지고 이란의 힘이 강해지자, 이스라엘과 사우디는 미국 정책에 반발합니다. 트럼프 정권이 들어선 이후 미국은 다시 이란을 견제하고 경제제재를 가하기 시작했습니다. 이후 바이든 정부는 다시 외교적 노력을 통해 핵합의[5]로 돌아가려고 합니다. 하지만 이미 이란

---

4. 실제로 2019년 4월 미국이 우리나라와 일본 등 8개 국가에 대해 한시적으로 예외를 인정해 온 "이란산 원유 수입 전면 금지"조치에 대해 더 이상의 예외는 없다고 공식 발표한 것에 대해 이란은 강력 반발하며 호르무즈해협을 봉쇄하겠다고 응수하며 군사적 긴장감이 높아지기도 했다.
5. 이란 핵합의. 2015년 7월 14일, 미국·영국·프랑스·독일·중국·러시아 6개국과 이란은 오스트리아 빈에서 가진 최종 협상에서 이란의 핵 개발 프로그램을 제한하는 대신 이란에 가해졌던 각종 제재조치들을 해제하기로 합의하였다.

은 반미를 앞세우는 강경파가 자리 잡은 상황이라 미국과 이란의 대립은 당분간 이어질 전망입니다.

아랍 내에서는 시아파인 이란이 강해지는 것을 막기 위해 수니파 인 터키의 영향력이 커질 가능성이 높습니다. 터키는 주변국들 중 가장 산업이 발전한데다가 인구도 이란과 비슷합니다. 세속주의 국가이지만 갈수록 이슬람주의로 돌아서고 있죠. 또한 터키는 러시아의 남하를 막을 견제 세력으로 미국의 동맹국입니다. 터키는 시리아와 이라크 북부의 유전에서 석유를 공급받고 있죠. 앞으로도 이라크, 시리아, 레바논 등 중동 북부지역은 이란의 영향력 확대를 계속해서 견제할 것입니다.

이란과 이라크의 전쟁, 반미 감정을 키우다

이란혁명의 파급력이 커지며 주변국들도 흔들리기 시작했습니다. 특히 다수의 시아파를 소수의 수니파 정부가 지배하고 있는 이라크의 사담 후세인 정부는 혁명의 물결이 확산되는 것을 우려했죠. 후세인은 이슬람혁명을 막고 이란의 석유 매장지와 페르시아만의 패권을 차지하려는 야망을 품었습니다. 결국 1980년 9월 미국을 등에 업고 이란을 침공하죠. 초반에는 이라크군이 압도적으로 우세했지만, 전열을 정비한 이란의 반격으로 전세는 점차 이란 쪽으로 기울었죠. 전세에 불안을 느낀 사우디는 이라크에 무기와 군수품을 지원합니다. 1988년 국제사회의 중재로 전쟁이 끝날 때까지 무려 수백 만 명이 사망했습니다. 결과는 이란의 판정승으로 이슬람혁명은 더 확고해졌죠. 이 전쟁 후 이란은 사우디와의 관계가 더 악화됐고, 반미 감정도 한층 심화되었습니다.

이라크는 전쟁으로 막대한 피해를 입었습니다. 유전시설 파괴로 원유 생산도 줄어들어 빚더미에 올랐죠. 후세인은 쿠웨이트 등에 이란의 이슬람혁명을 막으려고 대리전을 펼친 것이니 부채를 탕감해달라고 요구했지만 거절당했습니다. 빚을 갚으려면 OPEC을 통해 국제 유가를 올려야 했지만 쿠웨이트, UAE 등은 생산량을 조절할 생각이 없었죠.

궁지에 몰린 이라크는 쿠웨이트가 자국 유전의 석유를 도둑질한다며 배상을 요구하다가 1990년 쿠웨이트를 침공합니다. 걸프전쟁이 일어난 거죠. 미국은 다국적군을 조직해 1991년 쿠웨이트를 탈환하고 이라크에 국제 제재를 가했습니다. 또한 시아파를 선동해 반정부 봉기를 지원했죠. 후세인 정권은 화학무기까지 동원해 잔인하게 반대 세력을 진압했고, 수니파와 시아파의 갈등은 심화되었습니다.

2001년 9·11테러 이후 당시 미국의 조지 W. 부시 대통령은 북한·이라크·이란 및 이들과 연합하는 테러리스트들을 소위 '악의 축'으로 규정했습니다. 그리고 2003년 미국은 대량 살상무기 제거라는 명분으로 이라크전쟁을 일으켰죠. 사우디와 이란은 다시 한번 이라크에서 대리전을 치르게 됩니다. 사실 두 나라는 이라크를 완충지로 두고 싶었지만, 미국은 기어이 이라크를 침공해 독재자 사담 후세인을 끌어내렸죠. 그런데 미국의 예상과 달리 강력한 독재정부가 사라진 이라크는 무법천지가 되고 맙니다. 인구의 65%를 차지하는 시아파의 영향력이 커졌고, 전국에 수니파와 시아파 무장 민병대가 생겨나며 이라크를 장악했습니다. 후세인은 소수인 수니파 정부의 지도자였는데, 점차 시아파가 우세해졌죠. 수니파 단체는 사우디가 지원했고, 다수인 시아파 민병대는 이라크가 자금과 무기를 공급했습니다. 이들은 대부분 급진 이슬람단체로 정권을 차지하기 위해 대결하면서 이라크는 내전 상태에 빠집니다.

이라크와 이란의 세력균형을 유지해온 미국으로서는 당황스러울 수밖에 없었죠. 이에 미국은 중동 지역을 시아파 초승달과 수니파 활의 대결 구도로 도식화했습니다. 미국은 이란혁명수비대가 이라크, 레바논 등에서 시아파민병대를 지원하고 있다며 이란을 테러 지원국으로 분류합니다.

달라도 너무 다른 이란과 사우디

사우디와 이란은 같은 중동 지역이라도 자연환경과 문화 차이가 큰 편입니다. 우선 사우디는 수니파 비중이 90%, 이란은 시아파 비중이 90%로 두 나라는 현재 이슬람 양대 세력을 대표합니다. 물론 사우디와 이란 간의 오랜 대결과 최근 시리아와 예멘의 내전, 레바논전쟁은 교리보다는 정권과 기득권 유지를 위한 정치적 성격이 더 짙은 것이 사실입니다.

현재 사우디의 국민은 셈족의 아랍인이 90%이며, 아프리카와 아시아인이 10% 정도를 차지하고 있습니다. 인구는 3,400만 정도인데 노동력이 부족해서 외국인 노동자를 이용하고 있죠. 국토의 대부분이 고온 건조한 사막이라 지하수와 해수 담수화를 통해 물을 공급받고 있습니다. 사우디는 한때 지하수를 끌어올려 대규모로 밀을 생산하는 중동의 대표적인 밀 수출국가였지만, 지하수가 고갈되면서 수입국가가 되었습니다.

아라비아반도의 수많은 부족들은 20세기 초 서로 영토를 확보하기 위해 싸웠는데, 특히 알-사우드부족은 영국군의 지원하에 오스만제국을 몰아내고 아라비아반도를 정복했고, 1932년에 사우디아라비아왕국으로 승인받습니다. 강대국들도 유전이 없는 사우디에 관대했죠. 하지만 6년 후 돌연 대규모 유전이 터지며 사우디는 부자 나라가 됩니다. 사우디는 사막지대에 도로와 거대 도시를 건설하고, 이후 미국의 동맹국으로 성장했죠.

사우디왕족은 국가통합을 위해 와하비즘(Wahhabism)이라는 이슬람 원리주의 사상을 건국이념으로 내세웠습니다. 알카에다, 탈레반, 하마스 등은 모두 수니파인데 극단적 이슬람 보수 세력들은 모두 와하비즘에 뿌리를 두고 있죠. 오사마 빈라덴도 사우디 출신이며, 파키스탄의 탈레반을 교육시킨 것도 사우디입니다. 사우디는 지금도 전 세계의 원리주의 단체를 지원하고 있는 가장 보수적인 국가입니다. 사우디는 2018년에야 여성의 운전을 허용했고, 이슬람국가로서 종교경찰을 두고 있죠.

한편 이란은 인도-유럽어족의 페르시아인이 61%이고 알제리인, 쿠르드인 등 다양한 민족이 분포합니다. 8,200만 인구로 외국인 노동자 없이도 국가를 운영할 수 있는 강점이 있죠. 이란은 절반이 산이고, 경작지와 사막이 각각 4분의 1로 농업이 발달해 식량 자급이 가능합니다. 카스피해 연안은 아열대이지만, 산악지대에는 스키장도 있는 등 중동 지역에서는 자연환경이 풍요로운 편이죠.

페르시아제국의 후예인 페르시아인은 중앙아시아에서 이주해온 아리아인으로 백인과 뿌리가 같습니다. 과거에는 아케메네스제국 건설 등 화려한 고대문명을 꽃 피웠지만, 651년 미개하다고 천시해온 아랍의 이슬람 세력에게 무력으로 굴복을 당하고 이슬람으로 개종한 사실을 항상 굴욕적으로 느껴왔죠. 이들은 조로아스터교를 믿었으나 세금 혜택을 이유로 점차 이슬람으로 개종했습니다. 이후 아랍제국은 페르시아인을 행정관료로 채용하고 그들의 통치술을 도입해 더욱 성장했죠. 페르시아인은 아랍 세력 이후에도 셀주크투르크, 오스만투르크, 몽골, 티무르의 침략과 지배를 받았지만, 나름의 문화를 발달시키며 민족성을 지켜왔습니다. 지금도 이란은 과거 페르시아제국의 영광을 회복하려는 꿈을 간직한 채, 아랍인으로 싸잡아 불리는 것을 매우 언짢아한다고 합니다. 그들은 경쟁국인 사우디에 대해 석유가 고갈되면 사라져버릴 신기루 같은 나라라고 여기죠.

이란은 18세기 이후 러시아와 영국에게 침공을 당하는 등 계속된 외세의 간섭으로 혼란을 겪어왔습니다. 1794년 건국된 카자르왕조가 19세기 말에 약화되며 1906년 입헌공화제를 도입했고, 1919년에 영국과 보호조약을 체결했죠. 미국은 쿠데타를 사주해 이란의 총리 모하마드 모사데그를 제거했는데, 새로 총리가 된 레자 샤 팔라비는 세속적이고 서구적인 사회변화를 이끌었죠. 하지만 그는 부정부패에 빠졌고 비밀경찰로 국민들을 감시했습니다.

이란의 무슬림들은 정통성도 없는 총리의 서구식 개혁에 반감을 가질 수밖에 없었죠. 결국 1979년 호메이니가 이끄는 이슬람혁명을 통해 레자 샤를 몰아냅니다. 호메이니는 서구식 세속주의를 반대해온 성직자로서 성직자가 지도하는 이슬람 정부를 원했습니다. 그는 입헌군주제를 무너뜨리고 이슬람의 교리와 민주주의를 결합한 이슬람공화국 체제를 건설합니다.

사실 종파 갈등보다 핵심적인 것은 두 세력의 중동 패권다툼입니다. 사우디는 이란-시리아의 시아파 동맹이 중동을 위협한다고 주장합니다. 한편 이란은 시리아의 알라위파를 시아파의 이단으로 여겨 싫어하지만 전략적인 이유로 지원하고 있습니다.

이렇게 서로 갈등해온 두 나라는 현재까지도 단교 상태기는 하지만, 최근 외교관계를 회복하려는 움직임이 보이고 있습니다. 사우디는 석유와 천연가스 수입을 줄이고 중동에서 발을 빼고 있는 미국에 대한 의존도를 낮추려고 합니다. 한편 이란은 핵개발 문제로 미국의 제재를 받고 있는 상황이기 때문에 경제적으로 어려움이 크

죠. 이러한 이유로 앙숙인 사우디와 손을 잡는 한이 있더라도 국제
사회에서 고립되는 것만큼은 피하고 싶어합니다. 그러나 중동의 강
국인 두 나라가 오랜 갈등을 넘어서서 쉽게 화해하고 협력할지는
여전히 미지수입니다.

중동의 위기와
걸프협력회의

1960년대가 되자 영국은 해외 주둔군을 유지
할 만한 경제 여력이 더 이상 없었습니다. 1968년 아라비아반도에
서 영국군이 철수하자 페르시아만의 작은 부족국가들은 안보 위
협에 처하죠. 안보 문제를 해결하기 위해 아부다비의 지도자 자이
드는 페르시아만 부족국가들의 힘을 합쳐 연방국가를 건설하고자
합니다. 카타르와 바레인은 의견 차이로 따로 독립을 선언하지만,
1971년 아부다비, 두바이 등 7개 토후국들이 연합해 건국한 연방국
가가 바로 아랍에미리트(UAE)입니다. 연방정부는 군사와 외교권만
행사할 뿐, 그 외에는 자율적인 형태죠. UAE는 이슬람 전통을 지키
는 동시에 자유로운 시장경제 개발을 위해 노력해왔습니다. 그 결
과 국토는 작지만 중동에서 가장 개방적이고 사회기반시설이 발달
한 국가가 되었습니다. 중동에 진출한 글로벌 기업들도 상업거점인
이곳에 지역본부를 두고 있죠.

1979년 이란혁명과 소련의 아프간 침공, 1980년 이란-이라크전 등이 계속 이어지며 중동 전역은 불안감에 휩싸였습니다. 특히 아랍어를 사용하는 이슬람 왕정국가들은 사우디를 중심으로 이란, 이스라엘 등에 대응하기 위해 동맹을 맺었죠. 걸프 지역의 왕국들은 아랍권 전체 석유 총생산의 70% 이상을 차지하지만, 군사력이 취약하고 인구가 적어 사우디에 의존할 수밖에 없었습니다. 이에 사우디, UAE, 바레인, 카타르, 쿠웨이트, 오만 등 6개국이 걸프협력회의(GCC)를 결성해 경제협력을 강화해갑니다. 1990년 이라크가 쿠웨이트를 침공하고, 다음 해에 걸프전이 발생하자 정치·군사적 협력도 강화했죠.

그런데 단단하던 회원국 간의 협력에 금이 가기 시작합니다. 특히 사우디의 속국이던 카타르는 점차 힘을 길러 사우디와 다른 노선을 걸어갔습니다. 카타르는 진주잡이와 소량의 석유생산에 의존하던 국가였는데, 1995년 무혈 쿠데타로 아버지를 물러나게 한 하마드 국왕이 이란과의 해상 국경지대에서 천연가스전을 개발했죠. 그 결과 카타르는 세계적인 가스 생산국으로 떠오르며 가장 부유한 국가가 되었습니다.

1996년에는 위성방송 알자지라를 설립하고 미국은 물론 아랍왕족들의 문제에 이르기까지 가리지 않고 거침없이 방송했죠. 카타르는 미국 중부사령부와 미군을 받아들였고, 이스라엘 대표부도 유치했습니다. 한편 천연가스 매장지를 공유하는 이란과도 협력관계로 돌아섰죠. 이집트의 무슬림형제단, 팔레스타인의 하마스를 비롯한 이슬람주의 세력도 적극 지원했습니다. 카타르는 지금도 왕족의 권한이 강하지만, 2005년 입헌군주제로 정치체제를 바꿨습니다. 현재 요르단, 쿠웨이트, 바레인, 카타르는 입헌군주제이며 사우디, 오만 등은 절대왕정 체제입니다.

보수적인 수니파 왕정국가들은 카타르의 이런 행보를 두고 볼 수 없었습니다. 사우디는 테러단체로 지정한 무슬림형제단에 재정지원을 했다며 카타르와 단교했죠. 바레인, UAE도 카타르에게 이란과 관계를 끊으라며 경제제재에 나섰습니다. 하지만 카타르는 이란, 터키와 협력하면서 잘 버티고 있습니다. 아예 OPEC 탈퇴를 선언하고 이란, 러시아, 수단 등 천연가스 생산국들과 협력관계를 강화하고 있죠.

중동에서는 사우디의 영향력이 더 커지면 카타르에게 하듯이 약소국을 압박할까 걱정하는 회원국이 늘고 있습니다. 특히 시아파 비중이 높은 바레인에서는 사우디를 추종하는 수니파 정부와 야권인 시아파 사이의 충돌이 자주 발생하죠. 오만은 예멘 내전에 개입 중인 UAE와 사우디의 군대가 후티반군도 없는 예멘의 오만 접경지역에 주둔하는 데 반발합니다. 쿠웨이트는 사우디와 접경한 중립지역에 위치한 유전지대를 놓고 대립 중이죠. 이대로 걸프협력회의가 약화되면 친미 수니파국가들을 연합해서 이란을 견제하려는 미국의 구상은 틀어질 가능성이 있었죠.

하지만 트럼프 때부터 UAE, 바레인 등 수니파 국가들이 이스라엘과 속속 수교를 맺으면서 친해지기 시작했습니다. 팔레스타인 문제로 이스라엘과 오랜 시간 참혹한 전쟁을 치러왔건만, 사우디를 중심으로 한 수니파 왕정국가들이 이스라엘과 점점 친해지는 이유는 대체 무엇일까요?

우선 중동에서 이란의 영향력이 커졌기 때문입니다. 이란은 왕정을 무너뜨리고 이슬람혁명을 이룬 나라입니다. 아랍 전역에 혁명의 기운이 퍼져나가는 것은 왕정국가들에게 가장 두려운 일이죠. 이미 이란은 이라크와 시리아까지 세력을 확대하는 한편, 예맨에서도 시아파 반군을 지원하고 있습니다. 더구나 미국이 중동에서 발을 빼고 있다 보니 왕정국가들에게는 이스라엘의 세계적인 정보망이 더욱 필요해진 거죠.

또 코로나19 대유행의 장기화도 영향을 미쳤습니다. 외국인 노동자들이 줄어들자 자국민들이 외국인들이 해온 일들을 대신 떠안게 되면서 왕정에 대한 불만도 한층 커졌으니까요. 왕정국가들은 국민들의 불만을 잠재우는 한편, 자국 내 시아파 세력과 반체제 인사들을 견제할 방법이 필요했는데, 무엇보다 석유에 의존해온 경제구조를 혁신하려는 요구가 높았습니다.[6] 이런 상황에서 첨단 IT기업들을 보유하고 있는 이스라엘은 그들에게 너무나 매력적인 이웃이었죠. 국제관계에서는 영원한 적도, 또 영원한 친구도 없음을 다시 한 번 여실히 보여줍니다.

....

6. 이를 반영하여 중동에서는 기존 경제구조에서 벗어나 신재생에너지, 물류, 금융 등의 신사업으로 다각화하겠다는 목표하에 최근 ESG, 즉 기업의 비재무적 요소인 환경(Environment)·사회(Social)·지배구조(Governance) 경영 바람이 불고 있다. ESG는 특정 기업을 넘어 자본주의 시장 전체와 국가의 성패를 가를 키워드로 급속히 떠올랐다. 지속가능한 발전의 관점에서도 이런 경향은 한동안 계속될 전망이다.

아프가니스탄의
끝나지 않은 비극

아프가니스탄(이하 아프간)은 서쪽으로는 이란, 북쪽으로는 중앙아시아 3개국, 동남으로는 파키스탄, 중국 등 6개국과 국경을 접하고 있습니다. 이곳은 유라시아대륙의 동서남북을 잇는 요충지여서 과거 페르시아 때부터 알렉산더 대왕, 몽골과 티무르, 무굴제국, 영국, 러시아, 미국 등 수많은 정복자들이 눈독을 들여왔습니다. 특히나 아프간은 대량의 원유가 매장된 카스피해로 연결되는 지역이며, 중동과 주변지역을 관리하기에 좋은 위치입니다. 따라서 미국과 유럽이 계속해서 아프간을 주시해왔던 것입니다.

아프간은 북부 국경의 평야지대와 서남부의 사막을 제외하면 국토의 대부분이 해발고도 1~3천m 이상이며, 5천m 이상의 봉우리도 즐비합니다. 파미르고원에서 뻗어 내린 험준한 힌두쿠시산맥이 아프간과 파키스탄 서부까지 넓게 자리하고 있죠.

아프간 최대 민족은 인구의 42%를 차지하고 있는 파슈툰족입니다. 파키스탄이 인도였던 1893년, 영국이 인도와 아프간의 국경을 제멋대로 그어버리는 바람에 파슈툰족은 아프간과 파키스탄으로 분리되었지만, 지금도 서로를 같은 핏줄의 형제로 여기며 교류하고 있습니다. 파슈툰족은 여러 부족의 동맹인데, 이 용맹하고 독립심 강한 부족을 장악한 건 다름 아닌 이슬람 원리주의 단체인 탈레반입니다. 미국의 동맹인 파키스탄의 서부지역에 탈레반 세력이 자리

이란과 아프간의 산악지형과 파슈툰족의 분포

아프간 최대 민족은 인구의 42%를 차지하는 파슈툰족입니다.

할 수 있었던 것도 이러한 이유죠.

강대국들도 고립된 산악지형과 용맹한 부족들의 끈질긴 공격 앞에 번번이 물러나곤 했습니다. 아프간의 험준한 지형에서는 침략군이 항공기와 전차 등으로 기동전을 펼치기 어려웠으니까요. 영국도 수차례 아프간과의 전쟁에서 실패했고, 아프간을 쉽게 생각하고 덤빈 소련도 수만 명의 사상자만 내고 물러나고 말았죠.

아프간에는 오랜 전쟁과 부족 간 갈등으로 시리아 다음으로 많은 난민이 발생했습니다. 1989년에 소련과 전쟁이 끝나고 얼마 되지 않은 1992년에 무자헤딘(성전에서 싸우는 이슬람 전사)이 수도 카불을 습격하면서 아프간 내전이 터졌고, 탈레반 정권이 설립됩니다. 탈레반은 이슬람 율법인 샤리아법을 엄격하게 해석해서 여성들은 학교와 일터에 나가지 못하게 하는 등 강압적으로 통치했죠.

9·11테러 이후 미국은 탈레반에게 아프간에 숨겨준 오사마 빈 라덴과 알카에다 지도부를 넘기라고 요구했지만, 탈레반 정부는 소련에 맞서 함께 싸워준 빈 라덴의 인도를 거부합니다. 이에 2001년 미국 주도로 이루어진 북부동맹의 침략으로 아프간의 탈레반은 한 달 만에 밀려납니다. 문제는 미국이 이라크와 걸프전을 다시 시작하면서 탈레반을 완벽하게 제압할 기회를 놓쳐버린 거죠. NATO 주도의 외국 전투 부대는 2001년 이후 안보를 유지할 주요 책임을 맡았고, 2014년 12월 NATO군이 물러나자 다시 탈레반 활동이 급증했습니다. 탈레반이 여전히 아프간과 파키스탄 남부에 근거지를 두고 저항할 수 있는 까닭은 전쟁에서 워낙 민간인 피해가 막심하다 보니 미국과 같은 외세에 대한 반감이 크기 때문입니다. 오랜 전쟁과 내전으로 아프간은 파괴되었고, 중앙정부는 자치지역의 질서 유지를 감당해낼 능력이 없습니다.

2011년 미국은 결국 빈 라덴을 사살했습니다. 그 뒤로도 많은 재정 지원을 하며 '민주정부' 수립이라는 명분을 앞세워 아프간에 계속 군대를 주둔했습니다. 하지만 상황이 좋지 않았고, 오히려 미군의 희생만 늘어나고 있었죠. 아프가니스탄의 국민들 또한 외세를 등에 업은 정부를 신뢰하지 않았습니다. 무능하고 부패한 정부와 정부군은 많은 외국 지원금을 뒤로 빼돌리기 바빴으니까요. 게다가 카불 등 대도시를 제외한 지방은 여전히 여러 민족과 부족별로 나뉘어 중앙정부의 통제가 제대로 미치지도 않았습니다. 2021년 8월, 많은 무기를 남긴 채 미군은 철수를 단행합니다. 앞으로 미국은 중동보다는 중국과의 대결에 힘을 집중하겠다는 전략으로 보입니다. 미군이 철수하기 무섭게 아프간 정부는 흔들렸고, 얼마 지나지 않아 탈레반이 정권을 차지하고 말았죠.

미군의 철수는 아프간 주변국들에게 새로운 과제를 안겼습니다. 미국이 아프가니스탄 문제를 이란, 중국 등 주변국들에게 떠넘긴 셈이죠. 특히 미국과 패권전쟁을 벌이는 중국의 계산이 복잡해졌습니다. 지리적으로 아프가니스탄은 중국 내륙과 와칸회랑[7]으로 이어집니다. 만약 아프가니스탄이 중국의 일대일로에 참여한다면 미국의 봉쇄를 뚫을 수 있는 새로운 통로가 뚫리게 됩니다. 이런 시나리오라면 중국은 이란과 국경을 접한 아프가니스탄에 인프라를 구축해 이란으로 진출하게 됩니다. 이로써 이란으로부터 원활한 석유공급을 받는 동시에 중국의 영향력을 중동 지역 전체로 확장할 수도 있습니다. 하지만 마냥 낙관적으로 볼 순 없습니다. 그건 아프칸 접경인 중국의 신장-위구르 지역이 이슬람 계열이기 때문이죠. 만약 이 지역이 탈레반과 손을 잡고 중국에서 독립을 꾀한다면 하나의 중국을 외치는 중국에는 엄청난 타격이 됩니다.

....
7. 아프가니스탄의 북동부에 위치한 동서로 가늘고 길게 뻗은 회랑 지대로 타지키스탄, 중국, 파키스탄 세 나라의 국경과 닿아있다. 와칸회랑의 동쪽 끝은 가는 손가락 모양이라 지정학자들은 '핑거(finger)'라고 부르는데, 중국의 일대일로 전략 추진에 있어 입구가 되는 곳으로 아프간 중심부로 가는 도로망을 구축하고 있다.

재조명되고 있는 와칸회랑
이곳을 통해 중국 신장 위구르 자치구의 분리 독립이 야기될 수 있다는 데서 중국을 겨누는
칼이라고도 불리며, 미군의 아프간 철수 후 이목이 집중되는 지정학적 요충지입니다.

사실 아프가니스탄은 오랜 세월 '열강의 무덤'으로 불렸습니다. 19세
기에는 영국과 소련이 아프간을 두고 싸우다가 영국이 승리해 잠시
아프간을 차지했지만, 끈질긴 아프간의 저항 앞에 결국 1919년에 독
립을 허용했죠. 이후 미국과 소련의 냉전시대에는 소련이 먼저 이슬
람 원리주의 무장 세력을 제압한다는 명분을 앞세워 아프간을 침공
했지만, 엄청난 규모의 전쟁비용만 쓰고 별 소득 없이 철수한 끝에
결과적으로 소련 해체의 빌미를 제공하고 말았습니다. 이후 아프간
을 점령한 것은 미국이지만, 역시 2021년에 미군을 철수시켰고, 이후

탈레반이 다시 정권을 장악했죠. 그리고 이제 중국입니다. 아프간은 중국에게 몹시 매력적인 동시에 매우 위험한 곳이기도 하죠. 앞으로 이 지역의 정세는 미중 패권전쟁의 향방에도 분명 주요한 영향을 미칠 것입니다.

테러와의 전쟁, 알카에다와 IS

뉴스에서 자주 접하는 알카에다와 IS는 수니파 근본주의 무장조직으로 같은 뿌리에서 태어났습니다. IS는 칼리프가 다스리는 이슬람국가 건설을 목표로 하는 더욱 과격한 조직입니다. 사우디는 이슬람원리주의 사상인 와하비즘(Wahhabism)을 전파하기 위해 이슬람학교를 중동 곳곳에 세웠죠. 아프간 난민들이 몰려 있는 파키스탄 북서부에도 학교를 세워 어린이들을 탈레반(학생이란 의미)으로 성장시켰습니다. 이들은 무자헤딘으로서 소련과 지하드(jihad, 성전)를 벌였습니다. 사우디의 갑부였던 오사마 빈 라덴은 아프간을 지원하기 위해 이슬람 구제기금을 세우고, 이를 테러조직인 알카에다로 발전시킨 거죠.

소련이 물러나자 빈 라덴은 미국을 성전 대상으로 정합니다. 성스러운 아라비아에 군대를 주둔하고 팔레스타인인들을 잔인하게 학대하는 이스라엘을 지원한다는 이유였죠. 탈레반들도 아프가니스탄과 파키스탄에서 반미 세력으로 성장했습니다. 빈 라덴은 1991년 걸프전 이후 본격적으로 테러조직의 지도자로 부상하죠. 그는 9·11테러를 주도하며 전 세계를 충격에 빠뜨린 인물이기도 합니다. 이후 미국은 즉각 테러와의 전쟁을 선포하며, 이라크와 아프간을 침공했죠. 2011년 미국 특수부대 작전으로 빈 라덴이 사살되자, 알카에다는 구심점을 잃고 약화되었습니다.

한편 IS는 알카에다의 이라크 지부로 시작되었습니다. 2003년에

제주도에 상륙한 예멘 난민

2010년 튀니지에서 시작된 아랍의 민주화운동(아랍의 봄)은 아랍 지역을 휩쓸었다. 사우디의 독재왕정은 민주화운동을 위협으로 생각했고, 이란은 중동의 세력판도를 뒤바꿀 기회로 생각했다. 사우디는 수니파 단체와 정부를, 이란은 시아파를 지원했다. 이들은 리비아, 레바논, 모로코, 튀니지, 바레인, 예멘 등지에서 대리전을 벌였다.

고대부터 홍해와 인도양을 끼고 무역으로 번성하던 예멘은 1990년에 북예멘과 남예멘이 통일을 이루었다. 아랍의 봄 이후 시아파 후티반군과 정부군의 내전이 벌어졌다. 이후 이란이 후티반군을 지원하고 사우디와 서방 세력은 수니파 연합군을 지원하면서 대리전이 벌어졌다. 전 국민의 3분의 1이 굶주리는 상황에서 대규모 난민이 발생했다. 일부가 말레이시아에 왔고, 그중 500여 명의 예멘인들은 저가항공편으로 쉽게 올 수 있는 제주도로 입국한 것이다. 이들이 2018년 난민 신청을 하면서 국내에서 뜨거운 찬반논쟁이 벌어지기도 했다. 아프리카와 중동의 난민 문제가 이제 우리와도 무관하지 않다는 것을 알려준 사건이었다.

는 이라크·레반트(시리아)이슬람국가(ISIL, ISIS)를 세웠죠. 주로 이라크에서 활동했으며, 후세인 정권이 무너지자 소외된 수니파 군부 세력을 흡수하며 급성장했습니다.

또한 시리아 내전에서 기회를 잡았는데, IS는 시아파가 다수인 이라크와 소수의 시아파가 지배하는 시리아 정권에 대한 종파적 적대감을 부추겼습니다. 이렇게 2014년부터 이라크 북부와 시리아 동부를 점령해 나갔죠. 과거의 테러조직이 납치와 몸값 요구로 자금을 조달했다면, IS는 유전지대를 차지하고, 세금을 거둬 자금을 확보했습니다. 또한 미디어를 이용해 전 세계의 동조자들을 끌어 모으고, 화폐도 발행하는 등 국가의 모습을 갖춰갔습니다. 전성기 때는 이라크, 시리아에 걸쳐 영토를 확보하기도 했으나, 현재는 연합군의 공격으로 일부 지역에 잔재 세력만 남았죠.

중동에 내전이 계속되고 이란과 사우디의 대결이 심화되며 극심한 혼란 속에서 수많은 난민이 발생했습니다. 시리아와 이라크에서 IS가 거의 사라지자, 사우디와 이란은 서로 이 지역을 차지하려고 작업을 벌이고 있습니다.

04 시리아 내전과
쿠르드족의 눈물

오스만제국이 무너지자 영국은 이라크, 프랑스는 시리아를 각각 차지합니다. 프랑스는 시리아에서 레바논을 떼어내 자신들이 지원하던 마론파에게 내주고, 시리아에서도 다루기 힘든 다수인 수니파 말고 소수인 알라위파(시아파의 극단주의적 분파 중 하나)를 요직에 앉혔습니다. 오늘날 시리아 내전에서 맞서고 있는 알라위파와 수니파의 갈등이 시작된 것입니다.

강대국들의
체스판이 된 시리아

시리아 내전은 중동 권력투쟁의 속성을 여실히 보여줍니다. 속을 들여다보면 결국 강대국의 오랜 이해관계가 복잡하게 뒤엉킨 싸움터죠. 러시아와 중국은 시리아 정부군을 지원하고 미국과 미국의 동맹국들은 반군을 지원하며 대립하고 있습니다. 이미 냉전시대부터 러시아(소련)는 중동을 두고 영국, 미국과 경쟁해 왔죠. 시리아는 1950년대 말 이후부터 러시아와 우호관계를 이어 온 유일한 아랍국가입니다. 친소였던 이집트의 나세르 대통령이 사망(1970년)하고 집권한 사다트 대통령이 친미로 돌아서면서 시리아의 가치는 러시아에 더욱 중요해졌죠.

시리아는 아랍과 중동 및 지중해에 영향력을 미칠 수 있는 지정학적 요충지입니다. 러시아는 1971년부터 동지중해의 타르투스항을 장기임차해서 해군기지로 이용하고 있죠. 러시아는 현재 시리아의 흐메이밈 공군기지에 전력을 증강 배치하고 서방 군대를 견제하고 있습니다. 시리아 내전에 적극 개입함으로써 서방국가들에게 러시아 안보와 관련 있다면 아무리 먼 지역이라도 관여한다는 것을 본보기로 보여주려는 거죠.

러시아는 시리아에서 반군이나 수니파를 견제합니다. 또한 러시아의 도움 없이 중동의 내전과 무장 세력의 확산, 유럽의 난민 문제를 해결할 수 없음을 대외적으로 확인시키고 있습니다. 이는 서방세계에 러시아의 크림반도 병합을 묵인하고 경제제재 철회를 압박하는 효과도 있죠. 한편 미국과 외교갈등 중인 국가들의 연대도 강화하고 있습니다. 러시아·터키·이란은 시리아 초기 복구비용에 자금을 댄 후 군사시설 유지, 교역로 확보 등의 이권을 챙겨갈 가능성이 높습니다.

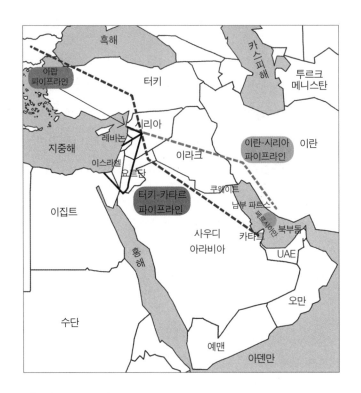

중동 지역의 파이프라인
러시아가 시리아 내전에서 정부군을 지원하는 것도 파이프라인과 밀접한 관련이 있습니다.

시리아, 파이프라인 전쟁의
희생양이 되다

시리아 내전의 실상은 두 개의 천연가스 파이프
라인 갈등과 깊은 관련이 있습니다. 앞서도 설명했지만, 유럽은 러시아의 천연가스 의존도가 높은데, 에너지 안보를 위해 미국이나 중동산 천연가스를 쓰려면 운송료가 25% 이상 비쌉니다. 따라서 EU는 미국과 함께 새로운 파이프라인 건설을 시도해왔죠. 2009년부터 카스피해 일대의 천연가스를 끌어오기 위해 아제르바이잔에서 터키-불가리아-루마니아-헝가리-오스트리아로 연결되는 나부코 가스관을 추진했으나 중앙아시아 지역이 불안해지면서 무산됩니다.

중동의 산유국들도 셰일혁명으로 미국이 수입을 줄이자 새로이 수출할 곳을 찾고 있었습니다. 특히 미국과 에너지 동맹국인 카타르의 고민은 깊었죠. 카타르는 이미 천연가스를 유럽에 팔고 있지만 기존 노선은 운송비용이 비쌌으니까요.

카타르는 호르무즈해협에 분쟁이 발생하면 수출길마저 막힐 수 있어서 유럽 시장으로 접근할 다른 방법을 모색했습니다. 카타르는 2009년 카타르-사우디-요르단-시리아-터키를 연결하는 천연가스 파이프라인 사업을 시리아에 제안하죠. 하지만 친러 성향인 시리아의 알 아사드 정권은 이 사업을 계속 거부했습니다.

2011년에 시리아, 이란, 이라크는 이슬람가스 파이프라인 건설을 약속하는데, 이란-이라크-시리아-레바논을 이어 지중해연안에서 유럽 시장에 진출하는 방안이죠. 만약 이것이 계획대로 진행되었다면 시리아는 이미 가동 중인 아리시-아쉬켈론(이집트-이스라엘) 가스 파이프라인, 아랍가스 파이프라인(이집트-요르단-시리아-레바논)과 연결되며 에너지의 중심지로서 영향력을 발휘했을 것입니다. 하지만 불행히도 이 계획이 발표된 지 얼마 후 시리아는 내전에 휩싸이고 맙니다. 미국은 사우디, 카타르, 터키와 함께 수니파인 시리아 반정부군을 후원했죠. 왜냐하면 이들은 터키-카타르를 연결하는 파이프라인을 지원하는 입장이었으니까요.

이란-시리아 파이프라인은 러시아, 시리아, 이란, 이라크를 연결하죠. 러시아는 시리아와 이란에 지속적으로 투자를 해왔습니다. 러시아가 시리아 내전에서 정부군을 지원하는 이유는 크게 세 가지입니다. 첫째, 에너지 이권이 걸려 있고, 둘째는 중동에서 강대국의 면모를 보여주는 동시에 유일한 해외 군사기지를 지키겠다는 의도입니다. 끝으로 국내 안보 문제죠. 이슬람반군을 제압하지 않으면 그들이 중앙아시아와 북캅카스를 거쳐 러시아로 쳐들어올 위험성이 있으니까요. 특히 중앙아시아 국가들은 러시아와 무비자로 출입하므로 이들 나라 출신의 이슬람 근본주의 세력을 미리 차단하려는 목적이 있습니다. 현재까지 시리아 내전은 정부군을 지원한 러시아의 승리로 정리되고 있는 분위기이지만, 파이프라인의 향방에 따라 시리아의 운명은 또다시 엇갈릴지도 모릅니다.

독립을 갈망하는 유랑민족, 쿠르드족의 역사

쿠르드족은 우리나라와도 인연이 깊습니다. 아마 여러분도 터키가 한국전쟁 때 연합군으로 참전한 것을 알고 있을 것입니다. 터키는 우리나라를 형제국이라고 부르죠. 바로 그 터키군의 대부분이 쿠르드족이었습니다.

쿠르드족은 4천 년 전부터 메소포타미아의 평원과 고지대에서 양과 염소를 유목하며 살아왔죠. 쿠르드어와 독자적인 문화를 가졌지만 국가를 이루지는 못했습니다. 이들은 용맹한 것으로 유명한데, 십자군에 맞서 예루살렘을 회복한 술탄 살라딘도 쿠르드족이라고 합니다. 이들은 이라크 북부와 이란, 시리아, 터키 등에 흩어져 살고 있고, 이 지역을 쿠르디스탄이라고 부르죠. 중동에서 아랍과 터키 민족 다음으로 인구가 많아서 4,000만 명에 달합니다. 나라 없는 민족으로는 세계 최대 규모입니다. 시리아 200~300만 명, 터키 1,500~2,300만 명, 이라크 400~700만 명, 이란 800~1,100만 명 등이 분포하고, 유럽에도 독일 80만 명을 비롯해 150만 명 정도가 살고 있습니다. 이들 대부분은 무슬림이며 이슬람 수니파를 받아들였습니다.

오스만제국 때에는 쿠르드족 중에도 제국의 핵심인물이 많았지만, 1차 세계대전 이후 제국이 분할되며 쿠르드족의 영토도 외세에 의해 분열됩니다. 쿠르드족은 독립국가를 건설하려 했지만 터키, 시리아, 이란, 이라크는 이들을 탄압하고 학살하면서 독립을 막아왔죠. 만약 쿠르드족이 독립하면 자국의 영토와 국민이 크게 줄어드는데다가 새로운 골칫거리가 될 게 뻔하니까요. 더구나 쿠르드족이 많이 분포한 쿠르디스탄 지역은 대규모 원유 매장지로 강대국의 이해관계도 복잡합니다. 쿠르드족이 가장 많은 터키는 이라크와 연결된 송유관이 지나는 길목이라 쿠르드족의 독립을 결사반대하는 입장이죠.

자력으로 독립이 어렵다는 것을 깨달은 쿠르드족은 독립을 약속하는 강대국들을 수차례 도왔습니다. 예컨대 1차 세계대전 때 영국이 쿠르드족의 독립을 약속하자 그들은 오스만제국에 맞서 싸웠죠. 그러나 이라크에서 석유가 나오자 영국은 이들을 이라크에 포함시켜버렸습니다. 1990년 걸프전 때도 쿠르드민병대는 미국을 도와서 이라크를 공격했지만, 미국은 쿠르드족을 외면했고 이라크의 지도자 후세인은 수많은 쿠르드족을 학살했죠. 오늘날 시리아에서도 비슷한 상황이 벌어지고 있습니다. 쿠르드족은 미국을 중심으로 한 연합군을 도와서 IS에 대항해 가장 용맹하게 싸워 승리했습니다. 특히 쿠르드족 여성으로 구성된 부대는 IS에게 두려움의 대상이었죠. 비무슬림과 전쟁을 하다 죽으면 천국에 가지만, 여성에게 죽임을 당하면 천국에 갈 수 없다는 믿음 때문이었습니다. 그런 활약에도 불구하고 쿠르드족의 독립은 여전히 힘들어 보입니다.

이라크 내 쿠르드족은 2017년 자치독립을 위한 투표를 통해 92% 이상이 독립을 찬성했습니다. 그러나 이라크 정부는 위헌이라며 분리 독립투표를 인정하지 않았고, 미국 역시 반대 입장입니다. 미국의 영향권인 이라크에서 유전지역을 차지하고 있는 쿠르드족의 독립은 불편하니까요. UN도 독립을 반대하는 결의안을 채택했습니다. 과거 유대인처럼 나라 없이 흩어져 살고 있는 쿠르드족은 중동에서 온갖 핍박을 받고 있습니다. 쿠르드족의 비극은 자국의 이권에 따라 손바닥 뒤집듯이 입장을 바꿔버리는 국제관계의 냉혹한 현실을 여실히 보여줍니다.

중동에서
미국의 영향력이 줄어든다면?

미국은 이라크와 아프가니스탄에 대규모 지상군을 투입했다가 뼈아픈 실패를 맛본 후, 대규모 지상군 투입을 꺼리게 되었죠. 현재 미국은 중국 견제를 중요시하며 중동에서는 미군을 축소하려는 추세입니다.

터키 정부는 독립을 주장하는 쿠르드족에 대해 민족 말살정책을 펼쳐왔습니다. 쿠르드 민병수비대(YPG)를 테러집단으로 규정하고, 쿠르드족 언어와 문자의 사용을 금했으며, 쿠르드 방송과 교육도 금지했죠. 이에 쿠르드족은 테러로 저항하기도 했습니다. 오랜 세월 독립을 갈망해온 쿠르드족은 시리아 내전을 절호의 기회라고 생각해 미국의 지원을 받으며 IS를 거세게 몰아붙여 자치지역을 확보했죠. 하지만 IS가 거의 무너지자 미국은 시리아 북부에서 미군을 일부만 남기고 철수해버렸습니다.

미국은 시리아에서 쿠르드족을 앞세워 IS를 물리쳤지만, 쿠르드족을 끝까지 책임지지는 않을 것입니다. 트럼프는 안전지대(safe zone)를 만들겠다고 했으나, 쿠르드족은 터키가 관리하는 안전지대를 신뢰할 수 없다며 이를 거부했죠. 터키는 쿠드르족 분리 독립세력의 지부가 시리아라고 주장하며 이 지역을 넘기라고 미국에 요구해왔습니다. 미국은 미군 철수 후 쿠르드족을 공격하면 터키 경제를 붕괴시키겠다고 경고했지만, 터키는 이에 아랑곳하지 않고 공격을 준비하고 있죠. 미군이 시리아에서 완전히 철수하면 과거 이라크 후세인이 그랬듯 쿠르드족에 대한 무자비한 대학살이 일어날 수도 있습니다. 그렇게 되면 시리아에 있는 쿠르드인뿐 아니라 터키 동부에 거주하는 쿠르드인들도 곤경에 처하게 되겠죠.

터키는 수니파이지만, 쿠르드족의 독립국가 건설을 반대하는 점에서는 이란과 같은 입장입니다. 아마 터키는 러시아와 이란의 편에 서 있는 시리아 정부에 협력할 것입니다. 또한 이란의 영향권 아래에 있는 이라크와도 협조할 것입니다. 앞으로 중동은 터키, 이란 중심의 반미 세력과 이스라엘을 중심으로 뭉친 친미적인 아랍왕국들로 나뉘어 힘을 겨루게 될 것입니다.

미국의 셰일혁명이 바꿔갈
중동의 미래

중동분쟁은 20세기 전반부는 유럽, 후반부는 미국의 영향이 컸습니다. 이스라엘의 독립국가 건설과 서구 열강들의 이해관계가 핵심 원인입니다.

미국의 중동정책이
달라지고 있다

아랍국가들은 이스라엘이 팔레스타인에 저지른 만행에 분개했고, 이스라엘의 든든한 지원군인 미국에 반감을 품게 되었죠. 이란과 이스라엘의 핵 개발에 따라 안보 위협도 커졌습니다. 팔레스타인 문제는 여전히 전쟁의 불씨를 품고 있습니다. 아프간에서도 미군이 결국 철수했죠. 영국에 이어 중동 지역의 실세로 부상한 미국은 막강한 군사력과 경제력을 바탕으로 중동국가들에게 당근과 채찍을 번갈아 사용해왔습니다. 미국은 1차 세계대전 이후 1920년대와 1930년대에 영국 정부에 압력을 넣어 미국 석유기업들을 중동으로 진출시켰습니다. 1928년 7월에 이라크의 석유자원 채굴권을 획득한 미국은 2차 세계대전 이후 중동의 실력자로 부상했죠. 미국은 중동의 석유산업 장악에 초점을 맞췄습니다. 이란의 팔레비 정권도 과거에는 미국의 최대 우방이자, 미국산 무기의 최대 구매자였습니다. 하지만 이란혁명 이후에 이란의 석유산업에 대한 미국의 진출이 불가능해지자 관계가 급속히 악화된 것입니다.

냉전시대에 미국은 소련이 중동으로 남하하는 것을 적극 견제했습니다. 중동과 카스피해 지역을 연결하는 에너지벨트(아프가니스탄, 이란, 이라크, 시리아) 구축은 미국에 중요했죠. 미국은 안정적으로 석유를 확보하고, 막강한 해군력으로 태평양 및 대서양 석유 수송로를 관리하려고 했습니다. 아프간은 중동과 카스피해 석유를 감시하고 러시아와 중국을 동시에 견제할 수 있는 위치여서 지금도 특별관리 중입니다. 특히 미국은 수십 년간 사우디, 이라크, 이란 내 석유산업으로 진출하려고 노력하는 한편 중국과 러시아가 이들 나라들에 진출하지 못하도록 저지해왔습니다.

미국은 전통적으로 이란의 시아파에 대적할 중동국가들을 지원해왔죠. 상황에 따라 사우디, 이라크, 이스라엘을 이용해왔고, 때로는 재정지원을 미끼로 과격 수니파 단체를 끌어들여 시아파에 대적하게 했습니다. 한때 미국은 탈레반을 중동 및 아프가니스탄 지역에서 소련을 견제해줄 세력으로 이용하기 위해 지원해왔죠. 하지만 이후 탈레반은 알카에다 테러그룹과 연계해 반미 세력으로 성장했고, IS의 뿌리도 여기에 있습니다. 또한 미국은 중동국가들을 설득해서 사우디, 아랍에미리트, 카타르, 중앙아시아의 국가 등에 자국의 공군기지를 주둔시키려고 했습니다.

미국은 이스라엘과 다른 중동국가들 사이에서 균형을 잡으려고 애써왔죠. 미국이 이스라엘 편을 일방적으로 들어주면 중동의 질서가 무너져서 유가가 폭등할 우려가 있었으니까요. 유가 폭등은 셰일혁명 이전의 미국에는 큰 타격이었습니다. 실제로 미국을 휘청거리게 했던 1970년대 오일쇼크도 중동 지역의 지정학적 불안정과 깊은 관계가 있습니다.

미국은 2차 세계대전 이후에 세계 패권을 차지하며 석유와 가스의 통제권을 쥐려고 노력했죠. 미국이 중동에 오랜 세월 군사개입을 해온 가장 중요한 이유이기도 합니다. 당시 세계 최대 원유 수입국이었던 미국은 사우디 등 아랍 산유국들의 안보를 보장해주는 대가로 석유를 안정적으로 공급받아왔죠. 일본, 한국 등 동맹국들도 그 혜택을 누려온 게 사실입니다.

하지만 셰일혁명을 이룬 오늘날 미국의 최우선 목표는 러시아와 중국에 대한 견제입니다. 중국은 미국이 이라크와 아프간 등 여러 지역에서 전쟁을 치르며 힘을 빼는 틈에 아프리카, 남아메리카, 중앙아시아 등 전 세계로 진출했죠. 게다가 2000년대 이후부터는 본격적으로 이라크, 사우디, 이란 등지에서도 전 방위 에너지 외교를 펼치고 있습니다. 중국은 이란 및 이라크 내의 반미감정을 적극 이용하고, UN의 제재까지 위반해가면서 적극적으로 투자해왔죠. 중국은 아덴만 근처에 군사기지가 있기는 하지만, 아직 중동에서 미국과 같은 군사력과 영향력을 발휘하기란 불가능합니다. 반면 미국은 언제든 중국에 대항해 군사력을 개입할 수 있죠.

　미국은 셰일혁명 이후에 중동 지역에 대한 에너지 의존도가 감소했습니다. 이제 미국은 석유 생산 1위 국가이므로 국제 유가가 상승해도 예전처럼 타격을 받을 걱정이 없죠. 더 이상 중동에 집착할 필요가 없어졌다는 뜻입니다. 따라서 이라크전쟁 때처럼 무리하게 중동 문제에 개입할 가능성은 낮아졌습니다. 미국이 아랍의 봄이나 시리아 내전 사태에도 불구하고 중동에 전면적인 군사개입을 하지 않은 것도 이런 이유 때문이죠.

　트럼프 전 대통령의 막무가내 행보 또한 에너지 독립과 무관하지 않았습니다. 그는 중동 아랍국가들의 반발을 무시한 채 이스라엘 주재 미국대사관을 텔아비브에서 예루살렘으로 옮겼죠. 예루살렘을 이스라엘 수도로 인정한 것입니다. 또한 오바마 행정부가 이란과의 핵합의를 통해 이란을 포용하고 핵개발을 늦추는 대신 경제제재를 푼 외교정책을 펼친 것과 달리, 트럼프는 이란 핵합의에서 탈퇴하고 강력한 제재조치를 밀어붙였죠. 원유 생산량 세계 4위인 이란이 원유 수출에 어려움을 겪으면 오히려 미국의 원유 수출은 증가할 테니 거리낄 게 없었던 것입니다.

　이제 미국은 중국의 부상을 견제하며 아시아에 힘을 쏟으려고 합니다. 하지만 아무리 미국이 에너지 독립을 이루었다고 해도 중동은 동맹국의 에너지 안보를 위해 여전히 중요합니다. 미국은 현지 사정을 제대로 알지 못한 채 막강한 군사력만 믿고 밀어붙이다가 몇 차례 전쟁에서 뼈아픈 실패를 겪었죠. 독재자만 제거하면 민주국가를 건설할 수 있으리라는 생각은 보기 좋게 빗나갔습니다.

중동 지역의 여론도 심상치 않습니다. 이를 반영하듯 미국식 민주주의와 체제를 불신하는 무슬림이 계속 늘고 있죠. 세속주의는 갈수록 쇠퇴하고 이슬람 근본주의 세력이 확산되고 있는 것입니다. 내전에 휩싸인 국가들에서는 중동 패권을 놓고 사우디와 이란의 대결이 계속되고 있죠. 끝없는 분쟁 속에서 쏟아지는 난민들은 유럽의 정치지형마저 바꾸고 있습니다. 현재 중동은 오스만제국 붕괴 후 새로운 혼란기에 접어들었다고 할 수 있죠.

하지만 미국이 중동 밖으로 시선을 돌려도 중동에 진정한 평화가 찾아오기란 요원해 보입니다. 러시아의 지원을 받는 이란은 터키와 지정학적 경쟁을 벌이고 있죠. 시리아에서 이란의 영향력은 강해질 전망입니다. 이란은 과거 광대한 페르시아제국의 역사를 떠올리며 영토 정복에 당위성을 부여해 시리아가 이란의 35번째 주라고 주장합니다. 러시아는 체첸에 IS와 같은 이슬람 원리주의 세력이 들어오는 것을 막고 시리아의 군사기지를 지켜 나가면서 중동에서의 영향력을 높여갈 것입니다.

이스라엘의 안보도 한층 위험해질 것입니다. 이란은 이스라엘을 공격하기 위해서 시리아에 미사일기지를 설치했죠. 또한 지중해 진출을 위해 시리아를 통과하는 육로를 확보하고 싶어 합니다. 시리아에서 미군이 완전히 철수하면 레바논의 시아파 헤즈볼라 정부를 직접 지원하기가 쉬워지기 때문에 앞으로 이스라엘과의 대결은 더 심각해질 것입니다.

이란과 사우디의 주도권 싸움도 계속될 것이고, 이스라엘은 이란이 핵개발과 중동 패권을 노리는 것에 대항하며 팔레스타인을 관리할 것입니다. 터키는 에너지 공급처이자 쿠르드족이 분포하는 북부 중동 문제에 계속 개입하겠죠. 이렇게 볼 때, 앞으로도 오랫동안 중동은 바람 잘 날이 없을 것 같군요.

중동의 미래는
아직 어둡다

2010년 튀니지에서 시작되어 아랍 지역을 휩쓴 민주화운동은 표면적으로 심각한 경제난과 독재에 대한 저항이 원인이었습니다. 이후 일부 독재정권들이 무너졌지만, 정작 정상적인 민주정부가 들어서지는 못했죠. 오히려 권력의 공백으로 인해 혼란만 가중되었습니다.

튀니지는 독재자를 몰아내고 민주화되었지만 심각한 경제난으로 정국이 불안하고, 이웃한 리비아도 참담하기는 마찬가지입니다. NATO를 비롯한 서구국가들은 투자금을 보호하고 난민을 막기 위해 반군을 지원했죠. 그 결과 비록 42년간 리비아에서 독재자로 군림해온 카다피는 사망했지만, 세속주의자와 이슬람주의자 간의 내전으로 나라는 파괴되고 말았습니다. 이집트도 군부 쿠테타로 유혈사태까지 일어났지만, 민주화를 이루지는 못했죠. 급진 수니파 무장단체인 IS가 이라크와 시리아에 세력을 넓히기도 했습니다. 1990년대에 통일을 이루었던 예멘은 아랍의 봄으로 축출된 대통령과 그 동맹 세력의 봉기로 또다시 동서로 나뉠 위기입니다.

앞서 설명한 대로 20세기 후반부터 미국은 중동 문제에 누구보다 적극적으로 개입해왔습니다. 하지만 거듭된 내전과 혼란 속에서 미국이 내세우는 민주주의와 세속주의에 대한 무슬림의 불신은 날로 높아지고 있습니다. 반면 중동 지역에는 이슬람주의의 물결이 거세지고 있죠. 지중해를 건너 유럽으로 탈출하려는 난민이 급증했고, 밀려오는 이슬람 난민에 대한 거부감으로 유럽 내에서는 극우 세력이 고개를 들고 있습니다. 나아가 영국의 브렉시트 이후 유럽연합의 분열 조짐이 심상치 않게 나타나고 있죠. 그런데 정작 미국은 유럽까지 뒤흔들어버린 중동의 혼란 속에서도 별다른 타격을 받지 않고 있습니다.

앞으로 미국과 외교 마찰을 빚고 있는 중국·이란·터키·러시아 사이의 연대는 계속 강화될 것입니다. 중국은 미국의 핵합의 탈퇴로 이란에서 빠져나간 유럽 기업들의 빈자리를 메우며 투자를 확대하고 있고, 터키·러시아도 이란산 석유 수입 방침을 고수하고 있죠. 미국의 제재 위협으로 2018년 8월 리라화가 폭락하며 금융위기에 직면한 터키는 중국·러시아·이란과 통화 직거래를 추진하고 나섰습니다.

미국은 이란과 중국을 견제하고 이스라엘을 지원하는 사안에 대해서는 여전히 중동 문제에 개입할 것으로 보입니다. 하지만 과거처럼 분쟁 해결을 위해 반미 여론을 불러일으킬 만한 대규모 지상군 투입은 자제할 것입니다. 그럼에도 불구하고 중동은 여전히 에너지, 종파 간 갈등과 정치적 이해관계가 복잡하게 뒤엉킨 분쟁 지역에서 벗어나기는 힘들어 보입니다.

변화된 에너지 시대, 중동은 어떻게 대처할 것인가?

에너지의 확보는 안보와 직결됩니다. 석유와 천연가스가 부족한 동아시아 지역은 과거부터 에너지 문제에 있어 항상 약자일 수밖에 없었죠. 중동의 산유국들은 아시아 프리미엄(Asia Premium)을 붙여 수요국이 몰린 동아시아 국가들에게 천연가스(LNG)를 비싸게 팔았습니다. 또한 계약한 물량은 무조건 수입하게 했고, 목적지 제한조항(Destination Clause)을 붙여서 소비하고 남는 양이 있더라도 다른 곳에 되팔 수 없도록 제한했죠.

하지만 지금은 중국, 일본, 한국 등 대형 소비국이 힘을 모으면서 과거와 같은 불공정한 아시아 프리미엄이 사라졌습니다. 게다가 최대 수입국인 미국이 셰일혁명을 통해 수출국으로 변모하는 바람에 세계 에너지 시장의 판도가 뒤바뀌고 있죠. 중동이 더 이상 갑의 위치를 고수하기 어려워진 것입니다. 미국산 천연가스와 석유는 아시아와 유럽으로 수출되고 있으며, 갈수록 러시아와 중동의 에너지 수출을 위협할 것입니다.

공급량 증가는 장기적으로 에너지 가격의 하락을 가져올 것입니다. 이제 수출국이 된 미국은 반대로 에너지 가격이 상승해도 아쉬울 게 없어졌죠. 오히려 최대 수입국인 중국을 견제할 수도 있으니까요. 과거 미국은 중동분쟁으로 야기될 오일쇼크를 막기 위해 균형정책을 펼쳐왔습니다. 덕분에 이스라엘, 사우디 등은 미국의 비호 아래 중동의 주도권을 다툴 수 있었죠. 하지만 이제 미국은 예전처럼 중동분쟁을 두려워할 필요가 없어졌습니다. 과거 트럼프가 오바마의 정책을 뒤엎고 이란 핵협정을 파기했던 것도 이란에 투자한 중국을 견제하려는 노림수였죠.

과거 석유수출국기구(OPEC) 국가들은 유가가 상승하면 생산량을 늘리고 유가가 하락하면 생산량을 줄이며 세계시장을 주도해왔습니다. 하지만 미국의 셰일혁명으로 이런 단순한 전략은 한계에 도달했습니다. 섣불리 감산을 하면 다른 나라에 시장 점유율을 빼앗길 것이고, 늘리면 가격이 떨어져 국가 재정이 바닥날 테니까요. 처음에는 미국의 셰일기업이 견딜 수 없도록 배럴당 20달러 수준까지 유가를 끌어내리며 점유율 경쟁을 벌였습니다. 그 결과 많은 미국의 셰일기업이 문을 닫았지만, 살아남은 기업들은 오히려 기술혁신으로 가격경쟁력을 더욱 높였죠. 그러면서 미국은 이란산 원유 수입 제재 등을 통해 국제 유가를 높게 유지하면서 셰일오일과 가스 생산을 늘리는 전략을 취하고 있습니다.

이에 중동국가들도 석유 수출에만 의존하던 경제구조를 바꾸기 위해 노력하고 있습니다. 중동에 부는 ESG 혁신의 바람도 이러한 노력의 하나로 볼 수 있죠. 석유경제의 유한성을 넘어서기 위해 고심하고 있는 것입니다. 오일달러가 넘치던 시절 두바이의 지도자였던 셰이크 라시드 빈 사에드 알 막툼은 다음과 같이 말했습니다.

> "내 할아버지는 낙타를 탔다. 내 아버지도 낙타를 탔다. 나는 메르세데스를 탄다. 내 아들은 랜드로버를 탄다. 그의 아들도 랜드로버를 탈 것이다. 그러나 그 아들의 아들은 다시 낙타를 탈 것이다."

사우디와 UAE는 유가에 따라 경제성장이 좌우되고 외국인 노동자에 의존하는 문제 등을 해결하기 위해 경제 다각화를 시도하고 있습니다. 중소기업과 스타트업에 대한 금융지원을 강화하면서 제조업을 키우고 관광, 신재생에너지 등에 대한 투자도 늘리고 있습니다. 실업을 줄이고 우수한 인재를 육성하고 고용하기 위해서 자국민 의무 고용정책과 교육 및 직업훈련도 지원하고 있죠. UAE의 두바이와 아부다비 등에는 인공섬과 고급 호텔, 거대한 쇼핑몰, 루브르 아부다비 박물관 등을 세우며 관광과 물류, 원자력 건설 등에서 새로운 길을 모색하고 있습니다.

사우디의 무함마드 빈 살만 왕세자는 '비전 2030'을 통해 탈석유화를 내세웠습니다. 국영석유기업인 아람코의 지분 일부를 팔아서 확보한 자금을 국부펀드로 이전하여 미래산업을 키우는 등 새로운 사우디를 건설하기 위한 자금으로 사용하고 있죠. 그동안은 석유 수출로 번 수천 억 달러를 세계 곳곳에 투자해서 영향력을 행사하고, 막대한 현금을 풀어 국민들의 불만을 잠재워왔지만, 사우디 중심의 중동 패권은 점점 쇠퇴해가고 있습니다. 그 증거로 인구 규모와 국토 면적이 적어서 사우디에 의존해왔던 걸프협력회의의 회원국인 카타르와 오만이 사우디에 반발하고 있죠. 미국만 바라보던 사우디도 이제 중국과 러시아, 이스라엘과의 관계 개선을 꾀하며 더 이상 미국에게 모든 것을 의존하지 않으려는 모습을 보이고 있습니다.

한편으로 UAE, 바레인 등 수니파 왕정국가들이 이스라엘과 수교를 맺은 것도 그동안 석유를 팔아 축적한 자본을 바탕으로 새로운 산업구조를 만들면서 미국과 끈을 이어가려는 시도입니다. 이스라엘은 세계 경제혁신을 이끄는 미국과 긴밀히 연결되어 있고 첨단산업을 선도하는 국가이니까요.

이슬람 난민 문제, 유가 문제, 테러 문제 등의 맥락이 실은 서로 깊게 얽히고설켜 있습니다. 이처럼 에너지 문제는 세계 경제와 정치, 외교를 뒤흔드는 중요한 지정학적 문제입니다. 앞으로 중동 지역의 패권은 어떻게 변화될까요? 이 문제는 분명 미중 간 패권전쟁에도 큰 영향을 미치게 될 것입니다.

강준만, 《미국은 세계를 어떻게 훔쳤는가》, 인물과사상사, 2013.

강태웅, 《이만큼 가까운 일본》, 창비, 2016.

곽영완, 《IS 지하디스트 그리고 이슬람》, 애플미디어, 2015.

권재원, 《반전이 있는 동아시아사: 색안경을 벗고 보는 일본, 중국, 타이완, 홍콩 이야기》,
     다른, 2016.

권태균·지규택, 《사막 위에 세운 미래, 아랍에미리트 이야기》, 삼성경제연구소, 2014.

기연수, 《러시아의 정체성: 푸틴과 표트르 대제 그리고 러시아인의 의식구조》, 살림출판
     사, 2013.

김동기, 《지정학의 힘》, 아카넷, 2020.

김병호, 《유럽변방으로 가는 길》, 한울, 2017.

김봉중, 《이만큼 가까운 미국》, 창비, 2016.

김시덕, 《동아시아, 해양과 대륙이 맞서다》, 메디치미디어, 2015.

김정섭, 《외교 상상력》, MID, 2016.

김종성, 《한국 중국 일본, 그들의 교과서가 가르치지 않는 역사》, 역사의아침, 2015.

김효진 외, 《난감한 이웃 일본을 이해하는 여섯 가지 시선》, 위즈덤하우스, 2018.

박선미·김희순, 《빈곤의 연대기》, 갈라파고스, 2015.

서정민, 《오늘의 중동을 말하다》, 중앙북스, 2016.

신상목, 《학교에서 가르쳐주지 않는 일본사》, 뿌리와이파리, 2017.

이대식, 《줌 인 러시아》, 삼성경제연구소, 2016.

이병한, 《유라시아견문1》, 서해문집, 2016.

이병한, 《유라시아견문2》, 서해문집, 2018.

이병한, 《유라시아견문3》, 서해문집, 2019.

전종한·김영래·홍철희·장의선·한희경·최재영·천종호·노재윤, 《세계지리》, 사회평론, 2015.

정승희, 《가까운 러시아 다가온 유라시아》, 생각의길, 2018.

정의길, 《지정학의 포로들》, 한겨레출판, 2018.

조홍식, 《문명의 그물: 유럽 문화의 파노라마》, 책과함께, 2018.

주경철, 《그해, 역사가 바뀌다》, 21세기북스, 2017.

주경철, 《대항해시대》, 서울대학교출판부, 2008.

주경철, 《문명과 바다》, 산처럼, 2009.

최성락, 《말하지 않는 세계사》, 페이퍼로드, 2016.

최윤식, 《앞으로 5년 미중전쟁 시나리오》, 지식노마드, 2018.

하영식, 《희망을 향한 끝없는 행진, 난민》, 샤계절, 2017.

니콜라스 존 스파이크먼, 《평화의 지정학》(김연지·모준영·오세정 역), 섬앤섬, 2019.

대니얼 예긴, 《뉴맵》(우진하 역), 리더스북, 2021.

라스 브라운위스, 《바다의 늑대: 바이킹의 역사》(김홍옥 역), 에코리브르, 2018.

로버트 D. 카플란, 《지리의 복수》(이순호 역), 미지북스, 2017.

르몽드 디플로마티크 기획, 《르몽드 세계사1: 우리가 해결해야 할 전지구적 이슈와 쟁점들》(권지현 역), 휴머니스트, 2008.

르몽드 디플로마티크 기획, 《르몽드 세계사2: 세계 질서의 재편과 아프리카의 도전》(이주영·최서현 공역), 휴머니스트, 2010.

르몽드 디플로마티크 기획, 《르몽드 세계사3: 팍스 아메리카나의 후퇴와 약진하는 신흥세계》(김계영 역), 휴머니스트, 2013.

마고사키 우케루, 《미국은 동아시아를 어떻게 지배했나》(양기호 역), 메디치미디어, 2013.

마르테 셰르 갈퉁·스티그 스텐슬리, 《49가지 단서로 예측한 중국의 미래》(오수원 역), 부키, 2016.

마이클 돕스, 《쿠바 미사일 위기의 교훈》(박수민 역), 모던타임스, 2015.

모모이 지로, 《해적의 세계사》(김효진 역), AK(에이케이커뮤니케이션즈), 2018.

미야자키 마사카츠, 《공간의 세계사》(오근영 역), 다산초당, 2016.

사토 마사루, 《흐름을 꿰뚫는 세계사 독해》(신정원 역), 역사의아침, 2016.

새뮤얼 헌팅턴, 《문명의 충돌》(이희재 역), 김영사, 1997.

아서 제이 클링호퍼, 《세계지도에서 권력을 읽다》(이용주 역), 알마, 2007.

에이미 추아, 《제국의 미래》(이순희 역), 2008.

오무라 오지로, 《비정하고 매혹적인 쩐의 세계사》(하연수·정선우 공역), 21세기북스, 2016.

이에인 딕키 외 4인, 《해전의 모든 것》(한창호 역), 휴먼앤북스, 2010.

장 크리스토프 빅토르, 《아틀라스 세계는 지금: 정치지리의 세계사》(김희균 역), 책과함께, 2007.

장 크리스토프 빅토르·로베르 쇼우아·기욤 쇼, 《지도로 읽는 아시아》(조민영 역), 시공사, 2017.

재레드 다이아몬드, 《재레드 다이아몬드의 나와 세계》(강주헌 역), 김영사, 2016.

재레드 다이아몬드, 《총, 균, 쇠》(김진준 역), 문학사상, 1998.

조지 프리드먼, 《다가오는 유럽의 위기와 지정학》(홍지수 역), 김앤김북스, 2020.

조지 프리드먼, 《21세기 지정학과 미국의 패권전략》(K전략연구소 역), 김앤김북스, 2018.

존 J. 미어셰이머, 《강대국 국제 정치의 비극: 미중 패권경쟁의 시대》(이춘근 역), 김앤김북스, 2017.

즈비그뉴 브레진스키, 《거대한 체스판》(김명섭 역), 삼인, 2000.

콜린 플린트, 《지정학이란 무엇인가》(한국지정학연구회 역), 길, 2007.

클라우스 도드, 《중동 전쟁이 내 출근길에 미치는 영향은》(정승현 역), 한겨레출판, 2010.

타미라 손, 《어떻게 이슬람은 서구의 적이 되었는가》(김문주 역), 시그마북스, 2017.

티머시 스나이더, 《블랙 어스: 홀로코스트, 역사이자 경고》(조행복 역), 열린책들, 2018.

팀 마샬, 《지리의 힘》(김미선 역), 사이, 2016.

파스칼 보니파스, 《지정학에 관한 모든 것》(정상필 역), RSG, 2016.

폴 케네디, 《강대국의 흥망》(이왈수·전남석·황건 공역), 한국경제신문사, 1997.

피터 자이한, 《21세기 미국의 패권과 지정학》(홍지수·정훈 공역), 김앤김북스, 2018.

피터 자이한, 《셰일혁명과 미국 없는 세계》(홍지수 역), 김앤김북스, 2019.

피터 자이한, 《각자도생의 세계와 지정학》(홍지수 역), 김앤김북스, 2021.

하름 데 블레이, 《왜 지금 지리학인가》(유나영 역), 사회평론, 2015.

하워드 진, 《하워드 진 살아 있는 미국역사》(김영진 역), 추수밭, 2008.

헨리 키신저, 《헨리 키신저의 세계 질서》(이현주 역), 민음사, 2016.

호사카 마사야스, 《쇼와 육군》(정선태 역), 글항아리, 2016.

후쿠다 토모히로, 《지도로 읽는 세계사 이야기》(조명회 역), 팬덤북스, 2016.

Sören Scholvin, 〈Geopolitics: An Overview of Concepts and Empirical Examples from International Relations〉, FIIA(The Finnish Institute of International Affairs) Working Paper, April 2016.

〈참고 사이트〉

대한무역투자진흥공사 https://www.kotra.or.kr

위키피디아 https://wikipedia.org

포스코경영연구원 http://posri.re.kr

한국해양전략연구소 http://www.kims.or.kr/strategy

Consortium of Defense Analysts https://cofda.wordpress.com

Demographic Data Sheets - IIASA https://iiasa.ac.at

Gazprom www.gazprom.com

GPF https://geopoliticalfutures.com

populationpyramid https://www.populationpyramid.net

Russia beyond https://kr.rbth.com

Stratfor https://worldview.stratfor.com

U.S. Energy Information Administration https://www.eia.gov